美国
文明观察
（全三册）
American Civilization
Observation

自由的阶梯

美国文明札记

钱满素 著

民主与建设出版社
·北京·

目录

导读：观察美国文明的几个视角 / 001

壹

治者与被治者的对弈 / 012

别了，上帝 / 021

清教神权的"半约" / 028

新英格兰清教中的民主基因 / 037

滥用权力的堤防 / 044

富兰克林何以成了美国人 / 050

美国革命：一个半世纪的前期准备 / 061

贰

绅士谋国 / 072

美国宪法：分权·制衡·民主化修正 / 086

尊重反对派 / 095

美国司法复审权的确立 / 104

林肯："属于一切时代的人物" / 108

林肯的噩梦 / 114

对罗斯福新政的几点回顾 / 120

炉边谈话和群众集会 / 127

回味美国大选 / 131

叁

信念的传承 / 144

爱默生从神学走向自立 / 152

梭罗的账单 / 167

守法与犯法 / 174

布克尔·华盛顿的教育自救 / 182

黑人赔偿运动的是是非非 / 186

作为美国民族精神的实用主义 / 195

肆

一个大众社会的诞生 / 210

"托管"：私产公用背后的玄机 / 214

《屠场》和美国食品安全法的通过 / 222

百年接力：美国女性代表人物 / 230

从哈佛女校看美国的妇女解放 / 244

觉醒之后 / 249

伍

李普曼议政，世界倾听 / 262

《党派评论》的一波三折 / 276

聚焦公共知识分子 / 291

亨廷顿 VS 福山 / 303

价值中立的两难 / 316
多元背后的共识 / 323

后 记 / 332

导读：观察美国文明的几个视角

当我们对一个学科产生兴趣，首先需要对它有个整体了解，然后再去考察其中的局部。在了解美国文明时，我们也需要在脑子里有个美国文明的大框架，所有的具体问题都是在这个大框架里发生的，有了它我们就不会迷失方向。

我在这里提几个大框架的问题，供读者们在阅读时思考：

第一，美国文明和人类文明的关系。

第二，美国民主所具有的民情基础。

第三，美国文明的核心价值。

第四，美国文明延续并发展的能力。

第五，美国文明的前景。

让我们先把美国文明放到人类文明的大视野中来观察。

文明是人类在很长时段里逐渐形成的生存形态。人类散落于地球各地，在适应环境、谋求生存的过程中，创造了无数不同的文明，或古或今，或存或亡，它们汇聚成皇皇大观的人类文明史。

文明是历时悠久的产物，相比之下，我们个人的生命不过是白驹过隙的刹那，所以我们的看法受到一时一事的局限，不容易看清文明的全部。有个简易的方法或许能够在一定程度上弥补这个缺憾，那就是扩大我们观察的时空范围，将一种文明放到历史的大视野中，对照其他文明来看。

文明是什么？这个概念有点包罗万象。简单地说，文明就是人类创造的总和——政治、经济、科技、思想、观念、宗教、语言、文字、艺术，还有生活方式、思维习惯等，都可囊括其中。具体的文明则是指某个特殊人群所创造的物质文明和精神信仰。

对于已经消亡的古文明，我们比较容易盖棺定论。在界定古文明时，我们注重的是人口、人种、活动区域、生产水平，常常以石器、青铜、铁器等来命名它们。比方说玛雅文明，是位于中美洲的古代玛雅人创造的文明，大致存在时间是公元前10世纪到公元16世纪，它是一种松散的部落形态，从来没有形成过强大的统一帝国。玛雅文明建立过许多城邦，在农业、建筑、宗教、历法、文字诸方面取得过相当成就。我们的先民也创造过许多遍布华夏各地的区域性古文明，如仰韶、河姆渡、龙山、红山、良渚、大汶口等。考古关注的是人类在进化过程中的生存形态，很少去对它们进行价值评判。

到了今天，人类的物质文明早已今非昔比，科技的发展、新大陆的发现、市场的全球化等，使全世界的物质生活越来越相似，所以我们在评价文明的标准中，价值观念、意识形态等精神层面就更加突出了。比如儒家文明，它不受朝代更替的限制，也不限于生产力水平，甚至越出了国家的疆域。东亚的部分地区至今还是被归为儒家文明圈，可见它指的主要是一种价值观念。所以我们也许可以简化一点说，文明就是人的一种活法、一种生活方式，它受制于经济形态和政治制度。人们的习惯与好恶，也就是价值观念，也是一个决定性因素。

这样看来，评价一种文明关键要看它是否有利于人类的生存与发展，诸如社会是否繁荣、人民是否满意、制度是否符合人性、进步是否可以持续等，特别是它是否优于此前的文明，是否能解决此前文明所解决不了的问题。研究一种文明，就是了解其成败兴衰。从历史上看，自然灾难或者外族入侵往往是对一种文明的关键考验，不过内因也许是导致文明消亡更加频繁的原因，无论是自身的停滞僵化，还是内部的混乱争斗。

算上殖民时期，美国文明也不过短短四百年的历史，是悠悠文明史中后来居上的一种新兴文明，它年轻、新颖、朝前看，没有历史包袱。美国文明的主要特点是民主政治加自由经济，而这些也正是现代文明的特点。它与以往各种文明最大的不同是给个人松绑，历来处于底层的数量庞大的平民百姓得以享有平等的法律地位和政治权利，这种规模的人的解放是前所未有的。自由的个人释放出巨大的主动性和创造力，带来空前的科技发展与物质财富。今天我们回头看时，不难发现北美的欧洲移民后裔开创的这一文明，正是几百年来历史发展的方向，引领了现代世界的潮流。

我们要谈的第二个问题是美国民主的民情基础。美国文明的精华是美国民主，那么是什么样的民情产生了美国民主呢？

我们都知道，《独立宣言》和《合众国宪法》是美国文明的经典表达，但是这两个文件并没有创造美国文明，它们不是个别天才人物在书房里的凭空想象，而是具有这种思想的美国人创造了这两个文件，它们是美国民情的提炼与表达，拥有广泛而坚实的社会基础。

美国民主的雏形形成于150年的殖民时期。17世纪初英国移民来到新大陆，他们所携带的英国的体制和观念，在北美的蛮荒里自由地朝着更符合人性的方向发展。13个殖民地基本上都实行政治自治，虽然他们还是英王的臣民，但是在政治、经济、宗教、文化等各个方面都享有更多的个人自由，习惯于自己处理自己的事务，反对外来干涉与强权。久而久之，他们携带的英国基因发生了不可逆转的突变，一个新的民族——美利坚民族诞生了，他们有新的观念、新的行事方式。

所以说，当美国独立的时候，其实它已经是一个不同于英国的新国家了，它拥有新的制度、新的文明，概括地说就是"美国民主"，最大的区别就是美国人的自由和自治程度远高于英国人，更不用说当时世界的其他地方了。

要说明这种民情的决定性意义，我们不妨以华盛顿为例。华盛顿的伟大不在于他曾经握有多少权力，世界上比他权力大的人有的是，他的伟大在于主动交出权力，不将公权私有化，这点是很少有权的人能做到的。这当然是由于他人品高尚，但也绝对离不开美国文化的大框架。

作为大陆军总司令，华盛顿的兵权是由大陆会议授予的，所以他归还兵权不仅是一个顺理成章的举动，他也有归还兵权的机构。我们设想一下，朱元璋成功后，就算他愿意交出兵权，又能交给谁呢？美国革命不像中国的农民起义，有人登高一呼，大家揭竿而起，群雄逐鹿，成王败寇。美国革命是有组织的全国统一行动，美国人早已养成自己处理公共事务的习惯方式，由各州推举出代表组成一个统领全局的大陆会议，正是这个会议代表人民授予华盛顿兵权，可见美国人在反叛英国的过程中已经熟练地运用这种民主方式。

再说，华盛顿有没有可能不交出兵权而称王呢？我想这种可能性几乎为零，就好比朱元璋不可能不称帝一样，没有别的选择，这就是各国不同的民情。无论是美国的政治环境，还是华盛顿本人，都不会允许称王称帝的做法，因为华盛顿就是这个环境的产物。在一个以"共和"为共识的社会里，谁称王就是自取其辱、自取灭亡。说到底，人类历史里所有的英雄或者恶棍，都是在他生活的具体文化里搭台唱戏。

杰斐逊在解释他怎么起草《独立宣言》时也说过，文件的思想并不是他的首创，他在写作时都不用参考其他著作，因为在当时的美国，天赋人权和人民主权的观念早已是普遍共识。所以我们说，是美国的民情产生了《独立宣言》这样的文件，当时世界上其他地方都不存在这样的民情，从这个角度说，美国文明确实有它的特殊性。

那么问题又来了，所谓的民情又是从何而来呢？民情当然不是凭空产生的，甚至也很难灌输到民众脑子里去。民情必定是各种时势下潜移默化形成的全民心态，正常的民情应该是人性在自然状态下的表现，而非压制或者操纵状态下的表现。至于怎么才能让人民能在尽可能自然的状态下来选择自己喜欢的生活方式，是个非常复杂的问题。美国人的幸运在于，殖民时期的北美为他们提供了这种最为接近自然的机会。

第三点，我们来简单谈一下美国文明的核心价值，那就是自由，更确切地说是个人自由。

说个人自由，是相对于特定群体的自由而言的，比如民族自由、教派自由、阶级自由、党派自由等。美国文明的核心价值是个人自由，或者说"以自由权为主的个人权利"。

美国建国于被称为"理性时代"的18世纪，美国人信奉天赋人权和自然法。美国价值集中体现在《独立宣言》的那段开场白里，它主要表达了两层意思，一是确认人的生而平等，个人拥有生命权、自由权和追求幸福之权，这些权利是造物主赋予的，所以不是任何人间力量可以剥夺的，这就是个人神圣性的基础。二是界定了人民与政府的关系，人类是为了保障自己的自然权利，才在他们之间建立政府，因此政府的合法性只能来自被治者的同意。

《合众国宪法》是美国的根本大法，制宪者要在宪法里解决两个问题，首先是建立一个有效的联邦政府，将独立后的十三个殖民地组建成一个国家。其次是用分权制衡来限制这个政府的权力，不能让它来侵犯公民的自由。宪法的前十条修正案被统称为《权利法案》，是和宪法同时通过的，它们都是明文保护公民个人的各项权利——宗教信仰、表达自由、携带武器之权等。既然人人生而平等，公民就都是以个人，而不是以群体为单位，法律都直接落实到公民个人。因为只有等级社会才将人分为三六九等，区别对待。

在建国初期，美国上下对这些理念都没有异议，他们自己组建政府，不会觉得政府有多么神圣、多么高不可攀。相反，他们普遍相信政府是不得已之恶，赞成"管事最少的政府是最好的政府"。不过近百年来，美国人对政府的态度发生了巨大变化，罗斯福新政、二次大战、1960年代末开启的向贫困开战等，都使美国政府的规模和权力在一步步扩大，不过美国人还是没有放弃对政府权力的警惕，一直在进行关于大小政府的争执。表面上，争执是围绕社会福利等经济问题在展开，其实核心是对政府职能的定义。大政府的支持者们未必公开提倡大政府，他们主张将更多事务交由政府来管理，而随着政府承担的职能增多，它的权力势必增大，越来越渗入公民的日常生活，挤压掉原本属于社会的空间。

众所周知，政府本身并不生产财富，财富都是公民创造的，政府只是通过税收在公民之间进行市场分配以后的再一次财富分配。总是有些人指望通过各种立法来免费这个免费那个，不是说不需要社会保险和社会福利，但万事皆有个合理的度，过犹不及。更多的福利意味着更多的税收，也就是让公民拿出更多的劳动成果，交由政府去支配，有限政府就这样逐步演变为全权政府。当政府什么都管的时候，公民便剩不下多少权利和自由了，大小政府的问题最终会落到公民的自由权上。

几百年来，世界各国的移民心怀美国梦，络绎不绝地来到美国，他们不是有意来为美国做贡献的，他们为的是个人的安全、幸福与发展，所以美国梦是个人自由之梦。但是个人的理想与国家的理想并不是矛盾的，美国也从不以国家的名义来扼杀个人的积极性和民间的主动性，因为正是千千万万的个人在实现各自人生梦想的过程中，美国作为整体获得了无限的创造力而强大起来。

第四点，我们来看看美国体制的自我更新能力。

人类自称万物之灵长，实际上还是一种进化了的动物，怎么可能尽善尽美？文明是不完美的人类所创造的，如果以一种想象出来的完美标准来衡量任何文明，都是不切实际的。人类出错很正常，关键是出了错有没有改正的可能和机制。

美国历史上遇到过很多坎，也出过很多错。美国人没有否认或回避这些差错，而是一直在挖掘和反省。我们反观美国二百多年的坎坷，可以发现它与以往许多文明有一个显著不同，就是它具有很强的自我更新能力，每逢危机，举国上下就会发起一场改革运动，这样不需要翻天覆地的流血革命就可能纠正错误，避免了一错再错，一错到底。

这种自我纠错的可能性源自宪法提供的各种纠错机制：之一是人民主权，公民通过议员广泛参与立法，使立法可以对民意做出反应，做出调整，脱离人民利益的法律也就不可能长期存在。之二是三权分立使政府各部门权力受到限制，并相互牵制，没有一方能独大独裁，乃至犯了错也无法纠正；之三是司法独立提供了冷静的旁观视角和法律限制；之四是公民的表达自由提供了民意对政府的制衡；之五是官员议员的频繁选举提供了上下的沟通。由于存在诸如此类的制度，每当危机发生，全国就能上下一致，推动高层的政策改变，罢免旧政策、旧人物，推选出更能代表民意和最适合处理危机的领导人。可见这个制度本身是灵活的，民间有足够的参政议政的主动性，政府永远能听到批评的声音。在美国，只要符合法律程序，公民可以推动各种体制改革，不存在能够长期阻挡改革的力量。

最后，让我们来想象一下美国文明的前景有些什么可能性。

文明是人类创造的，自然会和人类一样久远，但是单数的文明，也就是特定的文明，应该是有生命的，一种文明的生命力就体现在它持续发展的能力上。美国文明以个人自由为核心，这样的文明居然诞生了，多少是有点例外。那么它能够持续多久呢？可能也要看这种自由是否能够保持下去。

我们都知道，人的天性是向往自由的，然而专制却是人类历史的基本事实，这是为什么呢？因为自由很脆弱，它有可能被外力剥夺，也有可能被自己滥用，因此一不小心就可能失去，自由是需要有意识地、持续不断地去珍惜和保卫的。

从外部来看，一个自由开放的社会就像一个不设防的城市，为外来势力提供无数的可乘之机。比如白宫是对外开放的，当游客们在白宫一层参观时，总统可能就在楼上办公。"9·11"空袭表明，区区几个恐怖分子就可以利用这种自由来毁掉自由本身。现在美国人为了自身的安全，已经不得不放弃某些自由。

从内因来看，文明的危机往往发生在权力中枢，最高权力的传承最是一个难解的症结，美国的解决办法是四年一次的总统选举。与早年相比，大选已经变得越来越昂贵、越来越激烈，也有人公开表示对选举团这种方式的不满，不过大选本身好像还没遇到过挑战，这对权力继承和政治有序来说，是个基本保障。

民主本身有它自己的一些问题，比如民主的原则是少数服从多数，这就可能形成多数暴政。另外我们说时过境迁，时代的变化也会带来各种挑战，包括价值观的变化。现在看来，美国文明最初可以说是由一个同质小群体创建的，建国时13州的总人口不过三四百万，相当于今天北京朝阳区的常住人口。各州在许多方面有着高度一致：白人多数、讲英语、信新教，认同一整套"美国信念"——自由、平等、法治、自治、个人权利、工作伦理、民意政府等。

几百年来，美国的国民构成已经有很大不同，民族和文化不仅多元，有时还相互冲突，国民所抱信念和建国先辈的初衷还能保持一致吗？就说自由吧，人类享受自由是有条件的，从外部讲是法治，从内心说是自律。当年孕育出美国文明的殖民地人民笃信上帝，这种深厚的宗教信仰培养了他们的自律和自制。他们不仅有严格的守法精神，内心更有强烈的自省机制。他们在享受自由时懂得把握分寸，维护以上帝为象征的公共利益，这些正是共和的根基。

再比如工作伦理，时代变了，美国人距离当年自耕农的自立精神好像是越来越远了，如果有一天依赖政府成为多数民众的希望甚至习惯的时候，公民的独立自主还能坚持多久？美国的个人自由是否会被逐步侵蚀？

当宪法第一修正案通过之时，美国人想到的也许只是对其他宗教的宽容，不会想到基督教本身也会受到挑战，更不会想到有一天道德中立会盛行于世。一旦道德评判被放弃了，任何思想和行为都得到姑息宽容，最终不宽容者肯定会占上风，到了那时他们就不会宽容了。

还有，自由是建立在法治基础上的，是法律范围内的自由，如果法律受到藐视和破坏，那自由还能维持多久？从宪法上看，美国的体制除了必须保障共和外，没有不可逾越的界线，这样开放的制度到底有多大抵御冲击的能力？

回首人类的过去，历来是绝大部分人俯首听命于极小部分人，供他们差遣、支配、奴役。我们都知道，专制的天性就是唯我独尊，不择手段，杀伐决断。相比之下，自由有更多自我怀疑，似乎也更脆弱，更容易被滥用、被钻空子。那么以自由为核心价值的美国文明在内外挑战下，是否会招架不住？是否有沦落的可能？说不定在遥远未来的某个时刻，人们谈论起美国文明来，就像我们今天谈论古希腊罗马一样——是在追述一种曾经辉煌的文明，但仅仅存在于历史之中。

美国文明能不能避免这种命运，只能看美国人自己的决心和行动了。

（2020年）

壹

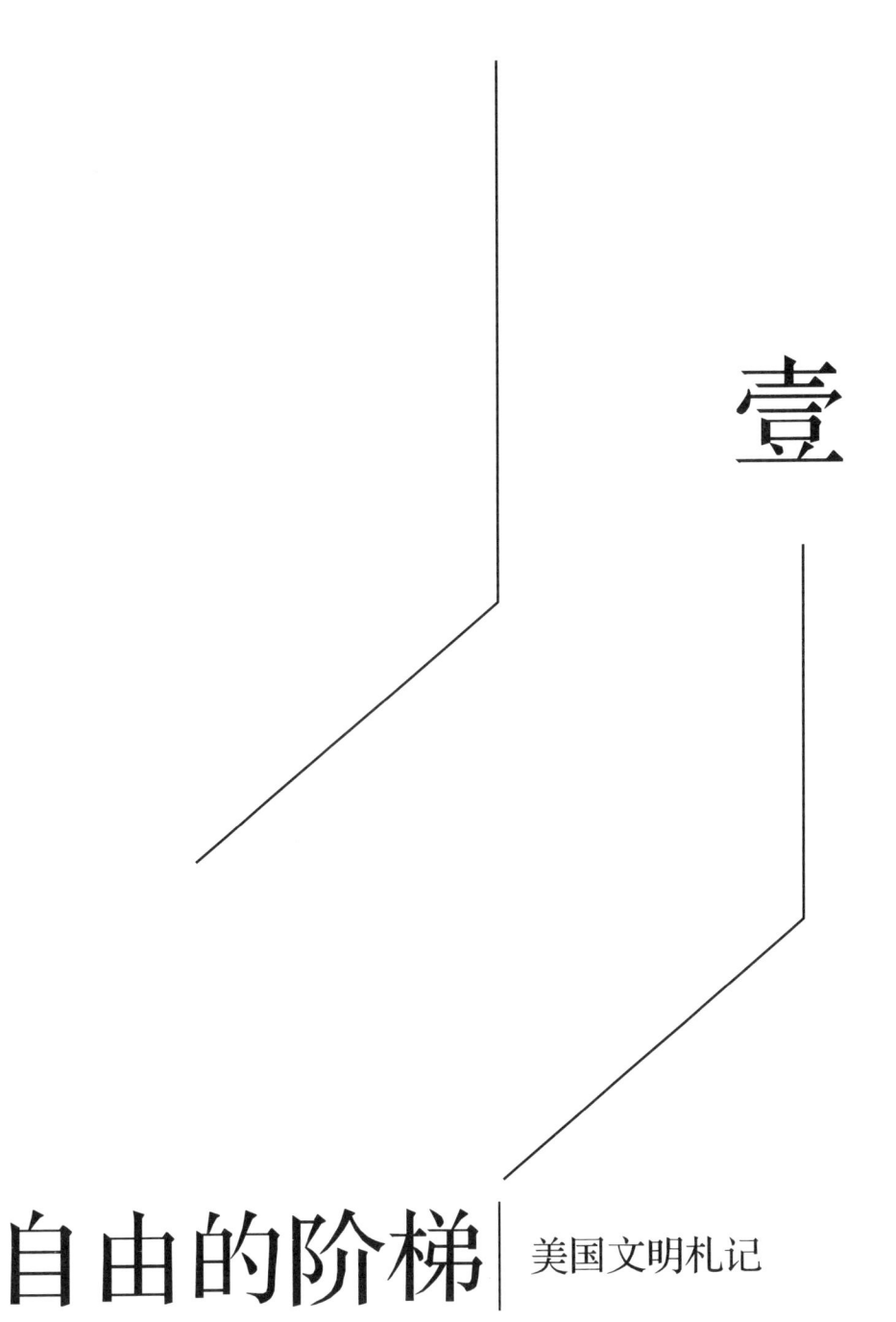

自由的阶梯 | 美国文明札记

治者与被治者的对弈

关于清教徒，学者的影响好像抵不上门肯的一句俏皮话。自从他说了"清教就是挥之不去的恐惧，唯恐有人在什么地方快活着"，大众心目中的清教徒就很难摆脱这个形象了。门肯这句话机智有余，准确不足，但暗合了20世纪初美国民众厌倦旧式道德规范的心理。其实清教徒也是正常的人，也一样喜怒哀乐于世上，不同的是信念，他们是一群笃信上帝并立志将上帝的话付诸行动的人。

约翰·温斯罗普（1588—1649），著名清教领袖，马萨诸塞首任总督。1630年，他率领七百余名英国清教徒乘坐十一艘木船，在大西洋三千英里的波涛中颠簸了两个多月后到达北美。他们创建了具有清教特色的马萨诸塞海湾殖民地，日后扩展为新英格兰地区。殖民地纲纪初定的二十年主要是在温斯罗普的引领下，其影响无人能比。一个好的开始可谓成功的一半，再联想到新英格兰方式对美国历史的意义，温斯罗普的重要性实在不可小觑，称他为美国文明的缔造者之一也不为过。

爱德蒙·S.摩根所著《清教的困境：约翰·温斯罗普传》是一本论述马萨诸塞殖民早期的经典之作。作者以这位总督大人为中心，围绕几个关键问题，既精炼又生动地重现了当年殖民地的初创过程。读者从中体悟到一个微弱的新政体是如何酝酿和具体落实的，依据的是什么原则，遭遇到什么困境，又是如何应对、调整和发展的，其中最核心的问题当然是权力的来源、结构和分配方式。

任何政体的创立都必然包含着某种政治理念，清教徒要在马萨诸塞创建一个什么样的政体呢？这与他们的宗教信仰密切相关。

清教是英国国教内的一个派别，清教徒们要求进一步净化教会，废除存留的罗马天主教的教阶礼仪，将始于百年前的宗教改革进行到底。在伊丽莎白女王治下，新教在英国得以稳固。清教徒虽感觉不尽如人意，尚能抱有希望。然而，詹姆士一世和查理一世相继即位后，局面对清教徒来说是每况愈下。教会和政府的腐败使他们忧心不已，眼前不时浮现《圣经》中所多玛和蛾摩拉的教训，上帝毁灭罪孽之城是迟早的事，而他们这些虔敬的信徒却无力回天。

温斯罗普等部分清教徒对改造英国逐渐失去信心，1629年3月查理一世解散国会之举使他们下定决心离开这个烂摊子。他们自认为不是逃避责任，而是给自己设定一个更高的目标，将这次迁徙视为与上帝立了约的神圣使命：上帝将北美这个新迦南应许给他们，他们则负责建立一个真正的上帝在世间的王国——最圣洁的教会和政府，作为"山上的城""世上的光"，供全世界仿效。

何为最圣洁的教会呢？宗教改革家们都认为，教会应该恢复到它创立之初的形态，一切行事应以《圣经》为基础。清教的精神导师加尔文将教会应追求的目标归为三条：宣讲上帝的话、听上帝的话、按照基督的教导施行圣礼。

当时英国清教的主要教派是长老会，为了对抗天主教和英国国教自上而下的权力，它形成了由基层小会到中会、大会、总会这样自下而上的逐级组织，具有民主代议性质。长老会对所有信徒开放，无严重劣迹者皆可入会，不必审批。

显然，长老会已是改革的产物，但仍不符合清教移民的标准，原因之一是保留了金字塔式的教会结构,二是混淆了重生者与未重生者。加尔文说过,"教会乃是众圣徒的团体",所以清教移民要按照公理制来创建教会,针对长老制的两大弊端,实行地方教会自治和会员制。七八个志同道合的信徒自愿立约,便可组成教会,选立牧师,共行圣礼,过基督徒生活。各教会间彼此独立自主,关系平等,不存在上级教会。

为保证教会圣洁,公理会实行会员制,吸收成员有一套严格的审批程序。申请入会者需当众陈述自己的宗教皈依,其日常品行也要达到一个基督徒的道德标准,在全体会众对他一致认可后方能成为正式成员:共领圣餐并参与教会事务。会员制将马萨诸塞居民划分为"成员"与"非成员"、"重生者"与"未重生者"、"圣徒"与"非圣徒",形象地体现了加尔文的"拣选论"。信教是马萨诸塞所有居民的法定责任,但只有教会成员享有宗教和政治权利,难怪有论者称之为"圣徒之治"。

教会圣洁了——只属于圣徒们,接下来的事就是根据公民之约来组建圣洁的政府了。

马萨诸塞政府的合法性来自英王 1629 年颁发给马萨诸塞海湾公司的特许状,它授权公司在规定区域内组建社会和政府;在不违背英国法律的前提下制定所需法律法规,设置和任命官员。公司权力归所有股东,亦称自由民。自由民每年召开四次"大会",其中一次选举来年的官员——正副总督和 18 名理事。这些官员上任后每月召开一次"理事会",处理日常事务。对于一个商业公司而言,一切权力归股东是无可非议的事。

当时英国向海外发展的公司很多,一般都不挪动总部。早在 1607 年,伦敦弗吉尼亚公司就往北美属地派出总督和移民,但总部和决策过程仍保留在伦敦。清教徒主持的马萨诸塞公司却一反常规,决定集体移民,目的是利用特许状没有明确规定公司决策地点的疏漏,把总部直接搬到北美来,造成英王鞭长莫及之势,从而将一个商业公司转化为一个试验性的政治实体，公司大会便顺理成章地演变为殖民地的议会。然而，总部迁到北美后状况随即改变，原自由民只来了十几人，而且大都是理事，这个绝对少数便拥有了殖民地的一切合法权力。按理说，只要不违背英国法律，他们便可自行其是，形成一种寡头统治。

奇怪的是他们没有这样做。这里没有人敢当独裁者，甚至没有人想当独裁者——他们无时无刻不感觉到上帝那俯瞰万世、穿透灵魂的目光。

在殖民地召开的第一次大会上，温斯罗普及其同僚就宣布：经人民一致决定，新的选举方式改为由自由民选举理事，再由理事内部产生正副总督。表面看来自由民直选的官员减少了，但他们撇开特许状，自作主张将自由民的范围大大扩展了，116人因此成为自由民，获得一定的选举权，这人数约占人口五分之一，几乎包括了当时除仆人外的全部成年男性。此举算得上一场革命，因为从法律上讲，当时英国人享有选举权的比例远低于此，所以它超越了特许状所保证的殖民地居民享有英国公民之权利。大会又投票决定，未来的自由民将来自教会正式成员，以确保政府圣洁。在这第一个回合中，治者主动让权，被治者欣然接受，算得上皆大欢喜。

但人民就此满足了吗？没有，因为现状与他们信仰的政治主张还有很大距离。加尔文的政治理念是："由于人的罪恶和欠缺，使政权操于许多人之手，乃较为稳妥，他们好彼此帮助、教导、规劝。这样，倘若有人越权，别人就可以监察并约束他的野心。"知行合一的清教徒一定要坚持不懈地争取下去，直到给权力套上缰绳。

新自由民刚当上9个月，便发生了一起抗税事件，理由是征税事先未征得同意，因此无代表不纳税。事件发生10周后，大会决定今后每个定居点派两名代表参与讨论增税事项，同时宣布正副总督改为自由民直选。在这第二个回合中，被治者开始提出诉求并得到满足，权利进一步扩大，治者仍然表现得好商量，很大度。

在赴美途中，温斯罗普就明确宣讲了这次迁徙的目的："经上帝恩准以及大家的同意，更由基督教会特许，我们着手进行的事业是在一个合适的政教合一的政权下寻求共同生活之地，亲密相处。在此情况下，公共的利益必须高于私人的利益，我们的良心和政策都要求我们为公益服务。"因此从本质上说，这里的治者与被治者不是在进行权力之争，温斯罗普不怕人民有权，而是怕他们犯错，破坏了与上帝的约。在有关人的堕落与对权力的限制上，他和被治者并无二致，都相信政府产生于人民的世俗之约，人民有权决定政府形式，他还认为被治者的参与能增强政府的合法性，人民更乐于配合自己选出来的政府。不过温斯罗普也相信，人民的权利应限于官员选举，官员一旦上任，代表的便不是人民，而是上帝，要对上帝负责。在他看来，只有德才兼备者才堪当重任，而民众尚不具备足够的政治判断和智慧来参与决定公共事务，因为人民中优秀者永远是那最小的部分，"而优秀者中智者则更少"。民主是不可取的制度，《圣经》并不认可民主。既然政府的职责是遏制人的堕落，那么就必须与民众保持距离，治者与被治者若不界限分明，何以遏制堕落？

然而，这些敢于藐视英王、敢于在木船中横渡大西洋的清教徒岂是等闲之辈？他们对上帝是绝对服从，对人间的权威却是百倍警惕，唯恐撒旦搞破坏。第三个回合很快揭晓了。1634年春，每个定居点派了两名代表一起去见温斯罗普，要求查看特许状。当他们看到自由民拥有立法权的条款时，便提出质疑，要求兑现。温斯罗普解释道：由于自由民范围的扩大，客观上已经不可能全体参与立法了，不得已改为由理事会立法。但他还是认真考虑了民众的意见，在下届大会上宣布：每年将由总督指定一些自由民组成一个委员会参与修改法律，一切征税与公地处理均需得到该委员会的同意。

人是政治动物，这话一点不假。这些依据特许状本无自由民资格的人，在意外获得资格后，却要求兑现特许状中自由民的一切权利了。他们一心要以立法来控制政府，预防专权。1634年大选中，他们给了温斯罗普一个戏剧性的警告——将他从总督的位置上选了下来，只让他当个理事。温斯罗普对此处之泰然，连日记上也没留下一句埋怨话，一如既往，兢兢业业做好各种指派给他的事情。

几个回合下来，大会的权力已由官员和代表共同掌握，而且代表在人数上超出官员，颇有平分秋色之势。由于大会既是马萨诸塞最高立法机构，又是最高法庭，温斯罗普对这么多他认为不称职的人参与决策忧心忡忡。下野后不久他便提议：任何立法的通过必须获得官员中大多数的同意，依据是特许状中的一条规定：大会必须由正（或副）总督和6名理事出席。这个提议被大会考虑良久，直到1636年才被接受，但在规定官员多数否决权的同时也规定了代表多数的否决权，1644年后正式改为两院制。

1636年春，大会成立了一个终身制的常设顾问委员会，以现任总督为首，成员为几个卸任的前总督。他们被授权在大会休会期间治理殖民地，权力规定却相当笼统。1637年，温斯罗普由于处理异端的成功，在野三年后又当选为总督。在这一回合中，治者权力得到巩固加强，马萨诸塞欣欣向荣，表明上帝是赞成他们的。温斯罗普对任何质疑都给予充分解释，也经常做出修正来顺应民意，他刚柔得兼的治理风格得到赞许，又连续两年当选。

不过很快，人民再一次向政府权威挑战，作为精神领袖的牧师们站在代表一边，也要求对政府权力加以明确限定。他们承认温斯罗普是伟人、能人，还经常自掏腰包办公务，但他的威望只是让大家更加担心。1639年，代表们在大会上对三年前设立的终身顾问制发难，指责他们是越权行使官员之权，最后虽保留了顾问委员会，但将其职权仅限于军事、关税、印第安贸易等几项事务。

温斯罗普对此接受得颇为勉强，牧师们便和代表们一起准备让他出局。1639年大选前，善于做思想工作的牧师一面劝民众不要选他，一面又派人当面向他解释，表达对他的尊敬和爱戴，同时说明不选他的理由不是不信任他，而是怕从此形成官员的终身制，乃至世袭制。事情倒是都摆在桌面上，做得光明正大。温斯罗普对此表示理解。1639年和1640年，他又两次落选。

最后也是最关键的一个回合是立法。代表们早就开始筹划一套完整的立法来限制权力和保障公民权利，但由于官员的反对和故意拖延，迟迟未能完成。其实，学过法律当过法官的温斯罗普并非不要法，他推诿道殖民地已经有法，那就是《圣经》，新社会一切按上帝的话做，但此地毕竟不是以色列，执行起来需因地制宜，事先规定死了反而不好，不如留给官员更多灵活应变的空间。他希望像英国习惯法那样，通过案例逐渐积累出一套法律，这样会比人为制定的更加适用。同时，他也不愿意在立法问题上招惹来自英国的麻烦。

代表们反驳道，既然人是堕落的，那么治者也是人，也得有办法来遏制他们才行。现在好了，趁着温斯罗普下野的机会，他们要加紧做成这件头等大事。他们找到在伦敦和欧洲有三十年法律工作经验的纳撒尼尔·沃德来起草大法，沃德不主张民主，可是在英国法庭积累了大量捍卫公民权利的经验。他不负众望，起草了一个详尽的《自由权法》，保留并发展了英国传统的公民自由权，司法程序则更为简化。它以上帝的话为依据，阐明了政府与教会的关系及各自权限，捍卫了公民、官员、教会、妇女、儿童、仆人、动物等各类权利，还规定了专利权、陪审团制度、合法程序等，条款有上百条之多。1634年实行的代表制和自由民每年直选全体官员的权利也得到确认。它体现了清教试验的理想，整合出完整的"新英格兰方式"，一种新型的地方自治政府。

1641年底，全会通过了这个被誉为"马萨诸塞大宪章"的《自由权法》，这下人民高兴了，也终于放心了。他们在来年又把温斯罗普选了回来，让他在总督位置上一直干到病逝。对一个他们最尊敬、最爱戴、最信任的总督，清教徒们没有放松戒备，不忘用法律来约束他的权力。现在大法在此，以后谁还敢擅权呢？

也许有人会说，马萨诸塞殖民地充其量只是个两万来人的小地盘，搞点直接民主也不算什么难事。但人少就一定能搞民主吗？当然不是，起决定作用的是观念。一个小群体搞专制的例子不胜枚举，美国20世纪下半叶的"人民圣殿教"，区区上千人，却有一个可以强迫教徒去自杀的独裁教主。中国历朝历代占山为王的好汉们，无论人马多少，是一定要排个座次的。同样是建立人间天国的试验，比马萨诸塞晚了两个多世纪的太平天国还不是万岁、九千岁地排列有序吗？难道洪秀全能容忍每年选举一次万岁吗？比较出真知，通观历史，就不难看出马萨诸塞的试验称得上一次政治创新，而且延续成了传统。

成功的原因可以举出多种：继承了英国的自由传统、殖民地相对同质的群体、英国的殖民地政策等。但更重要的是，履行与上帝的约和公理会的自治精神成为马萨诸塞人共享的政治理念。治者与被治者之间虽然也存在权力分配问题，但并不是争权夺利的斗争，没人敢假公济私，没人敢扬刀立威，想的都是更好地履行对上帝的誓言："在神面前我们必须实现这一事业，为这目标我们和神立约，我们取得了特许，耶和华授权给我们列下条款。……如果我们不能恪守我们自己提出的条款，欺瞒我们的神，甘心拥抱尘世，追逐声色之乐，为我们自己和子孙聚敛财物，耶和华必然会大怒，对发假誓者施行报复，让我们知道违背这样的合约将付出何等代价。"众所周知，发誓者唯有真信才会担心遭报应，才会在行动上约束自己，否则只是作秀行骗。清教徒们无疑是真信的，在他们看来，哪怕私字一闪念也休想瞒过全知全能的上帝。温斯罗普等官员每日三省吾身，严以律己，不敢食言，不敢懈怠，更不敢专权腐败。清教社会有着极高的诚信度，虽有偏狭之处，但直至衰落，始终没有腐败。

清教徒以上帝的话为律法，但每个人对上帝的话有不同理解，该以何种为准呢？他们的解决办法是交流说服，谁讲得最有道理就服从谁，清教社会由此养成了说理辩论的习惯、服从真理的习惯。温斯罗普每作决策必先陈述理由，以理服人，同时也保证对方有充分自辩的权利和机会。正是在对上帝无限的敬虔中，这个政体的权力分配犹如治者与被治者之间的对弈，进行得平等平和、有进有退、无欺无悔，不需剑拔弩张，亦不需英雄辈出。

17世纪三四十年代本来只是悠长历史中的瞬间，然横向观望，居然对中美两国来说都是非同寻常的二十年。在中华帝国，大清灭了大明，腥风血雨中紫禁城换了新主人。可惜新的统治者不仅没带来什么新的政治理念，倒是越发巩固和强化了旧的道统法制。而在殖民地的马萨诸塞，现代民主的基因已然萌芽，自称反对民主的温斯罗普们大概想不到自己竟成了民主的奠基人。

（2010年）

别了，上帝

自由诚可贵，人皆求之。然而从实现自己的自由到尊重他人的自由，这中间可谓"路漫漫其修远兮"，人类踉跄了几千年才走到这一步。

清教徒在英国曾遭迫害，移居美国争取信仰的自由。可是一旦执政，他们同样实行舆论一律，禁止不同宗教信仰，拒不承认别人的信仰自由。在他们看来，一切真理都已经明明白白写在《圣经》里，而他们对《圣经》的理解诠释又是唯一正确的。真理在握，余下的只是如何付诸实践的问题。他们不再需要理论的创新，更不欢迎任何挑战，甚至不惜动用行政手段惩处异端。宽容——一种崭新的思维方式和政治态度在基督教历史上还刚在萌芽。

罗杰·威廉斯（Roger Williams，1603—1683）是美国争取宗教自由的第一人，新英格兰清教领袖中最有独创精神的改革家。正因为他是从自己阵营中心产生的逆子，他的反叛就格外具有震撼力，成为早期清教殖民时期最大的事件，也是清教统治者所不愿见到并极力试图回避的。一个人敢于冒天下之大不韪已属罕见，若能为历史所证实，就越发难能可贵了。威廉斯关于宗教自由、政教分离和种族平等的观点都被证明是正确的，超越了当时通行的偏见，可以说走在了他那个时代的最前列。他从理论和实践两个方面为美国民主做出了卓越贡献，被奉为美国民主的奠基人之一。

威廉斯在剑桥大学专攻神学，毕业后在主张彻底独立于英国教会的脱离派内担任神职。其人无私无畏，具有非凡的宗教热忱，极富领袖人物的感召力和个人魅力，在宗教社会中处处受人崇敬。1631年，他到达波士顿，时年不足三十，当即被邀担任教会要职，但他因波士顿教会未能与腐败的英国教会彻底脱离而拒绝了这一职位。威廉斯思想敏锐，对一切持有批判眼光。不久，他便向现存秩序公开挑战，提出政府官员无权干预宗教事务的激进观点。他毫不妥协的脱离派立场使他几经周折，难觅合适的去处，最后终于在世纪末以驱巫案闻名的塞勒姆安身，权充当地宗教领袖。其间他再一次离经叛道，居然质疑英王对北美殖民地的占有权，称之为"弥天大谎"。马萨诸塞当局为之惊恐，将他斥为"邪恶之徒"。

在发生了一系列类似的冲突后，清教当局对威廉斯的异端邪说感到忍无可忍，对他进行规劝亦未能奏效，便决定摆脱这一直接危及清教统治的天才叛逆。1635年秋，法庭最后一次传讯威廉斯，指控他否认行政官员对宗教事务的权力以及煽动各教会闹独立。对此，威廉斯一概承认，并提出充分的论据，为自己的每一个观点进行了辩解。法庭见他冥顽不化，判他驱逐出境。于是，在新英格兰凛冽的寒冬蛮荒中，威廉斯带了少数追随者南下，另辟新殖民区普罗维登斯，意为"上帝保佑"，日后发展为罗得岛。

威廉斯在罗得岛进行了重大的社会改革，实施了宗教自由和政教分离等民主原则，坚持和平协议解决争端。他深信，自由是对一切人的自由，不应区分种族信仰、贫富贵贱。他不仅容忍新教内部的不同派系，尊重其信仰自由的权利，而且把这一权利推广到一般新教徒所不能容忍的天主教、犹太教乃至异教。贵格会友在马萨诸塞受迫害，威廉斯不顾个人好恶，毫不犹豫地接纳了他们，罗得岛成为北美大地上第一块享有法定宗教自由的乐土。威廉斯对印第安土著也十分友善，尊重他们对自己乡土的所有权，向他们购买土地来建立殖民区。他还认真研究印第安人的语言，写出了第一部有关专著，充分表现出他对种族平等的民主态度。

为了保障罗得岛不受其政教合一的北邻的干涉威胁，威廉斯于1644年从同情他的英国国会那里获得建立罗得岛殖民地的特许状。在英逗留期间，他发表了著名的《因良心治罪的血腥教条》一书，集中表达了他的宗教和政治观点。该书一发表便激怒了马萨诸塞当局，其宗教首领科顿著文反驳道：《圣经》中上帝的话如此清楚明了，任何人都足以被说服。如果一个人固执己见，那就不是出于良心，而是违背了他自己的良心，因此惩罚他并非镇压良心，而是镇压违背良心的罪恶。威廉斯和科顿写了好几百页的文字进行针锋相对的辩论。《因良心治罪的血腥教条》标志着殖民地清教思想一次最重大的发展，成为美国民主进程中的一个里程碑。

在《因良心治罪的血腥教条》一书中，威廉斯彻底否定了以暴力解决宗教争端的做法。他认为在宗教战争中千百万新教徒和天主教徒为各自良心所洒的鲜血既不为耶稣所要求，也不为耶稣所接受。《圣经》反对迫害良心，然而某些人，其中包括加尔文以及新英格兰的教会，却反其道而行之。他们企图维护迫害异端的理论，尽管历史已经证明这一理论是造成一切冤魂血债的祸端。威廉斯进一步指出，凡行政机构及其官员都不是精神问题与宗教事务的裁决人或监护人，不得对之进行干预。上帝的意志是允许一切民族和国家中的所有异教徒、犹太人、反基督徒的良心与崇拜。若与他们斗争，只能使用一种武器，那就是《圣经》。上帝并不要求政府强行统一宗教，因为这种统一正是战争的根源，它摧残了千百万心灵，使之虚伪变形。基于清教关于人类堕落和性恶的理论，威廉斯不仅认为政府无权规定什么是真理，教会也同样无此资格。他不能接受清教领袖自认掌握真理的狂妄态度，更反对用刀剑强迫人民接受某种信仰。强制性的信仰不是发自内心，也就不成其为信仰，而是对基督教原则的否定。如果教徒必须接受教会对《圣经》的解释，那么新教允许教徒自己阅读理解《圣经》的做法岂非多此一举？他的结论是，只有允许宗教自由，才符合上帝意愿，才是国泰民安的根本保证。

从一开始，基督教历史上就没有停止过迫害异端。宗教之争，神学之争，分了多少派，斗了多少年，死了多少人！西班牙宗教裁判所在三百五十年中估计活活烧死约3万人，其他各种被惩处者更不计其数，这一切都是在拯救灵魂、捍卫真理的名义下完成的"业绩"。毁灭异端的肉体以"拯救"他们的灵魂——这就是教会的"爱的行动"。

以信仰论罪、以思想论罪的出发点都是假设存在着某种绝对真理，但所谓的绝对真理无非是罗马教会认定的真理，或者清教领袖认定的真理，总之，由少数人根据他们的认识能力和实际需要而定，并利用手中的权力来推行其独尊。教皇庇护九世居然于1870年强迫第一届梵蒂冈公会议通过"教皇永无谬误说"，可谓"一贯正确论"的典范。遗憾的是，统一思想的血腥伟业进行了几千年也未能获得真正的成功。民不畏死，殉教者自古以来大有人在，人类的烈士精神从未泯灭过。马萨诸塞禁止贵格会友入境，凡第三次违令者，格杀勿论。然而从1659年到1661年，便有四人引颈就戮，杀身成仁，选择了绞刑架作为自己的归宿。

人的思想具有无限发展的潜力，一个时代的金科玉律对于另一个时代来说，也许不过是消遣的闲书。人类为之大张挞伐，拼个你死我活的绝对真理到底何在？如果有绝对真理存在，而且已经被发现、被掌握，那么人类也就没有超越、没有发展了。当然，信仰和思想的问题往往并非纯观念的，其中难免涉及权和利。罗马教会独霸了《圣经》的诠释权，也就独霸了真理，以此构成它统治的基础，绝对真理有效地演变成了绝对权威和绝对权力。教会对异端的敏感从逻辑上说确实明智无比，因为自由思想的发展必然瓦解它的绝对正确，从而危及它的绝对权力。回顾历史，人类不正是这样走出了中世纪吗？

人是思想动物，说到底，统一思想的唯一途径就是削弱乃至取消其思想的功能。可是无论是通过强权，还是通过愚民，所能达到的充其量只是虚假的统一，而许多人却从此丧失了思想的能力、信仰的能力，甚至丧失了存在本身。威廉斯从宗教自由入手改革社会，可谓击中要害。

说也有趣，威廉斯认识到宽容和宗教自由的必然性也是经历了一个物极必反的过程。威廉斯秉性真诚，具有一种思想上的严肃性和彻底性。作为激进的脱离派，他要求现实完全符合教义，达到纯而又纯，要和地球的垃圾堆决裂。因而他一而再地脱离了一个又一个的教会和教友，最后发展到只能和自己的妻子共进圣餐。正由于他顺着逻辑忠实地走到了一个极端，终于否极泰来，认识到此路不通，只要活在世上，便无法与其垃圾决裂，于是悟出宽容和自由的道理。

历来的宗教战争无非是两种结局：一是一方完全压倒另一方，强制推行其信仰；二是难分胜负，在两败俱伤的情况下学会和平共处。正是在血的教训中，才慢慢出现了宽容的理论。著有三卷本《美国人》的布尔斯廷在论述美国殖民初期的经验时指出，当时在英国，不同教派必须学会彼此容忍，和平共处。可是在美国，由于土地辽阔自由，很容易另立据点，彼此不必容忍，因此英国更早地发展了宽容的理论。英国内战后，各派似乎都获得了某种政治智慧，克伦威尔在任护国公时就允许相当程度的宗教宽容，光荣革命后终于在 1689 年颁布了宗教宽容法。威廉斯正是属于这一新的思想潮流，并成为这一思潮在北美殖民地的最优秀的代表。《美国思想主流》一书的作者帕林顿对威廉斯的评价最高，认为他是英国送往美国的最杰出的人物。确实，威廉斯提出宗教自由和宽容精神远远早于洛克的《论宽容》（1689）和密尔的《论自由》（1859）这两本自由主义的经典，他不愧为一位伟大的先驱。

威廉斯并不停留于宗教思想的阶段，他还是一位开拓型的政治实践家。为了保障宗教自由，他确信必须有相应的政治体系。在对国家和政府的性质与功能做了深刻的思考后，威廉斯创立了一套在 17 世纪中叶称得上最为民主的政治理论，其要点如下：

第一，他对国家的神圣性做了重新理解。原先，国家由于秉承了上帝的旨意而神圣。现在，威廉斯把国家视为自然产物，凡自然者必属上帝造物，国家于是因自然而神圣，这显然为否认国家的绝对性和强制权打下了基础。

第二，他将政府理解为表达社会意愿的具体机构，是为公众服务的联合体，目的纯粹在于增进人民的福利。政府不再是上帝在人间的代理人，它无权干预思想，无权决定和推行"绝对真理"，这使灵魂和思想成为彻底独立于政府的范畴。

第三，他将政府的合法性由原先的统治者权力来自上帝重新理解为来自人民的认可，人民可以建立任何适合他们的政府。政府直接由人民产生，权力在于人民，政府官员一律为人民公仆。他认为法律是根据社会需要而制定的，因此随着需要的变化，人民可以通过正常途径提出修改法律，就是宪法也不例外。

第四，他根据宗教改革关于个人探究的权利，提出信仰自由不是政府所赐予，而是属于个人的权利，这无疑是日后天赋人权说的先声。

第五，作为一名17世纪英国平均派信徒，他赞成人在经济政治上的自由平等，哪怕最卑微的农民也应敢于在精神上藐视最高贵的君王。

威廉斯对国家规定的教会也做了更为世俗的理解，视之为一种人为的公共机构，目的在于维护政府。相应之下，宗教则变成更为个人化的精神活动。

威廉斯在罗得岛将理论付诸实践时，采取了一系列行之有效的具体措施，其中包括地方自治、公民表决、频繁选举、自由联合、法律质疑等。与马萨诸塞的精英统治相比，威廉斯的民主倾向是显而易见的，他治理罗得岛几十年，始终保持了对人民的信任。在美国历史上，是威廉斯第一个从政治上提出了每个公民的自由权利这一民主的关键问题，罗得岛的人民享有当时罕见的自由。几乎两个世纪之久，马萨诸塞不能原谅它的"胡作非为"，斥之为"痞子岛""混乱州"。

人们注意到，当代的宗教宽容往往出自对宗教的冷漠，威廉斯则不然。他是一位虔诚热情的清教徒，他的灵魂属于上帝。他主张政教分离是为了防止政府污染他心爱的宗教，不愿意让精神受世俗利益和权力的左右。在忠于上帝的前提下，他设计并实践了一套相当接近于现代民主的政治理论。当社会向前发展后，他理论中的宗教部分慢慢淡化，而其中的精华——民主部分，则日趋显示其生命力，不断得到巩固充实。一旦告别上帝，现代民主便可以从这套现成的框架中脱颖而出。而上帝是不需人们大动干戈去推翻的，只需重新解释一下，便可皆大欢喜了。

（1993年）

清教神权的"半约"
——新英格兰殖民史片断

1517年,马丁·路德以无比的勇气向神圣不可侵犯的罗马教廷挑战,开启了改变欧洲历史的宗教改革。随后英王亨利八世于16世纪30年代宣布独立于罗马教廷,自立为英国国教之首。亨利八世的改革以巩固王权、控制教会为目的,是自上而下的改革,因此国教内部变动不大,大致保留了天主教的教阶礼仪。激进派对此颇为不满,要求清除天主教残余,进一步净化国教,他们被对手嘲讽为"清教徒"。

其实,在我们21世纪的人看来,清教和国教的区别并不像他们当时所认为的那么大。16世纪的英国人个个都是虔诚非凡的基督信徒,持有大致相同的宇宙观和人生观,完全是按照基督教的模式来认知世界的——相信宇宙万物都是造物主上帝的创造和安排,人类的全部意义就是荣耀上帝、赎罪获救。他们的所思所想所作所为无不围绕着上帝,而且是非常认真的,他们确确实实地相信上帝的存在,相信天堂、地狱、末日审判和千年王国。他们的局限来自这种诚信,他们的力量也来自这种诚信。唯有顺着这个思路,才能理解清教徒,否则很容易不知不觉地将我们后人的意识强加于他们。

国教和清教双方都同意国家应该维护教会的利益,但对何为真正的教会意见不一。国教认为,在伊丽莎白女王治下确认了圣公会主教制和《39条教规》为国教正式信条后,英国的宗教改革就差不多了。清教则希望将革命进行到底:继续纯洁教会,清除天主教旧制,改革教会组织,取消主教制等,要求更大的自主和参与。相比之下,他们也更忠实于《圣经》的文字,要使教会恢复到基督初创时的形态。在詹姆士一世和查理一世的统治下,英国国内矛盾日益激化,清教徒遭受的迫害也在加剧。一些激进的清教徒感到不仅无望实现改革理想,而且愤怒的上帝必会降灾于这个腐败的旧世界。面对山雨欲来之势,他们决定离弃英国,到尚未受过污染的美洲去重新开始。他们相信,上帝留着这片新大陆,至今才被人类发现,正是为了让他们去创建一个人世间的"上帝之城",将《圣经》历史延续下去。

肩负如此神圣的使命,清教徒们自视为上帝新的选民,正在奉命实现上帝的旨意。1630年,约翰·温斯罗普等清教领袖在经过周密准备后,带领近千人的队伍启程远渡大西洋。途中,温斯罗普做了《基督仁爱之典范》这个经典演说,为的是统一思想、明确目的、凝聚人心、严肃纪律。他以《旧约》为依据,说明他们此举也与当年以色列人出埃及同样神圣,上帝曾与亚伯拉罕有约,因着亚伯拉罕的诚信,将迦南许给希伯来人。现在上帝与他们有约,将新大陆赐予他们。他们必须坚持诚信,不负上帝之约,将新大陆建成一个"山巅之城",供全世界仿效,这就是他们的荒野使命。万能的上帝时刻监督着他们,如若成功,他们定能荣耀上帝,备受恩宠。如若失败,他们便将失信于上帝,必遭严惩。

"约"(covenant)是清教移民确定人与上帝、人与他人的关系的根本,其中包含三个不同的约。第一个是恩典之约(the Covenant of Grace),亦即信仰之约,是上帝与真圣徒之间的约。清教徒所信奉的加尔文神学有一条基本教义——预定论,即一个人是否得救,全然由上帝在万世之前便已决定,与你的努力毫无关系。被上帝拣选的是真正的圣徒,只有上帝知道他们是谁,所以真圣徒被称为"不可见圣徒"("无形圣徒"),其教会称为"不可见教会"("无形教会")。恩典之约是最重要的,但也是最抽象、最难确定的。

第二个约是教会之约（the Church Covenant）。真圣徒虽不可知，但既为圣徒，必有一些外部标志，如言行符合基督徒道德准则等，这些人便是现实生活中的圣徒——"可见圣徒"（"有形圣徒"），但这不过是凡人的猜测，毕竟不是出于上帝明示。他们不一定得救，但由于他们的行为符合教会标准，得救的可能性自然大于一般人，从凡人的眼光看也就是圣徒了。教会之约是"可见圣徒"彼此间宣誓立的约，建立的教会称为"可见教会"（"有形教会"），为的是更好地共同侍奉上帝。

第三个约是公民之约（the Civil Covenant），也就是建立世俗政府的约。世俗政府和教会都是上帝所要求的，但分工不同，教会负责宣讲上帝的旨意，世俗政府负责执行。政府同样是以上帝的律法为律法，以上帝的名义在治理人。

清教神权就是建立在这三大"约"之上的，恩典之约是根本、是目的，教会之约是恩典之约的形，公民之约又给予教会之约以权，可以说三约合一，实质上都是围绕着上帝的恩典。立约神学（covenant theology）其实是讲求实际的清教领袖对加尔文教义的重大修正，加尔文的上帝拥有绝对权威，人类则是绝对堕落，无力自救。在这样的定义下，上帝惩罚人类难道还需要事先通知不成？然而清教领袖们为了让移民的思维可以理解上帝，以便调动他们的积极性，便从《旧约》中找来先例，用立约神学多少对上帝加以一点约束。

但是天意从来高难测，清教徒们又如何知道万能的上帝是否愿意与他们立约呢？这又要靠想象和假设来完成了。温斯罗普提出，只要他们顺利到达北美大陆，就是上帝同意立约的明证。所以当他们一踏上马萨诸塞海湾，便感激上苍，信心百倍，立即按约建立了理想中的"上帝之城"——一个政教合一的权力实体，这便是清教神权。虽然英王颁发给他们的特许状并不授权他们政治自治的权利，但凭借着三千英里大西洋的保护，他们决定自行其是，将一个贸易公司转化为一个政治实体，将英国式的共同体改造成神圣共同体。

在这里，宗教不是一个部门，而是一切。名义上，政府和教会是分开的，行政长官和教会牧师不能兼职，因为属世的国度和属灵的国度不应混淆。但既然人间的一切都是围绕着上帝，此生只是为着来世，那么人世间的哪一件事又能离开统管灵魂的教会呢？政府和教会是相辅相成的两个层面：政府控制外在行为，教会管辖内在思想，牧师是头等公民、当然的精神领袖。清教神权是绝不宽容的，在他们看来，宽容异端邪说，听任它们来瓦解和颠覆上帝的王国岂非大逆不道？持异议者先是被逐出教会，然后由政府将他们逐出殖民地，流放荒野。政府不得干涉人与上帝的关系，但必须配合教会的作为，很像是教会的差人。

除了思想统一外，政教合一还必须有组织上的保证。清教的教会组织是公理会，每个教会都独立自治，权力属于自愿立约入会的全体教会成员，他们有权自行处理教会事务，选择和聘请牧师，此为"公理"，不存在任何上级教会。与天主教庞大的教会等级制相比，公理会确实增添了不少民主色彩，不过距离现代民主还有一道厚实的墙，那就是人仍然有"重生"与"未重生"之分。

教会乃是由可见圣徒立约而建，理所当然只有圣徒才能成为正式的教会成员，或者说只有成员才算是圣徒。1635年，马萨诸塞法律规定人人都必须上教堂，虔敬上帝，听从牧师，但并非人人都能成为教会成员。教会事务由全体正式成员决定，教会成员中的自由民才能参与政府事务，才有选举权与被选举权。不能成为教会成员的人被称为"未重生者"，即未改造好的意思，被排斥在教会和政府的权力之外，新英格兰清教神权也因此被历史学家称为"圣徒革命"或"圣徒专政"。圣徒们喜欢这套"拣选"理论，因为他们由此获得了自由民主，享受着高人一等的特权。

但是，怎样才能辨别和确定谁是"可见圣徒"而成为教会成员呢？如何区别真诚和伪装呢？清教教会对此十分严格，唯恐教会中混入异己分子，这可是破坏与上帝之约的大祸。为此，他们设定相当复杂的审批程序：首先，希望入会者必须私下向教会的长老提出申请，长老初审后认为有希望，便召集全体成员讨论，这时申请者必须当众详尽地剖析内心，陈述自己的宗教转变过程，说明灵魂深处确实受到过圣灵的感化，经历过一场彻底悔悟、皈依上帝的脱胎换骨的重生体验。此外，申请者还需熟知信仰的内容，能从《圣经》中引经据典。全过程中的每个程序还都有一定的时间要求，当全体成员听后一致认为可信，表示同意，他就被荣幸地接纳为成员，成为立约人，更重要的是，成为圣徒了。

如此严格的成员审批制度是与清教神学以及清教徒自认为承担的改造人类、拯救人类的神圣伟业相匹配的，目的是确保神权统治的延续。马萨诸塞殖民地的成功取决于教会，教会的成功取决于成员的虔诚。在这一点上，出生于英国的第一代移民比较能达成共识。这种审批制度对他们来说问题不大，因为他们本来就是抱着这一信仰和目的来到北美荒原的。他们大多能叙述出自己的宗教皈依过程，相信自己是上帝所选。当这一制度被大部分人所接受时，自然不必担心教会成员来源的不足。

然而始料不及的是，仅仅二十多年后到了移民第二代，情况便发生了很大的变化。第二代不过是生于斯而已，他们并未选择来到北美，他们也从未经历过形成他们父辈思想的那种激荡的英国宗教斗争。他们的宗教大多是被动地接受教诲，因而难以感受到父辈的那种激情、狂喜和自豪。更何况今非昔比，殖民地的生存条件也已经有了很大改善，世俗情绪渐渐滋长。许多人乏善可陈，说不出灵魂深处是否曾经发生过革命，也有人对当众陈述的形式本身感到难堪而不欲为之。英国清教移民和他们在美国出生的子女间出现了代沟，这算得上是美国这个移民国家中反复发生的代沟问题的第一例吧，其严重的后果便是申请入会和符合入会标准的人数锐减。

也许有人会问：为什么没有人出来作假撒谎，蒙混过关？想来他们毕竟是虔诚的基督徒，相信什么都瞒不过无所不知的上帝，不敢犯欺蒙上帝的大罪。

于是，清教领袖突然发现自己面临一个两难局面：如果坚持严格的教会成员审批制度，成员人数势必下降，不仅第二代要下降，还要影响到第三代，因为只有成员的子女才能受洗，而只有受过洗的孩子长大后才有可能成为成员。成员数量不足，教会便将萎缩，到一定程度必将危及殖民地的神权。但是，如果放弃成员审批制度，那不仅直接有悖于他们的信仰和教义，违反圣约，而且随着不合格者的混入，势必影响教会的纯洁，同样危及神权统治。牧师们一个个哀叹世风日下，人心不古。

这两难局面还只是来自教会内部的压力，与此同时，外部压力也在与日俱增。圣徒之治似乎正在演变成特权阶层的统治，1643年马萨诸塞的总人口为15000人，其中自由民只有1708人。由于被排斥在教会外的人数越来越多，不满情绪也随之扩展。殖民地法律在1638年规定，每个人都必须纳税来维持教会，非成员们便埋怨他们纳了税却没有参与的权利，他们一直上告到英王，声称殖民地当局剥夺了他们作为英国人的权利，英国方面于是考虑要取消马萨诸塞的特许状。

矛盾的日益尖锐迫使教会做出反应。他们只有两种选择：要么坚持原则，准备着玉石俱焚；要么做出妥协，使人定的原则适应已经改变了的人。具有务实精神的清教领袖明智地选择了后者。1657年，他们拟出一个方案，称为"半约"或"不完全圣约"，1662年被马萨诸塞殖民地当局正式采纳，此时距离他们初登美洲不过短短三十二年。根据"半约"，乏善可陈的教徒被允许继续留在教会内，成为"不完全成员"，因为他们不能参加象征正式成员的圣餐仪式。但他们的子女可以受洗，还有望成为正式成员。此举是清教神权在改变后的环境中，为了维持局面而被迫做出的妥协。此风一开，"不完全成员"竟占了教会的大部分，圣徒之约暧昧地变成了半圣徒之约。

"半约"在理论上始终难以自圆其说,关键在于这个"半"字,清教讲的是"因信称义",凭的就是诚信,信这个东西,信则信,不信则不信,半信亦即半疑,还谈什么诚信呢?

"半约"采取的是折中道路,正如所有的折中方案一样,马上受到反对者来自两方面的批评,这场争论一直延续到18世纪上半叶。对正统清教徒来说,"半约"无异于半途而废,他们批评它违背初衷,违背圣约,罪不可赦,必使新英格兰遭受上帝的严惩。改革者则批评其不彻底,在斯托克布里奇,人称"西部教皇"的所罗门·斯托达德牧师决定自行其是,大开拯救之门,凡愿入会者只要无明显过失皆可入会,并接受圣餐成为正式成员,他的理论是圣餐仪式本身便可给人以宗教转化。这样做等于完全放弃了教会的可见圣徒之约,也就从根本上瓦解了清教神权的圣徒统治,而波士顿殖民地当局对此除了撰文谴责,也已无能为力。

到1692年,真可谓雪上加霜,被殖民地视为命根子的原特许状作废,英王另颁新的特许状,将自由民的资格从符合信仰标准改为达到财产要求。马萨诸塞从此成为皇家殖民地,降为众多英属北美殖民地中的一个,再不是什么山巅之城、世界灯塔了。事隔不久,就在马萨诸塞的中心波士顿也发生了变故,一批与哈佛大学有关的当地社会名流居然另立教会,不再对官方教会唯命是听。他们还发布宣言,规定凡自认为基督徒并以此教育子女者皆可入会,也不必当众陈述皈依过程,只需牧师批准即可。同时,凡捐款维持教会者,均有选举牧师的权利。一句话,他们只愿自称基督徒,再不愿忍受"未重生者"的称谓了。至此,温斯罗普们艰辛创立的清教神权统治可以说从精神上已经完全解体了。政府从此一步步退出宗教领域,直至美国革命最终确定政教分离的原则。清教徒试图彻底净化人类的理想宣告破灭,虽然这种冲动在日后美国的历次社会改革运动中还会一而再地进发出来,但与其祖先清教神权的恢弘彻底相比,只能算是小打小闹罢了。

新英格兰的清教神权是一次空前的社会改革试验，目标何其远大。宗教改革为其源头，新大陆为其舞台，上帝为其权威，《圣经》为其基础。清教徒们确实建立了符合自己理想的教会和政权，这是其成功之处，但这个神权却未能世世代代照样延续下去。究其原因，既不在于清教领袖的无能，也不在于教徒的悖逆，而是事物发展不可避免的结局。首先，天上人间还是有区别的，人类社会不可能按一种标准变得纯而又纯，在正常情况下，它必然是庞杂多元、善恶并存的。要求人类社会具有理论上的纯净度，显然是不可能的，除非闭关锁国。温斯罗普治下的马萨诸塞殖民地是一个封闭社会，入境要审查，出境不许可，任何个人都必须从属于一个家庭或群体，独居为非法。封闭的社会难以长久，但若不封闭，就不能不承认与你想法不同、活法不同的人也有生活在这个地球上的权利。更何况闭关锁国也不过是权宜之举，因为不能保证第二代能照章办理，更不要说子孙后代万世不变。

其次，任何思想说到底都不过是特定环境、特定时代的产物。几代人的世界全然不同，如何能一劳永逸地纳入同一蓝图？再智慧的头脑也无法预测这个"前不见古人，后不见来者"的悠悠人类史的变迁。曾经适合17世纪初英国清教徒的思维框架不再适合他们的北美后代，新的时代已经变得越来越崇尚理性和科学民主精神，他们更想拥有自己作为人的尊严和自信，而不是整天生活在愤怒上帝的阴影之下，任其主宰。上帝逐渐显得抽象了，以上帝战胜撒旦的名义所进行的一场接一场的清除异己的殊死斗争显得没有必要了。圣徒、原罪、预定、拣选、来世，这些概念慢慢变得遥远了。诚然，教堂还是要去的，祈祷也还是照常进行，但虔敬似乎正在向仪式和辞令演化，向道德演化。

一种按某些人主观愿望构建的社会很难适应所有的人，更难永远地适应人类认知能力和心智水平的发展，若固守不变，便如同量衣裁人，岂非荒唐？人类是要成长的，世界只能属于活着的人，在清教神权的演变中，

"半约"正是起到了突破定规束缚的关键作用。清教试验的失败并不那么可怕,殖民地的世俗化带来的只是更大的繁荣,马萨诸塞的清教徒终于演变成了新英格兰的扬基。绵延的时间无始无终,不断地在演化着人类,这就是历史的辩证法吧。

(2002年)

新英格兰清教中的民主基因

1782年，美国独立战争大局已定，在筹备立国之际，有人主张实行君主制，提议华盛顿称帝。华盛顿接到劝进书后当即复信，"表示深恶痛绝，斥之为大逆不道"，并且认为这是对他的人格侮辱："我过去所为，究竟何事使人误会，以为我会做出对国家祸害最烈之事，诚百思不得其解。"华盛顿的高尚人格体现在他对共和的真诚信念中，他不愧为当时最先进的政治信仰的优秀代表。但是，历史的发展从本质上说并不取决于领袖个人的政治品质。如果作一次反历史的臆测：华盛顿倘若真想称帝，他敢这么做吗？对美国殖民史有所了解的话，便不难做出否定的答复。看似偶然的历史事件其实大都有其必然的社会基础，也就是所谓的"时势"吧。

两百多年来，美国的政体大致不变，宪法基本维持，没有出现公然践踏法治的铁腕领袖。美国当代著名社会学家丹尼尔·贝尔在哈佛大学一门社会学序言课中这样说：有人曾经问他："在这个毛病百出、千变万化的当代美国，还有什么你认为是靠得住的？"贝尔想了一下答道："我知道每隔四年会举行一次总统选举，这点大概不会变。"四年一度的总统选举在美国政治生活中已如四季轮转似的自然，这起码说明了体制在最根本的层次上运作还算正常。确实，哪怕在战火纷飞、陈尸遍野的南北战争期间，总统选举也照例不误，林肯在全面负责战事的同时，仍然不得不进行竞选，接受政治上的挑战。在迄今为止美国举行过的51次总统选举中，基本上没有发生过选举结果不被接受，相互指责作弊，甚至发动政变之类在许多国家屡见不鲜的事件。唯一的例外是1861年南方拒绝接受当选的林肯而宣布独立，但问题的症结不在共和制，而在奴隶制。

那么，美国的共和制为何具有这种稳定性呢？简单地说，这是因为美国不仅具有维护共和的法律和制度，而且具有全民维护这些法制的传统。美国总统庄严而简短的就职宣誓无非就是要执行和捍卫作为根本法的宪法。法律的制定本身不过是文字写作，相对来说要容易得多，现代国家很少有不具备冠冕堂皇的成文法的，但遵法的传统却绝非一朝一夕或一次革命所能培养的。法律的依据不外乎人性和习性，当一个国家的法律与国人的习俗心态不符时，结果往往是习俗战胜法律，法律仍停留在纸面上，甚至成为笑柄和反嘲，不可能具有法律应有的严肃和权威。只有当法律与国民性相符时，包括执法者在内的全体国民才有可能自觉自愿地遵守和捍卫它。这种深层次的民族传统和心态不妨称之为文化基因，它的产生具有诸多历史原因，一旦形成，它又能左右一种文化的发展趋向。尽管它并非一成不变，但要重新塑造它也绝非易事，而且常常需要借助别的文化基因。

要了解美国传统，不能不从清教开始，好比先秦之于中国，清教包含着美国文化的重要基因。

清教是新教的发展，也可以说是宗教改革的第二代。英王亨利八世脱离罗马教会，成立英国国教，清教又从国教中逆反而出，要求进一步净化教会，清除天主教残余。清教中最激进的一派主张彻底独立于国教，故称独立派，他们乘坐的"五月花号"木船则成为移民的象征。另一派为长老会等温和派，主张留在国教内去改造它，他们中的一些人以温斯罗普为首，于1629年取得马萨诸塞海湾公司特许状，次年移民波士顿附近，创建了清教殖民地。比起他们的英国同行来，北美的清教徒也许有一个更好的环境来实践他们的理论：因为那里一片空白，不受外界干扰，毫无历史遗留问题，更因为这是一个经过自我选择的群体，有共同的信仰，愿为同一目标团结奋斗牺牲。因此缘故，清教中包含的民主基因，这时得到了重大的发展，其中最主要的有以下三点。

一、对个人的尊重

清教并不主张人生而平等，温斯罗普作为移民领袖在阿贝拉号横渡大西洋时，做了题为《基督仁爱之典范》的讲话。在这个清教移民的纲领性文件中，他强调了人的尊卑有序，人在世间的地位乃上帝所定，统治者代表上帝管理天下，富贵者须仁爱，贫贱者须顺从，不应有非分之念。

但是，基督教中起码有两点基本思想为人的平等打下了基础：第一，上帝是神，人是上帝的造物，神人界限分明，绝无基督徒敢自称天子，天子只有一个，那就是耶稣。从三位一体的观点说，耶稣也就是上帝。第二，由于亚当的堕落，人都是有罪的。在上帝面前，无论其世俗地位的高低，都是罪人，纵然是等级森严的罗马教会也不能否定基督教内含的这种平等思想。马丁·路德发动的宗教改革否定了罗马教会对宗教事务的垄断地位，把基督教从庞大的教会组织中解放出来，使教会成为信徒的自由联盟，信徒可以自由组合，自由选择牧师，直接阅读《圣经》，自己理解上帝，独自与上帝交流。至今存留的新英格兰古老教堂仍保持着当年的简朴无华，甚至没有上帝或耶稣的形象，神存在于人的心中。

宗教改革把宗教的基础从教会组织转到信徒个人，这无疑大大提高了个人的地位。新英格兰的清教徒在这方面基本上继承了宗教改革的传统，维护了一定程度的个人自由与权利，为以后的天赋人权说奠定了基础。首先，让信徒自己阅读、理解《圣经》的做法具有革命的含义，这是承认每个人都有理解上帝的良知和理智，它们是上帝赋予每个人的，个人有运用自己智力和判断力的权利。当人们在《圣经》中发现真理后，不仅可以，而且应该去捍卫与实践他所认识的真理，这就为个人的思想自由保留了一席之地，维护了独立思考的权利。路德本人在教会强迫他放弃观点时，便以自己的良心为由坚决拒绝，声称"做违背良心的事是既不安全又不谨慎的"。他显然把自己个人的良心和判断放到了整个教会组织之上。尽管路德本人绝非自由思想者，但这种对个人良知评判的肯定和强调迟早会走到自由思想这一步。任何思想权威可以说都是承认其判断的权威，个人有了判断权，其倾向必然是反权威的。

其次，清教徒非同一般地强调上帝的绝对权威和人的堕落无救，强调人的罪恶、受罚和赎罪。他们相信上帝在万世之前便已决定一个人是否得救，但是尽管前景由不得你自己，个人却不敢不努力，更不能自暴自弃。在天主教中，个人必须依赖教会获得拯救。新教则强调拯救是个人的事，清教徒爱读的《天路历程》中的基督徒便是独自登上坎途，寻找上帝的。清教徒的个人意识因此极为丰富，无时无刻不在进行自我反省、自我监督，以取代原先向神父忏悔、集体弥撒这类途径。其结果是，表面上否定个人的加尔文教实际上却强化了个人意识，使个人在否定中得到了肯定。而且，在与上帝的直接交流中，他们一旦证实了自己，也就感到获得了上帝的支持，敢于不惜一切地坚持自己的看法，这种思想方式显然是非常个人主义的。

最后，清教中关于职业的思想也蕴涵着人的尊严和平等观念。清教称职业为calling，也就是召唤，谁的召唤呢？当然是上帝的。上帝造每个人都有一个特定目的，让他从事某项职业，占有一个位置。无论何种职业，既是上帝安排，便具有其神圣性，不容轻视。贵不可傲，贱也有益于社会，是各尽其职，同为侍奉上帝，同为公共福祉。一个人做好本职工作，就是对上帝尽职、对社会和自己尽职，这不仅促成了清教勤奋工作的伦理，而且有助于个人对自我价值的肯定。

二、"约"的概念

殖民地的创始大都是以特许方式开办的公司,所以本身便带有商业上的契约性,但"约"也同样是基督教的基本思想之一。上帝与人有过两次重大的约,第一次是和亚当立的,如果亚当表现良好,便可以在伊甸园内无忧无虑地生活下去,这个约重在表现,故称为行为之约。不幸的是,亚当的堕落导致约的中断。但上帝仁慈,又和亚伯拉罕立了第二次约。由于亚当的堕落证明了人的无力自救,上帝便只要求人对他的信仰,或称"因信得救",这就是信仰之约。

"约"的概念包含着民主的基本要素,双方自愿签订的约使双方分享权利与义务,即便是上帝,也有遵守约的义务。把上帝与人的约加以延伸,便产生了人间的契约。准确地说,是人把契约的观念带到了与上帝的关系之中。人间契约之首当然是统治者与被统治者之间的契约,在契约关系中,统治者便不像"真龙天子"那样替天行道,解救百姓于倒悬,百姓只有感恩戴德、俯首臣服的份儿。

清教有关约的思想和实践有三点最重要:第一,契约是成文的,参与者需签字表示同意并承担责任,著名的《五月花公约》便是最早的一例,美国以后历次政治契约都继承了这种书面成文的传统。第二,统治者的权力虽然来自上帝,但统治者与被统治者之间却是契约关系,统治者的合法性在于被统治者的认可,所以统治者实际上不过是执政者,必须经过选举产生,这就决定了选民具有很高的参与权与参与意识。第三,人与人之间的契约并非只关系到人,签订契约的双方在遵守契约时都是为了弘扬上帝,建好上帝在人间的王国。如果统治者不称职便是违背了契约的承诺,等于对上帝不敬,其结果必然招致上帝的愤怒,降罪人间。因此,为了取悦上帝,为了全社会的利益,被统治者不仅有权,而且有责任撤换不称职的统治者,甚至不惜以暴抗暴,这就是清教关于革命权的理论。

在人和上帝的约中，由于上帝的至高无上，人处于服从的地位，但至少有权知道约是否还在履行。在人与人的约中，统治者并不能保证一贯正确，再加上被统治者的个人判断权，统治者理所当然地受到被统治者的钳制与监督，这与君权神授相比，显然更接近现代民主。清教执政者的权力被选民的权利有效地限制着，他们从来不能大权独揽。

三、政教有别的思想

清教殖民地实行的是政教合一的"教会—国家"，当政府有权统一思想时，迫害异己便成为必然。加尔文在日内瓦惩处异端的严酷做法在新英格兰也时有发生，清教政府驱逐异己，迫害贵格会友等都有据可查。但是在基督教国家中，教会和国家始终是两种权威，两套组织，各有其不同的功能和成员，它们是并行的而不是合一的。教徒们的终极目的是死后升天堂，侍奉上帝，现世不过是来世的准备。清教徒们认为自己只是存在于这个世界，并不属于这个世界，他们的灵魂和希望只能属于上帝，而不能属于什么人间的权威，唯有天国才是永恒和神圣的。至于人间的政府，那不过是一种权宜之计，为方便起见而设立，只能负责尘世俗务，无权干涉人的灵魂和精神。与宗教相比，它的档次无疑低下得多。但是宗教既然负责的是灵魂，教会在原则上便只能采取劝说、教诲、引导等精神方式来管理精神，它对教徒的最大惩罚是将其逐出教会。政府是管理行为的，以强权推行法律，可以用从监禁到死罪等各种手段来维持社会的安全和正常运作。

清教的这种政教有别的思想和政教合一的做法显然具有内在矛盾，那么清教徒是如何解释和达到政教合一的呢？从理论上说，因为政府只是上帝在人间的王国，上帝的法便高于政府的法，政府是手段，借以达到的是宗教目的，服从政府在一定意义上也就成了服从上帝。在组织上，清教是通过只有教会成员享有选举权的方式来控制政府的，这里面首先涉及清教的拣选论：在信仰之约中，人信仰的力量来自上帝，但上帝只把它赋予少数人，也就是他的选民。这些真正得救的人只有上帝清楚，非常人所能见，故称为"不可见的圣徒"，而教会公认的表现优良的人则相应称为"可见的圣徒"。这些人当众陈述自己皈依上帝的宗教转变过程，经教会审查批准而入会。只有教会成员中的自由民才享有选举权[①]，这就保证了政府的各级治理者及其权力牢牢掌握在教会手中，使其为宗教服务。但这样做潜伏的危机是，一旦成员资格的规定引起争议，政府马上就会越出教会的控制。

清教在欧洲受过迫害，因而对政府干涉宗教信仰戒心十足。更兼他们相信原罪说、性恶论，不相信任何凡人会是什么特殊材料制成，能够不被权力腐蚀，所以他们对权力一贯非常警惕，具有反对权威、限制权力、不信任政府及其权力的传统。他们认定，需要更多受限制的不是被统治者，而是统治者。他们处处设防监督统治者，使其难以扩展自己的权势，世袭更不可能，这为美国以后宪法中的权力制衡铺平了道路。既然清教的政教合一中隐含着矛盾，它很快便遭到来自内部的挑战，终于逐步走向更彻底的宗教自由和政教分离。清教领袖大多是反对民主的，但是既然他们的神学思想和政治实践中包含着民主的基因，那么其发展演进又岂是他们所能预料和控制的呢？

（1993年）

[①] 自由民（Freeman）原指移民中为数极少的马萨诸塞海湾公司持股人，他们享有特许状所规定的政治权利，后扩展为教会成员中的全体成年男性，仆人除外。

滥用权力的堤防

美国历史上关于新闻出版问题的最早一场官司发生在1735年，即著名的曾格案，被告曾格的律师汉密尔顿为此案所作的辩护发扬了西方民主传统，成为一篇杰出的政治演说。它一再被后人引用，仅在18世纪便再版十五次，是《美国农民书札》(1782)出版前美国在欧洲最有影响的著作。它所引起的兴趣持久不衰，一直延续到20世纪。

1732年，英国委派科斯比任纽约殖民地总督，科斯比骄横贪婪，以权谋私，甚至拿下属官职作交易，以肥私囊。当他与人发生经济纠纷时，为了避开对他不满的民众，他要求成立一个专门的财务法庭——而不是由陪审团参与的一般法庭——来解决争端，好做出对他有利的裁决。不料首席法官莫里斯由于政治上的原因，反对成立专门法庭，并公开发表了他的观点，科斯比随即撤了他的职。莫里斯一不做二不休，索性领导一个联合反对派，要把科斯比赶出纽约。由于科斯比的腐败行径早已引起纽约各界的不满，1733年秋，莫里斯父子在议会选举中双双获胜。第二年，莫里斯一派又在纽约参议会的选举中获得多数。

当时纽约只有《纽约公报》这份官方报纸，其发表的言论必须经过行政当局的审查。莫里斯一派为了对抗科斯比，不得不另立喉舌。1733年11月，他们利用年轻德国移民约翰·彼得·曾格的印刷厂，出版了第一份党派刊物《纽约周报》。他们打出"国王乔治，自由和法律"的旗号，以读者来信、广告等形式，全面揭露嘲讽科斯比一派的劣迹。例如广告挂失一条长毛垂耳犬，其形象特征的描述使读者一看便知是总督大人的新闻发布官。他们还刊登讽刺诗歌和宣扬出版自由的文章，其中一篇写道：报刊是对付腐败官员的最好手段，因为他们往往能逃离法网，逍遥于一般法律的惩处之外，只有报刊可以让他们尝尝讽刺的鞭笞——可能的话，唤醒他们的良心；如果他们已无良心可言，则引起他们的恐惧，让他们蒙受耻辱，叫他们声名狼藉。科斯比恼羞成怒，于1734年11月以诽谤煽动罪逮捕了曾格。莫里斯一派从费城请来著名律师安德鲁·汉密尔顿为曾格辩护。1735年8月，在曾格坐牢九个月之后，法庭开审，检察官原告和首席法官都极力维护政府及官员不受毁谤这一有利于科斯比的传统立场。但是汉密尔顿的一席辩词使陪审团彻底折服，仅用几分钟便做出裁决，一致认为被告无罪。法庭不得不释放曾格，观众欢呼再三，庆祝胜利。

汉密尔顿主要从三个方面来为曾格进行辩护。首先，他提出诽谤罪只能在言论为虚妄时才能成立。原告认为，由于政府是神圣的，凡诋毁政府及其官员的言论，无论真假，一律构成诽谤罪。更有甚者，若言论属实，其煽动作用便更为明显，故真实是比虚妄更大的诽谤。汉密尔顿斥其荒谬，坚持"虚假才构成诬蔑，两者加在一起才构成诽谤罪"的原则，认为内容属实的言论是公民在行使批评政府的正当权利，根本不构成诽谤。原告提出，公民若对总督有意见，应该向殖民地议会反映，或者直接向英王上告。汉密尔顿反驳道，议会可以受总督左右，未必能主持公道，而千里迢迢去英国告状对大多数人民来说并不可行。

其次，汉密尔顿坚持陪审团不仅有权判断事实，也有权进行法律判断。原告认为陪审团在这一案件中只有权决定曾格的报纸是否刊登了有关诗文这一事实，至于这些文字是否构成诽谤罪则由法庭来裁决。这样的话，维护总督的法庭便很容易判曾格有罪。汉密尔顿辩护道，英国设立陪审团制度，目的就是保证被告能得到与他地位相当且又了解背景的当地人的裁决，这也是人民惩罚坏人的参政方式。在事实与法律难以区分的案件中，陪审团应该有权对两者同时做出判断。曾格一案涉及含沙射影、讽刺诽谤的问题，这是极难辨别的，即便引用《圣经》，也难避嫌疑。汉密尔顿举例说，《圣经》中有这么一段："他看守的人是瞎眼的，都没有知识……这些狗贪食，不知饱足。"根据原告含沙射影的逻辑，完全可以理解为对总督及其随从的攻击。但若照此办理，那么就没有文字不可理解为诽谤，没有人不犯诽谤罪了。汉密尔顿对陪审团寄予厚望，认为他们负有独立判断的权利和职责，鼓励他们用自己的眼睛去看，用自己的耳朵去听，凭仗自己的良心和知性，对自己同伴的生命、财产和自由做出决定。他同时指出，陪审团不能因其判断与法庭意见相左而受罚。这不仅提高了陪审团的权威，而且解除了他们的思想顾虑。

最后，汉密尔顿通过强调"表达自由乃公民权利"这一点来为曾格辩护。新闻自由在当时并没有完全的法律依据，而原告和法庭所坚持的诽谤法却确有其事，这就为汉密尔顿的辩护造成困难。尽管他也引用了先例，但不能不更多地通过发挥他自己的政治理想和引申宪法的精神，而不是依据具体的法律条文来进行辩护，他的中心论点便是人民有权批评官员，批评政府。他谴责诽谤法曾是腐败官员的避风港，以此镇压舆论，为所欲为。但身份本身为什么就能使人凌驾于批评之上呢？英国的君主立宪制保障了人民利用报纸说话的权利，总督是完全可以批评和弹劾的。是否容许人民说话是一个大问题，表达权不容侵权。

《纽约周报》在文章中曾分析过两种不同君主制下人民发表意见的可能性，认为在绝对君主制中，用报纸来泄怨诉苦必然犯上违法，人民发表意见便不可能。但是在英国的君主立宪制中，君主与人民都受到法律的约束，报刊是人民表达愿的正当途径，受到宪法的保护。倘若只有歌功颂德的自由，而没有发表不同意见的自由，那就不成其为自由。倘若只有表扬而没有批评，那表扬也就不可信了。显然，不同性质的政府，制定不同的法律，以保护不同的人。如果政府的存在是为了人民的利益，那么人民为什么不能批评政府，为什么不能揭发损害他们的贪官污吏？难道要让受害者有冤无处申诉？难道要让人民从丧失言论自由开始，一步步沦为奴隶？难道仅仅因为有不符合事实的批评就应该禁止批评？官员若绝对正确，当然可以由他们来决定舆论，但他们又非圣人。尽管批评可能失真，但只要人人都有表达自由，真理总会战胜谬误，真相总会大白的。

汉密尔顿的辩护词在政府和人民的根本关系上表达了人民的愿望，因而赢得了人民的支持。一位拥护者说："如果它不是法，它比法还要好，它应该成为法，并将永远在公正取胜的地方作为法。"曾格案一向被认为是美国民主的重大胜利。但近来的史学家也有不同的看法，认为莫里斯和科斯比的矛盾在本质上仍属党派之争，涉及各自的权和利，此外，曾格一案的判决并未成为法律上的先例，因而对诽谤法的改革没有起到一般认为的那种作用。但仔细想来，这两点并不能减少曾格案的历史意义。因为历史关注的并不是个人的动机和命运，无论此案的政治背景如何，汉密尔顿的辩护词毕竟是从维护人民主权出发的，它的胜利也标志着理想的胜利。此后无论哪派上台，都不能不尊重人民主权，都不可能再从理论上倒退了。辞令固然可能不足为凭，但也并非没有意义，因为毕竟先有理想才有现实，先要有了容许人民发表意见的观念，才可能实行它。至于此案未能成为法律上的先例，倒是事实。但这不仅说明了民主进程之艰辛，更说明了曾格一案的意义：它是先进于时代的。而且，即便它没有成为先例，它也成了此类案件发生时经常求助的文件，它的历史意义不可否认。

曾格一案涉及的问题是多方面的，除了新闻出版问题外，还有司法独立、陪审团权力、人民主权等等。汉密尔顿的辩护词掷地有声如金石，把自由民主往前推进了一大步，说推进也就是说他的胜利并非从无到有，一步登天，而是在英国原有法制的基础上实现的。英国早就有了习惯法、人身保护法、大宪章等维护公民权利的法典。18世纪初，英国关于出版的政策是，出版物事先不受审查，事后承担法律责任，所以只剩下诽谤法这唯一的限制了，它的目的在于保护政府不受威胁公众安全的言论的诋毁。我们可以想象，如果法庭必须听命于行政当局，如果陪审团必须看法官的眼色行事，如果律师不能畅所欲言地为被告辩护，如果没有对种种法律程序的尊重，如果没有议会的民选制度，即便汉密尔顿有多么雄辩，握有多少真理，他也不可能成功，甚至连立案本身可能也谈不上。汉密尔顿的成功是建立在前人努力的基础上，而他又为后人的进一步努力打下了基础，民主的发展必然有一个逐步适应、巩固、扩大的过程。

托克维尔认为，"报刊是保护自由的最佳民主手段"。他写道："在我们这个时代，公民只有一个手段可以保护自己不受迫害，这就是向全国呼吁，如果国人充耳不闻，则向全人类呼吁。他们用来进行呼吁的唯一手段就是报刊。"杰斐逊在谈到有关问题时说："我们政府的基础是公众舆论，首要目标便是保持那权利；如果让我决定是要没有报纸的政府，还是要没有政府的报纸，我会毫不犹豫地选择后者。"一个不能被批评的政府决不可能是民主的，它只是为自身而存在，是自我服务，而非服务民众。在反对政府官员的腐败上，报刊尤其能起到机构和法令起不了的作用，因为机构法令所落实的，往往只是少数人的监督，而自由的报刊却能动员全体民众。显而易见，反腐败的中坚力量必然是腐败的直接受害者，也就是普通民众，而且任何人都不可能买通全体人民，因而人民的普遍参与必然最坚决、最有力。如果一个社会长期正邪不分，人民在感到无能为力后，便很可能随波逐流。新闻自由则能给人民以参与感，因参与又生责任感，确实是人民监督公仆的良好途径。爱默生在访问英国后写道："在英国，没有一种力量（比《泰晤士报》）更令人感到它的存在，更令人畏惧和服从。"这种力量在自由的状态下从来就不会衰落，谁滥用它就自然会被淘汰。

偶读《资治通鉴》，发现汉文帝在公元前178年便下诏取消了政治诽谤罪，不可谓不先进了。诏曰："古之治天下，朝有进善之旌，诽谤之木，所以通治道而来谏者也。今法有诽谤、妖言之罪，是使众臣不敢尽情而上无由闻过失也，将何以来远方之贤良！其除之！"但为什么这一举措没有能成为中国的传统呢？很简单，皇帝是不会犯政治诽谤罪的，他又何苦主动去取消它？又有几个皇帝能清醒大度到明白取消它只会对自己有利？

又，唐太宗教诲太子曰："水所以载舟，亦所以覆舟，民犹水也，君犹舟也。"于是中国人常以此来比喻人民与政府的关系。这里面不是没有道理，对历代帝王也不是没有起过规劝警戒的作用，但其出发点毕竟是舟，而非水。对水来说，舟不舟又有何相干？汉密尔顿在辩护词中引用了西方的说法，其出发点就截然不同。他说："权力可以合适地被比作一条大河，当它保持在河道里时，它是又美好又有用；但当它溢到岸上，便迅猛不可挡。它冲走前方的一切，所到之处尽带去毁灭和灾难……维护自由，是对付无法无天的权力的唯一堤防。"在这里，人民对权力的限制才是关键，公民的自由是对权力的唯一约束，民主与封建的区别大概也就在此了。

（1994年）

富兰克林何以成了美国人

富兰克林1706年生于波士顿，17岁移居费城，20岁前后曾在伦敦待过一年半。他身居美洲，却是英王的臣民，后来他的电学研究闻名遐迩，通过书信结识了不少志同道合的英国朋友，还当选为英国皇家学会成员。与其他北美殖民地的居民一样，他时而也会对母国有些不满，但从未想过要另立门户。他原本的理想也不是一个独立的美国，而是一个横跨大西洋的盎格鲁-美利坚帝国。

奥尔巴尼联盟方案

18世纪初，北美殖民地在发展了一个多世纪后，正在展现出难以估量的远大前景。它的土地在不断延伸，它的人口不到25年就会翻倍。不过百年，从英国移民来的8万人已经增至百万。富兰克林早就开始关注美洲的人口状况，他预计再过百年，在美洲生活的英国人必将超过英国本土。同时他也从宾夕法尼亚的大量德国和苏格兰-爱尔兰移民中，看到了北美人口构成正在发生的变化，种族与文化的多元必然对未来产生深刻影响，而他内心希望看到的是一个英国人的北美，至少是一个英国文化主导的北美。

北美殖民地从属于英国，虽然各殖民地拥有自己的民选议会，对内部事务有一定的自治权，但在其他方面，殖民地哪怕违背自己的利益都必须服从英国。若是他们心生怨言,可以上书陈情请愿,至于能否得到回应就另当别论了。英国为了自身的经济利益,一直在限制殖民地发展自己的制造业和外贸。1718年国会还通过立法,允许重罪犯人可以选择去美洲来代替绞刑,这些人的到来给殖民地公共安全造成危害,殖民地议会通过立法加以禁止,却遭到英国方面的否决。富兰克林怒而作文,建议将满船的响尾蛇运往英国,回赠给制定此政策的官员。

一个人民,两种待遇。久而久之,殖民地人民难免感到不平,既然同是英王臣民,为什么被另类对待?富兰克林思索良久,一个宏大构想出现在他脑中。

1754年,7个殖民地派代表去纽约的奥尔巴尼商讨印第安事务。富兰克林在会上首次提出共建北美联盟,使殖民地成为一个整体来抗击法国和联络印第安部落。他建议由各殖民地议会选派代表组成"联合理事会",统一掌管所有殖民地在印第安事务方面的立法与征税,负责购买印第安土地、在西部成立新殖民地等事项。主持这个联合政府的"总统"由英王任命,总统握有一票否决权。

他的设想得到了与会有识之士的响应,他们知道这是一个有利于殖民地的有远见的方案。鉴于该方案将会分散议会权力,很难指望各殖民地议会来批准它,所以他们直接向国会呼吁,希望由国会立法来组成这个北美联盟。

不料奥尔巴尼方案只是与会者的一厢情愿:殖民地议会认为它新设了一层上级机构,加上英王任命的总统,具有专制倾向。国会则认为殖民地已经过于民主,一旦联合起来虽然对付印第安部落会更有利,但是对付英国不也一样会更强大吗?他们可不愿意看到一个团结起来与他们对抗的北美。

北美联盟只是富兰克林宏大构想的第一步,他的更高理想是让英国各部分以完全平等的地位组成一个超大帝国,产生一个国会、一个政府首脑。

这个理想并非简单的区域扩大，而是整个国家的重组。在新的盎格鲁－美利坚帝国中，不再区分殖民地与本土，一律平等，各方人民享有同等权利、同等的国会代表权。这代表也不是抽象的代表，而是按地区人口分配的实实在在的议会席位。国会也要重新成立，原国会制定的限制殖民地的法令一律作废，新的立法必须代表英美在内的全体利益。

富兰克林敢于设计出这样的宏伟蓝图，心里是要有点底气的——他看到了北美的发展潜力和辉煌的未来。将英伦三岛与北美大陆相比较，他断定英国的未来必将在北美，合二为一将前途无量。历史证实了他的远见，若是他的创意成真，那今天的地球上也许就没有美国，而是一个横跨两大洲的超级英国了。

这个理想从此萦绕于富兰克林心中，成为他与英国交涉中一个衡量利弊的价值尺度，直到1775年他才不得不放弃。从1757年到1775年，富兰克林两度代表殖民地赴英斡旋，其间只有两年回到北美。在这漫长的16年中，富兰克林在英国经历了什么？为什么他去时怀揣大英帝国的梦想，回来时却要做一个独立的美国人呢？

富兰克林首次赴英的使命

殖民地（colony）这个词本身并无贬义，英属北美殖民地是指一部分英国人离开了不列颠，在英国法律承认下移民到北美荒野建立新的定居点安家落户。英国人在前后百年中创建了13个北美殖民地，各地都有自己的总督和上下两院组成的立法机构（除了宾夕法尼亚是一院制），上院称"理事会"或"政务会"，下院称"议会"。殖民地虽然都属于英国，但大致可分为四类不同的归属：皇家殖民地由英王任命总督及其理事会；领主殖民地由王室任命的领主来任命总督及理事会；自治殖民地只有康涅狄格和罗得岛两地，所有官员民选产生；拥有特许状公司的自治殖民地由公司主管任命总督和理事会，自由民选举议会。后来出于各种原因，9个殖民地陆续都改成了皇家殖民地。

为了鼓励殖民，英国允许所有殖民地议会由民选产生，议会掌控财务，包括总督的薪金。在公共事务方面，殖民地人民养成了有事大家商量着办的习惯。

宾夕法尼亚自始至终是领主殖民地，最初由英王查理二世于1681年将该地特许状授予威廉·佩恩作为抵债。首批定居者大多是与佩恩信仰相同的贵格会成员。1701年，宾夕法尼亚和费城分别成立政府。威廉·佩恩去世后其子嗣继任领主，远在英国遥控。领主任命总督，总督任命理事会并服从领主指令。费城市长和市政委员会都由领主指定的政务委员内部自选，这些官员只服从领主，不必对市民负责，做事武断，不接地气。

总督和民选议会经常意见相左，难以协调。例如在摊派税务上，佩恩家族为了私利而拒绝按地纳税来分担防务费用，指令总督否决掉任何不豁免他们土地的征税法，似乎他们的土地不需要保护。民间怨愤，于是议会在1757年派遣富兰克林带着请愿书去英国斡旋，直接上诉国王，约束领主权力。他们希望搬掉夹在他们与乔治二世之间的这个领主特权，理由是：从法理上讲只有英王才是全体英国人的统治者，佩恩只是英王臣民，而宾夕法尼亚人民也是英王臣民，他一介臣民无权统治宾夕法尼亚的众多臣民。他们还说，国王当初授予威廉·佩恩土地时，也不可能让他免去一切作为臣民应该分担的公共责任。

富兰克林到达英国后，通过新老朋友的关系接触到一些位高权重之人，但仍然发现使命难有进展。整整5年，富兰克林充分领教了英国政治的拖沓和权力的傲慢，看清了两个基本事实：一是英国政治基本上在权力的小圈子里运行，凡事首先在贸易部、枢密院和国会内部达成妥协平衡，而这些机构都不会支持殖民地议会去反对领主这个圈内人。富兰克林自己虽有名望却无官方身份，领主拒绝承认他是议会的合法代表。

二是制定美洲政策的少数官员虽手握大权，对殖民地却并不知情。他们强调殖民地的立法者是英王而非议会，既不懂得尊重殖民地议会，也不在乎殖民地民意。他们最想做的其实是削弱民选议会，强化英国管控，而富兰克林使命的核心恰恰是增强议会权力，自然不合他们的心意。耗时一年，国会才回复了宾夕法尼亚的请愿，托马斯·佩恩勉强同意有限度地征收其土地税，但一口咬定他们下达给总督的指令不容更改。

1762 年富兰克林回到费城，那里的政治已经发生明显变化，民众心理正在疏离英国，许多人宁可维护领主，也不愿强化与王室的关系。富兰克林长期生活在英国，回到美洲也还是周旋于上层，再加上他的大帝国理想，与一般民意有了距离。两年后，一门心思想摆脱领主特权的富兰克林又准备好了请愿书，议会再次派他前往伦敦，争取将宾夕法尼亚直接置于王室的管辖之下——一个明显的不合时宜之举。

富兰克林再度赴英与绝望

这次富兰克林在伦敦一待就是 11 年，从 58 岁待到了 69 岁。说来很有讽刺意味，形势发展早已与他原先争取皇家殖民地的使命风马牛不相及，他全力以赴去做的是阻止国会对殖民地的征税与管控。

1763 年英法"七年战争"结束，英国将视线转向北美，日益收紧对殖民地的控制以图充盈国库。序幕一旦拉开，英美双方步步相逼，层层加码，冲突急剧升级。无论是 1763 年的"航海条例"、1764 年的《糖税法》、1765 年的《印花税法》、1767 年的《汤森法》，还是 1773 年的《茶叶法》、1774 年的《波士顿港法》，都是一样的路数——先是国会立法企图增税并限制殖民地，激起民众反抗与抵制，迫使国会取消该法，然后是国会心有不甘，又开始新的一轮较量，不同的只是每次的作用与反作用都在加剧。

正是在富兰克林第二次客居英国的短短 11 年中，这场原本是确定北美在帝国中位置与权利的对抗，竟然变得一发不可收拾。波士顿倾茶事件后国会震怒，下令封港驻军，重组马萨诸塞政府，削弱殖民地议会，关闭乡镇议会，限制陪审团，剥夺民众权利。北美爱国者旋即召开大陆会议联合行动，组建大陆军，武装自卫，1776年7月正式宣布独立。

英美的这场较量从文斗发展到武斗，内涵极为丰富。首先表现为司法的较量：双方都在追溯自己权力的源头，力图维护和扩大自己的法定权限。国会方面强调国会对殖民地的绝对权力，包括征税权，所以即便取消了那些被抵制的税法，还要保留一点微薄的茶税作为主权的象征。美方则坚持国会对殖民地拥有的只是有限权力，他们先是区分内部税与外部税，后来以"无代表不纳税"为依据，承认国会的立法权却不承认其对殖民地的征税权。最后他们索性否认殖民地从属于国会，说最早的特许状都源自英王，国会接管殖民地根本就是篡权。

这场较量也是实力的较量：英方依托的是强大的国力、现行国家机器和正统王权；而弱小的美方凭借的是人民对自由和自治的认同、三千英里的距离和美洲大陆未来的发展与前景。

这更是一场思想和价值观的较量：英方坚持的是自上而下的宗主国主权、至尊王权及其世袭统治权；美方追求的是公民的代表权、自治权、自由权和平等权。

在整个较量过程中，国会不顾殖民地的反应一意孤行。富兰克林作为多个殖民地的代表，在英国竭尽全力居中调停，避免矛盾激化。他一面安抚国会，保证殖民地人民对英国的忠诚未变，宣称他个人反对任何形式的对英暴力。同时他向殖民地议会呼吁克制，建议惩罚暴徒，赔偿损失。他一心希望英国能够明白保住殖民地对自身的好处，尽早停止强制手段，否则民情沸腾，后果不堪设想。

可是他的苦口婆心换来了什么呢？他对英国的认同和伟大的帝国理想还能维持下去吗？

国会根本不理会他的大帝国理想，分而治之历来是专制的基本方略，他们本能地感到殖民地的联合不利于他们的统治。其次，他们习惯于居高临下，在他们看来，殖民地议会有什么权利派代表来与国会平起平坐，商谈什么地位、权利？手握大权的英国贵族漫不经心，自以为是，爱听奉承，敌视真话。

富兰克林越来越明白，他来英国的使命已经变得毫无意义，他的新使命是要让英国完全承认北美人的权利。他本非过激之人，不到万不得已总是避免最后摊牌。他一次次将希望寄托在一个更明智的新内阁上，可是掌权者换了不止一次，态度却是愈加强硬，越发强调国会权力，越发要教训殖民地人民。他们不仅无视富兰克林的调解努力，反而将他视为叛逆的幕后操纵人，认定是他在挑拨和煽动舆情。

1774年1月，枢密院以听取马萨诸塞的请愿为名，将富兰克林传唤到场。官员们拒绝了请愿，称其为"毫无依据、无理取闹、造谣中伤、精心策划，为的只是保持喧嚣与不满情绪这唯一的颠覆目的"。[1]副检察长韦德伯恩当众辱骂富兰克林，语言粗鄙得不能见报，称其为"真正的煽动者"，指使属下"点燃了整个殖民地反抗国王陛下政府的烈火"。在官员们的一片嘲笑声中，富兰克林默默承受，面无表情，一言不发。

英国的政坛泰斗威廉·皮特点燃了富兰克林的最后一次希望。1774年8月，皮特主动约见富兰克林，听取他对美洲局势的看法。皮特完全同意他对内阁的评价，也不赞成国会那些疏离美洲的政策。12月，富兰克林将大陆会议进程的复件交给皮特，两人再度会面。据富兰克林记载，皮特高度评价大陆会议，称其为古希腊罗马之后最可敬的政治家会议，建议由一个委员会来起草一份对美协议。

1775年1月20日，皮特邀请富兰克林到上议院，亲自挽着他步入大厅。

---

[1] 引自 Edmund S. Morgan, *Benjamin Franklin*, Yale University Press, 2002。

皮特呈交的议案建议从波士顿撤军来缓和双方敌对情绪，防止任何突发灾难。议案得到几个熟悉美洲事务官员的赞同，但敌不过由内阁控制的整个上议院。1月29日，皮特亲临富兰克林寓所长谈两小时，留下一份他起草的计划。几天后他们又在皮特庄园长谈四小时，第二天皮特就将计划作为议案正式呈交上议院，作为一揽子解决北美问题的基础。议案将国会对北美的权力仅限于贸易管控，禁止国会未经北美议会同意的任何征税，承认大陆会议，中止或取消所有大陆会议反对的从1764年至1774年间国会制定的法律。这个议案可以说非常接近富兰克林的愿望了。

上议院老爷们的反应却正相反，桑维克勋爵拍案而起，要求立即否定这个他称之为可耻的建议。不仅如此，他还转向观众席上的富兰克林，说自己"知道起草这份议案的那个人——那个国家有史以来最凶狠阴险的敌人！"皮特有风度地挺身而出，说议案完全是他个人所写，还以赞许的口吻说，倘若他是首相，绝不会羞于向这位最懂美洲事务的人求助——全欧洲都仰慕他的知识和智慧，将他视为牛顿一类的人物，他是英国和全人类的光荣。

皮特的赞扬安慰不了绝望的富兰克林，他亲眼目睹这些狂妄的官员们竟然不假思索便一致反对议案，断送了阻止帝国瓦解的最后机会。他们强制推行不顾民意的政策，将原本不想分裂的北美人逼上了反叛之路，还愚蠢到看不清这个明摆的事实。如此短视和缺乏政治智慧，实在到了令人震惊的地步！他感叹道：这批生来继承权力的人如此激烈地反对议案，不屑听一听英国最伟大的政治家的意见。他们正是这个帝国的缩影，这样的帝国不配享有美洲将会带来的荣耀。

富兰克林痛心不已，因为分裂与他的理想背道而驰。奈何局势已经无法挽回，他唯有回到美洲与国人一起投身革命，推动独立，建立共和。一个忠诚的英国臣民就这样被一步步逼成了第一代美国人。

政府的根基是民意

平心而论，就18世纪的世界而言，英国的王权绝对不是最专制的。它好歹还有个国会，国会也还有个下议院，多少听取些民意，也允许殖民地民选议会的存在。但是水涨船高，人民的平等意识和自治愿望总是会逐级提升，迟早会走到它逻辑的终点——从不完全到完全，从不彻底到彻底，从王权到民主。

在独立的全过程中，无论怎样反复，富兰克林依赖和坚持的始终都是同一信念——任何统治的基础都是民意。在他心目中，民意的意义超过了他对英国的忠诚，也超过了他宏大英帝国的理想。

早在青年时代，富兰克林就在费城致力于民生改善和城市建设，成功创建了读书会、消防队、图书馆、医院、学校、火灾保险公司等设施，从一个无名小辈成长为最有名望的费城市民。他成功的诀窍是舆论先行，做每件事之前先向民众交代这样做的必要性。因为他懂得，民众自觉自愿的支持来自他们内心的认同，这就是民意，而公共事务从本质上说就应该与广大民众的私人利益相一致。他娴熟地运用这种方式，动员民众自发组织起来办事，有了民众的信任就能诸事顺遂。

他最成功的一次经验是组织民兵自卫。1747年至1749年，宾夕法尼亚受到法军威胁，但是掌控议会的贵格会出于反战信仰而不愿理会。政府不作为，人民只好自救。富兰克林在自己办的报纸上化名发文，说明事态的严重与自卫的必要，顺利动员上万民众自发组成民兵，并以发行彩票的方式集资，自筹武器，自建炮台。他本人只当一名列兵，不担任军官，还首创让民兵自选军官的办法，以和谐官兵关系。这是一次以社会契约为原则组建政府的演习。这种民主方式在天生世袭的统治者看来当然是不可容忍的，远在英国的领主托马斯·佩恩责问道：宾夕法尼亚成了个有武装的自治领，这差不多就是反叛了。人民如此自作主张，还能不反他们的政府？

他认为富兰克林绝对是个危险人物。

富兰克林三十年成功发动民众的经验加深了他对政治和政府的认识。他深切体会到休谟所说的：不论出于恐惧还是好感，一切政府都是建立在民意之上。即便是最霸道的政府，也多少得顾及民意，靠欺骗和暴力不可能长久维持一个政权。富兰克林亲身体验过两种不同的政府，懂得政府不仅建立在权力上，也必须建立在公认的有关公正的观念上。

富兰克林从政之初，曾以委婉的方式向马萨诸塞总督威廉·舍利进言：代议制是一种更有效的统治技巧，当人民认为自己参与了政治，政府之轮就会运转得更加平稳顺畅。这个主观上的"认为"尤其重要，因为人民不可能事事亲身参与，他们是通过代表感到自己的参与。国会若要征税，最好让人民通过他们的代表来表示同意。若是让殖民地人民有权选举自己的国会议员，他们在心理上接受国会法令就会容易许多。相反，国会若以对待敌人的方式来对待北美人民，只会迫使他们成为敌人。

在英国前后16年的亲身遭遇和挫折使富兰克林确信，民意决定政府的观念打动不了英国统治者，他们唯自己的意志为尊，只看重自己与生俱来的统治权。他们不明白民意在殖民地政治中的意义，无数次拒绝人民的请愿。他们罔顾事实，自欺欺人地将殖民地人民的群情激昂视为一小撮好斗分子之所为，已然是不可救药。

而在当时的北美殖民地，人民早已形成共识，政府若无民众直接选出的代表参与，就不能说代表了人民，就无权统治。领主没有这样的权力，国会没有，英王也没有。治理者与被治者在民主制中是互动互换的，而在君主制中是固化的，统治者世世代代统治，被统治者世世代代被统治，权力不仅垄断还要世袭，某些人永远决定其他所有人的命运，驱使他们为自己的利益服务。

在相对宽松环境中成长的北美人民习惯了平民个人的自由、权利和自治，他们不可能再返回历史去接受一个专横的政府，腐败的英国对他们已经失去意义。民选议会是殖民地人民的根基,解散议会当然是他们的最恨。国会解散议会后,他们马上组织各级新议会取而代之,大陆会议通过了一个权利法案来谴责国会。人民随时准备拿起武器保卫自己的家园,1775年,马萨诸塞一个英军来袭的谣传立马从各地招来3千名自我武装的爱国者。

回到费城的富兰克林完全认同已经形成的美国民意——结束英帝国在美国的统治,另建一种直接建立在民意之上的新型政府。《独立宣言》庄严定义了共和制下人民与政府的新关系:人民为了保障自己的天赋人权才在他们之间建立政府,"政府的正当权力,是经被治者的同意而产生的"。就这样,"被治者的同意"从一种治理技巧确立为一种政治信念和政治模式,这一理念终将被全世界所公认,成为一切现代政府的合法依据。

(2020年)

美国革命：一个半世纪的前期准备

美国革命和法国革命的比较一直引起人们的兴趣和关注，苏珊·邓恩的著作《姐妹革命》①是又一次精彩的尝试，她的考察从两次革命的不同表现一路追踪到决定这些不同表现的理念。该书的副标题原为"法国闪电（lightening），美国阳光（light）"，诗意地点出了各自不同的性质，中文版改为"美国革命与法国革命启示录"，也许是为了清晰而牺牲一点意思，这也是翻译中不得已的事。

邓恩的闪电和阳光之说来自古维诺尔·莫里斯的一段话，莫里斯是美国国父这一代出类拔萃之辈，他经历显赫，历任纽约州议员、大陆会议代表、费城制宪会议代表等，并参与《合众国宪法》的最后定稿工作。在当了一年驻英特派员后，他又于1792年至1794年间这段法国革命的非常时期担任驻法公使。在亲历了两次革命后，这位老资格的政治家感叹道："（法国）以天才人物取代理性作为革命的指导，以实验代替经验，在闪电和阳光之间，他们更愿意选择前者，也正因为此他们一直在黑暗中摸索徘徊。"

诚然，美国革命和法国革命都是启蒙的产物，都以自由平等作为追求的理想，但它们的表现却宛如两个性情迥异的姐妹。年长十三岁的美国革

---

① 苏珊·邓恩：《姐妹革命——美国革命与法国革命启示录》，以下简称《姐妹革命》，上海：上海文艺出版社，2003年。

命曾激发了法国人对自由的巨大热情,然而法国革命走的却是另一条路。美国革命的暴力几乎都集中在战场上,虽然这个战场可能遍及各殖民地。每当战事发生,自耕农们便自发组织起来,放下农具拿起武器去和英国佬打仗,革命中并没有发生一个阶级推翻一个阶级的暴力。独立后,美国虽然也经历了几年的混乱和危机,但很快就召开制宪会议,以一部根本大法使国家从此走上轨道,就政治体制而言基本延续至今。这大概就是邓恩赞同莫里斯所言的美国"阳光",这一革命产生的政体是光天化日下的产物,它的亮光如白昼般持续地照耀着。

相比之下,法国革命却如闪电——黑暗中一刹那的极致,一刹那的完美,令人惊骇战栗。它在充满激情的狂暴中迷失了方向,恐怖气氛一度笼罩法国大地,吞噬了敌人,也吞噬了革命的儿女和领袖。国民大会通过的宪法成为拿破仑独裁的护身符,最后,"一个过时的君主政体,在恐怖的断头台之后幸存下来"[1]。邓恩虽然指出两次革命各有其肯定之处,也都深刻地影响了历史,但她还是毫不客气地写道:"直到1871年,法国仍不知道共和政府为何物。"[2]

两次发生在同一时代、追求同样理想的姐妹革命到底不同在哪里?而导致这些不同的原因又何在?差异到底是从何种原则中衍生出来的呢?邓恩从多方面进行了令人信服的对比分析。

首先是革命目标的不同。大家知道,美国革命的起因是英国在七年战争后加紧了对殖民地的控制,而美国人却不想改变原先更为独立自在的生存状态。开始,他们只是提出维护自己作为英国人的权利,后来才决定彻底独立。他们不需要什么本质改变,只是觉得英国的控制多余,赶走英国人,建立自己的共和国就是他们的革命目标。这个目标虽然并非不高,但显然是保守的,是要排除干扰、维持原状。邓恩称之为"复归",正符合英

---

[1] 见《姐妹革命》,第17页。
[2] 同上书,第15页。

文 Revolution 一词在天文学上的意义——"围绕某一中轴的圆周运动,止于其所始。"中文将其译为"革命",无疑添加了暴力的含义。

法国则不然,在延续了几个世纪的君主专制后,社会两极分化,民众积累了巨大的怨愤,连贵族也厌倦了,全体都感到变革的必然。因此,法国革命追求的是破旧立新,"目标是重构和重组国家的政治、法律和社会结构,彻底推翻国家的原有制度,要与一千多年的历史相决裂。"①他们甚至相信可以"改造"人性本身。

其次是参与民众——尤其是革命领袖——的不同。美国民众相对理性,革命领袖是以富兰克林、华盛顿、汉密尔顿、杰斐逊、麦迪逊等为首的一个社会精英群体,他们未必都出身富贵,但称得上是靠德才兼备而担当重任的"天然贵族"。他们既拥有渊博的学识,又富有在自治政府中工作的实际经验。他们既尊重经验和传统,又敢于在"反思和抉择"的基础上进行创新和试验。他们塑造了一个现代共和制度,并能在理论上为它辩护。"在1787年制宪大会上,政治智慧与政治权力之间并没有什么鸿沟。"②有学者甚至认为,在这个独特的时期,"思想和权力,理性与政治走到了一起——事实上是互相融合在一起——在某种程度上,这一现象不会再出现了。"③

而法国就没有那么幸运了,广大民众由于一贯被排斥在政治运作之外,备受压抑后满怀愤怒与激情,却不具有任何实际政治经验。那些创建革命理论的哲学家和"文学之士"们也一样无缘介入政治,他们对变革最为敏感,却"没有拥有任何政治实践知识来调和他们的理论激情,或者提醒他们有关政治和社会现实的障碍。他们创造着自己想象的社会,在这里,任何事情都是简单而符合理性的。"④至于那些实际操作的官员,他们对改革很

---

① 见《姐妹革命》,第10页。
② 同上书,第33页。
③ 同上书,第34页。
④ 同上书,第37页。

不敏感，所具有的又只是专制王朝中的政治经验，对新制度而言，根本是错误的经验。所以在法国，"政体领域与观念领域是分离的。一些人进行管理，另一些人在真空中建立关于政体的理论。"①政治理论与政治经验分别被不同的群体所拥有，两者不能融合，理论不适用于实践，经验也无法适应理论。

最后是革命的核心价值不同。在美国，由于习惯了自治政治中的多元与矛盾，人们将冲突的发生与利益集团的竞争视为正常现象，接受"冲突即是政府"的理念。②在他们看来，人民是不同的具体个人的集合，并不存在"同质性板块"的整体"人民"。他们相信，"在现实生活的'文明共同体'中，那种'利益、观点以及情感的完美的同质性'是从来不可能找到的。"③不仅人民各不相同，政府官员也不是特殊材料制成，不可能绝对超脱，政府中每个参与者都代表某些利益或党派，希望有一个完全中立的不带感情色彩的仲裁人是徒劳的。他们也因此始终保持着对权力的高度警惕，在制宪时千方百计把政府的权力分割、分散，并使各部分相互牵制平衡，以防权力的集中损害公民的自由和权利。美国人不是不珍视统一，但在他们的概念里，统一只意味着对民主价值核心的共同承诺，而非差别和分歧的消灭。与法国对统一的崇拜不同，美国革命领袖一直在提防民主制中可能出现的多数暴政，极力防止多数对少数和个人权利的侵犯。

法国人则将统一和一致视为最高价值——"我们的共和国，统一而不可分割"。"在经受了几个世纪僵硬社会等级制度的不平等的折磨后，法国革命最需要的是平等。"④他们要取消阶级差别，让全体法国人成为一个等级——第三等级。他们坚信，"平等的公民就应该拥有相同的革命理想和目

---

① 见《姐妹革命》，第38页。
② 同上书，第81页。
③ 同上书，第67页。
④ 同上书，第21页。

标……任何中立的分化都是受人诅咒的事情"。他们不认同分权制衡,国民大会总是声称他们代表国家的声音,代表普遍意志。在他们看来,对人民的政府加以限制或者保护人民免受它的侵害,是不合逻辑的。"在一个建立在所有公民的平等性基础之上的无阶级共和国里,权力的平衡是没必要的。"[1] 相反,绝不能让一个分权制衡的政府来阻碍民意。

法式"统一"的政治理念直接来自卢梭的"公意"说,法国革命领袖大多是卢梭的信徒,卢梭宣称"民主社会应该拥有一个公意,相当于所有人的共同利益。如果文明的公民能够作为社会人和公民而不是作为独立的个体单独做决定,那么这一'公意'就能反映他们的愿望。……公民必须认同并与反映共同利益的公意保持一致。"那么何为"公意"呢?据说,它"与所有公民的愿望并非等价。它既非所有个体意志的总和,也非他们意见一致和妥协意志的表达。它也不相当于大多数人的意志,因为即使是大多数也可能会堕落和被误导。公意是大众的,并非因为是大多数人同意它,而是因为其目标指向所有人的共同利益。"[2]

"公意"至高无上绝对正确,其定义却又如此诡秘含混,令人费解,人们在现实中将如何操作呢?诸如"公意"如何产生?由谁来界定或代表?又通过什么程序?这些问题法国人好像根本不去考虑。卢梭甚至认为,真正的自由存在于服从公意中,这位名扬四海的理论家还说,"无论谁拒绝服从公意,都将受到强制去做整个团体所做的事情:即意味着他将被强迫自由。"[3] 托克维尔说过,由于知识分子和理论家杂乱不堪的描绘,观念可以导致暴力。恐怖的根子由此埋下,革命领袖们终于也被革命巨浪冲上了断头台。

在崇拜"公意"的信仰体系中,法国革命强调统一意志、统一思想。

---

[1] 见《姐妹革命》,第83页。
[2] 同上书,第74页。
[3] 同上书,第75页。

任何异议者都可能被理解为反对人民，被指认为人民公敌，失去存在的理由。在法国，"人民"替代上帝，成了绝对真理的化身，但它却只是一个高度抽象的概念，任人玩弄。雅各宾党人宣称，"每个人都必须忘记他自己的利益和自尊。私人幸福和利益是对社会秩序的强暴。你必须忘记你自己……你的利益要求你忘记你的利益；唯一的拯救就是通过公众幸福得到实现。"①在人民的名义下，个人权利不复存在，个人也就不复存在，所谓的"公意"暗含着一种排他主义原则。不仅分权制衡在法国革命中行不通，许多其他在美国不受质疑的事情到了法国也难以存在，诸如个人言论权、代表不可侵犯权、关门制宪、对程序的忠诚、对反对派的尊重、政治妥协、谦恭的绅士派头、彬彬有礼的辩论、明确放弃对真理的垄断等。

政治语言和政治原则是直接相关的，邓恩列举了法国革命中比比皆是的语言暴力——仇恨报复的威胁，伟大空洞的宣言，政治语言向着辞藻游戏腐化。一位雅各宾党人宣称："我宁愿让两千五百万法国人死去十万次，也不让一个人毁灭统一而不可分割的共和国一次。"②真不可想象，一个没有了法国人的法兰西共和国又是什么？罗伯斯庇尔的名言也很多："惩罚人类的压迫者是仁慈的，原谅他们是残暴的"；③"大革命是反暴政的自由的专制"；④"恐怖是美德的宣传机"；"没有美德的恐怖是邪恶的，没有恐怖的美德是软弱的"；等等，⑤真是不知所云。相比之下，华盛顿说的是："不犯错误并非人的品质，在指责别人的观点和行为时，我们应该谨慎。"⑥对于这样的温和克制，法国领袖们也许只会表示蔑视。作为一个法国语言文化学者，邓恩在对比了两次革命的修辞后说："入迷于杀气腾腾的观念注定了这次法

---

① 见《姐妹革命》，第77页。
② 同上书，第103页。
③ 同上书，第135页。
④ 同上书，第135页。
⑤ 同上书，第137页。
⑥ 同上书，第144页。

国大革命的结果。"①

邓恩明确点明，形成法国人和美国人精神差异的原因就在于革命前的不同社会形态，但由于革命前的历史不是该书重点，她对此没有充分展开。

莫里斯目睹法国革命的狂暴后感慨地说："感谢上帝，在美国没有这样的民众。"②其实人与人之间并无太多天生的不同，国民性在很大程度上是由制度培养和训练出来的。法国人对"公意"的崇拜本质上还是源自专制制度的唯一权威，王权和天主教会是法国人的权威，他们习惯于在这样一个唯一意志下生活，即便推翻了国王，照样要造出一个至高无上的意志来让全体服从。美国人则不认为社会中存在"公意"，存在的只是不同公民与党派的利益和意志，并各自为自己的利益与权力而合法竞争。

我们常说一个极端导致另一个极端，法国革命的极端正来自革命前数个世纪的专制。在"朕即国家"的法国，权力高度集中，普通民众无法分享权力，他们只有服从，没有机会学习自治。这种制度下的民众心态常常是忍耐和麻木，一旦忍无可忍，他们就可能铤而走险。他们对政治的复杂和微妙一无所知，而被逼无奈后的压抑必然刺激更多的狂想，结果是动辄就想推倒重来，以为一个完美的社会能顷刻产生。所以，专制和无政府简直就是一对难兄难弟，其一必然导致其二，法国革命的混乱也只能由拿破仑来收场了。

而在美国，新教除了上帝和《圣经》外，没有教会组织上的绝对权威，在政治上他们也享有充分自治。美国人不需要阶级暴力的民主革命，因为他们已经享受民主。他们不需要极端，因为他们懂得和接受分歧冲突。他们不需要幻想，因为他们对社会有现实的认识。更值得注意的是，"美国的代议制参与已经缓和了他们对抽象政治观念的欣赏。"③

---

① 见《姐妹革命》，第56页。
② 同上书，第13页。
③ 同上书，第40页。

造成美国国民性的因素除了英国传统外,是殖民地一个半世纪的自治。英国在北美的殖民方式和其他天主教国家完全不同,基本上采取自治。早在1619年,英国在北美的第一个殖民地——弗吉尼亚——就开始实行政府民选,此后陆续建立的所有十三个殖民地也都是某种方式的自治。殖民地人民学会了自己组织政府,制定法规,自己治理自己。这样的人民知道政府的意义,明白政治的奥秘,懂得政治是一门修修补补的艺术。

追溯历史,18世纪的美国人能谙熟政治之道,不能不提到清教殖民地初创时形成的几个重要信仰、经验和传统。第一就是关于契约立国的概念,这一概念是从新教传统中延伸到政治领域的。立约神学是清教神权政体的组织原则、思维框架、精神支柱和话语方式,它为这个在荒野中求生存谋发展的新民族提供了一个神圣基础和凝聚中心。立约神学是务实而又虔诚的清教领袖们对正统加尔文教——特别是其预定论——的创造性修正,在维护上帝绝对权威的同时,将人与上帝的关系变得更为理性,使之能适应新的环境,与时俱进。通过长期的自治,美国人切身体会到政府是建立在契约之上的,治理者与被治者是平等的契约关系。正因为这一概念深入人心,《独立宣言》才能振振有词地宣称:政府的合法性建立在被治者的同意之上,如果政府违背了这个初衷,人民有权去改变它,使它回到原来的目的。

第二,清教徒们对人性之恶抱有警惕,因而对教育格外重视和投入。为了防止"山巅之城"居民的无知无信仰,为了让所有的人都能阅读理解《圣经》和律法,也为了教会后继有人,清教徒们将教育视为头等大事,在建立教会和政府后的第三件大事就是办教育,六年后即成立了哈佛。更重要的是清教社会在普及公共教育上的远见和创新,他们发布强制教育法令,创办学校和学区,建立图书馆。在人类历史上,他们大概是最早提倡和实行强迫教育和义务教育的。等级分明的法国也许能培养出最出色的精英阶层,但美国的教育普及却教化出有理性、有公共意识的民众。教育对清教徒的意义不仅是知识的传授，更关系到人的塑造。正是这一高度重视教育的传统，对美国国民素质的提高起到了难以估量的作用。

第三，美国保持着社会阶级的流动状态，当时大部分美国人是自耕农，他们相信自己的劳动致富，富兰克林在《致富之路》中关于勤劳节俭的强调是他们工作伦理的真实写照。他们将工作视为生活的基础，工作是圣召，不分高低贵贱，都是侍奉上帝的方式，因此具有神圣的宗教尊严。财富是天恩，是上帝的恩赐与托付，同时也是荣耀上帝的方式。在这一工作伦理的指导下，清教社会开创了全社会勤劳工作、鄙视懒惰、节制欲望和积累财富的风气，为美国社会的安定、财富的创造和资本主义的发展提供了理性原则和精神动力。在这种勤劳致富的社会条件下，阶级革命是多余的，因为根本不存在固定不变的阶级划分。

正是在这种广泛的参与中，美国人获得了一种平和的心态，他们即使有不满也不必诉诸暴力，完全可以通过正常、合法、民主的途径来解决问题。历史是一条因果链，了解了殖民地一个半世纪的状态，美国革命表现得如此平稳不是完全顺理成章的吗？

（2007年）

贰

自由的阶梯 | 美国文明札记

绅士谋国

一群并未远去的建国先辈

读美国史，你绝对绕不过去的一个词就是"Founding Fathers"（建国先辈、缔造者、国父），指的是一群高瞻远瞩、敢于担当的领袖人物。他们先是领导殖民地赢得独立，后又制定和实施宪法，使独立存在了一百多年的13个殖民地终于合众为一，美利坚合众国由此诞生。

国家原本是没有父亲的，如果有人愿意按中国传统尊称他们为"国父"，也不是不可以，但记得一定是复数，而且千万别想象出什么"国母"来。

这群缔造者为大众所熟知，他们的形象至今栩栩如生出现在各种传媒中。美国人不讲究为尊者讳，再怎么尊崇他们，也不回避其个人弱点。他们并肩奋斗，彼此既有同道相惜之情，也有强大个性间必然存在的意见冲突。

时势造英雄，历史人物只能在客观条件下发挥作用，缔造者们也不例外。美国孕育于一个半世纪的殖民时期，所以我们不能忘了还有一位"清教先辈"。温斯罗普名列首位，因为他是"新英格兰方式"的重要奠基者，这一清教的自治传统随着西部开发而扩散到全美，成为美国文明的主要基因。没有殖民时期形成的自治传统，就不可能有美国革命的平稳成功。

同理，美国也不终止于缔造者们，他们迟疑未决的一些重大问题直到南北战争才得以解决，包括奴隶制、州权对联邦权的挑战、早期农业民主理想与工商业道路的对峙等。林肯代表的事业解决了制宪会议和早期政治中的这些纠结与隐患，美国从此步入新的历史时期，可以一心一意谋发展了。

缔造者们至今活在美国政治生活中，这里的"活"不仅仅指对他们的纪念与缅怀，更重要的是——他们制定的宪法仍是国家的最高权威。凡是涉及宪法解释的问题，美国人不得不回到制宪时代去揣度他们的意图，听听他们的说法。18 世纪制定的宪法一直用到今天，从这点上说，所谓年轻的美国其实是个古老的国家。

整个美国革命——从抗税伊始的 1763 年到宪法生效的 1788 年——都发生在中国的乾隆年间（1736—1795），且只占他在位的一小半时间。如今，这位至高无上的皇帝也是中国媒体中的常客，但无论戏说还是正说，他都只是一个过了时的历史人物。在他那套治国方略中，我们读到的只是一个大国衰败的教训，今天的我们还能从他的内政外交、价值观念、思维方式中汲取多少养料呢？

历史是一条长长的因果链，每个时代都不过是历史流变中的瞬间，每个事件都要在一个相对漫长的时段过后，才能充分显示其意义，对历史来说没有绝对，没有永恒。若要判断世界潮流或历史走向，最简单的方法就是回头看一看：当今的世界是更像缔造者们的美国呢，还是更像乾隆年间的中国？

缔造者们到底缔造了什么

简单地说，他们制定了一部宪法，并据此缔造了一个共和国。这个宪法使用至今，这个共和国在短短一个多世纪后便成为首屈一指的大国。它的屹立壮大，靠的是用制度切实地将公权力关进笼子，确保人民的自由和权利。

美国独立时已经有一个半世纪的殖民地自治经验，国民从上到下都坚信主权在民，在实行共和制上是有共识的。但那将是一个什么样的共和国呢？可资借鉴的直接经验并不多，此前的共和国不是走向混乱，就是走向暴政，还没有一个幅员辽阔的共和国能够长治久安的。他们可以参照讨论的有几份宪法方案、几份州宪法、邦联条例的教训，还有若干古代和近代的共和政体。可是美国如此庞大——他们知道国家的疆域还将继续扩大，实行共和的成功率能有多少？大部分人没有把握。

他们真心拥护共和，对独裁和无政府同样憎恶。他们相信，权力集于一批人手中是暴政要义，政府完善之道在于分散权力。为杜绝后患，他们费尽心机设计出一个构造，将三权分立的政治理念付诸实践——先是将政府权力分为立法、执法、司法三个独立部门，再使它们的某些权力相互牵制以形成监督。历史证明，这样的分权制衡是有效的共和政府结构，至今已正常运作了240年，大大超过了制宪者们的预期。

容易忽略的一点是，除了一个有形的国家，缔造者们同时也缔造了无形的美国精神。是他们在《独立宣言》中最早定义了美国，开创了美国的特殊身份——一个基于共同信念之上的民族，这才有了日后所谓"非美"（Un-American）的说法，也因此多次出现回归思潮。历史自然是要往前走的，为什么回归？又回归何处？无非是觉得发生了偏离，需要正本清源，这就得回到建国时期，回到缔造者的立场。

现今世界各国所理解的美国，正是他们设想的这个美国。美国也是以这个形象出现在国际舞台上、政治理论里、口口相传中。它进而转化成为一个自由、平等、现代的符号，吸引着各国的移民怀揣这样的美国梦前来投奔。

缔造者们在殖民地基石上创建的现代共和国，不仅为美国设定了未来，更作为一种崭新的体制，影响了整个现代世界。

制宪会议步履维艰

独立后的美国，华盛顿交出兵权解甲归田，其他革命领导人也都纷纷自谋生路，即便继续从政的，也更愿意回到家乡去干。随着共同敌人的消失，各州以本州利益为重，自行其是，不惜蚕食整体权威。经济是一团乱麻，无政府状态嚣张，退伍军人谢斯领导的武装抗议更是为所有人敲响了警钟。

面对这些问题，邦联政府一概束手无策。邦联是13州的松散联盟，类似于没有实权的联合国。它可以通过决议，却无执行机构，它无权征税、无权征兵，难以调动各州，任何统一行动必须得到13州全体同意，结果是扯不完的麻烦与纠葛。此时的美国面临切实的危机，独立的成果很有可能得而复失。

1787年，为了加强管理，挽救国家命运，各州派代表来费城修改《邦联条例》。从5月25日到9月17日，制宪者们把自己关在闷热的屋子里整整116天，唇枪舌剑，争论不休，有的中途退场，有的半道加入。当一部宪法草案终于形成时，大多数代表已身心疲惫，信心不足。连华盛顿都觉得，这部宪法能维持20年就算不错了。

不消说，代表们个个都是出类拔萃之辈，但也是有各自利益和立场的人。其中有一心主张强大中央政府的，也有坚决维护州权的，意见分歧，难以一致。在辩论了四五周之后，年过八旬的富兰克林眼看众口难调，建议每天上午议事前先举行祈祷来安抚人心。宪法完稿后，他又苦口婆心地劝大家在宪法上签名。他承认宪法是有缺陷的，但是如此众多具有不同利益和偏见的代表能够达成这样的妥协，已然是个奇迹。

制宪会议为何开得这般艰难？一是难在没有适合美国的现代共和国先例；二是难在大小州的利益冲突；三是难在南北方的制度差异，奴隶制更是令人尴尬；四是难在联邦必须维持。

他们面对的第一道坎是如何设计现代共和制，这是史无前例的创举。代表们忧心忡忡，唯恐权力落入不当之手。为了确保共和，他们设计出具体可行的权力构架和政府体制，将分权制衡的思想落到实处，包括联邦权与州权并立的联邦制、政府的三权分立、国会的两院制，等等。所有这些构造精巧如自鸣钟，能够彼此牵制协调，启动后自行运转；但通过官员选举的不同方式，又保证了政府与民众的沟通。这是一套不能轻易更改的制度，但又留下合法修正的程序。

第二道坎是大小州的平衡，制宪会议要加强联邦权，势必削弱州权。大小州的利益冲突主要表现在争夺议会的席位分配。13州中只有弗吉尼亚、宾夕法尼亚和马萨诸塞3个是大州，其余10个都是小州。1790年，弗吉尼亚人口近75万，是德拉瓦的16倍还多，前者面积16.5万平方公里，是后者的33倍。差距如此悬殊，该怎么分配总体政府中的征税和席位，才能使大小州都能接受呢？

邦联是州的联合，以州为单位投票。小州希望延续邦联中的平等表决权，一州一票。大州自然不服，认为这不合理，是少数人决定大多数人，主张按人数比例分配席位。小州对此则坚决反对，声称这是少数州决定大多数州，并且不惜以分离相威胁，仅仅这一个问题就讨论了无数次。有人提出，若要做到绝对公平，唯有将现有的13州拆开，重新等量划分，但这毫无可行性。争来争去，总算达成一个双方兼顾的"大妥协"：众议院按人数比例分配，大州满意；参议院每州两个席位，小州放心。这样的分配也符合代议制民主：众议院代表民意，以多数制约少数；参议院代表明智，以少数制约多数。

但实际上，比大小州矛盾更棘手的是南北间的冲突，这就是第三个坎——奴隶制。对黑人按五分之三个人头来计算，北方感到愤愤不平，他们问得有理："承认他们是公民，那么为什么不与白人同等计算？承认他们是固定资产，那么为什么别的固定资产又不纳入计算范围？"

其实代表们大多反对奴隶制，包括许多拥有奴隶的南方领袖，他们对存在黑奴这样一种"资产"也感到悲哀，有些个人很愿意解放自己的奴隶。但在18世纪，奴隶制主要不是道德问题，它既不始于道德，也不限于道德，它是因为涉及征税和席位才进入讨论的。

由于地理气候造成的经济形态不同，北方在独立时已经基本不存在奴隶，黑人也很少，马萨诸塞33个人中才有一个黑人，而南卡罗来纳两人中就有一个，南方种植园几乎完全依赖奴隶劳动。历经一百多年，整个南方社会已经不可救药地和黑奴制度融为一体，牵一发而动全身，他们拒绝接受任何改变。

会议讨论了取消奴隶制的可能性。如何取消？能否做到？这些姑且不论，也不论黑奴是否属于主人不可侵犯的私产。一个无法回避的问题是：怎么处置被解放的黑奴？当时会上谈论的黑奴是50万，其实三年后的1790年，美国第一次人口调查的结果是75.7万黑人，已接近总人口392.9万的五分之一。是将他们送回非洲呢，还是集体迁往西部某个地方？都不容易。另一个难题是，南方种植园里黑人劳力占了一大半，没有了他们，南方经济何以为继？南卡罗来纳和佐治亚的黑奴数量最多，他们说若要动奴隶制，就决不加入联邦。这两个州一走，很可能引起连锁反应——"其他州也会各行其是，把方向和形态越弄越多，很可能会弄出好几个邦联，说不定还会流血。"奴隶制问题实际上成了联邦能否维持的关键。

联邦为什么必须维持

麦迪逊的说法在制宪会议上很有代表性："摆在我们面前的出路，无非两个极端,要么13州彻底分开,要么完美结合。"

那么,为什么不是分开而是结合呢?

首先,联邦不仅是既成事实,而且是永久性的。

当初13个殖民地为了摆脱英国统治,只有同舟共济这一条路,无法想象一个单独的殖民地能够取得独立。1777年11月,各州代表在第二次大陆会议上通过了一个《邦联条例》,宣布13州结为"永久联盟",名称就是"美利坚合众国",历史上称其为"邦联"。邦联条例是以各州名义签署的,保留各州的主权、自由和独立。显然,没有邦联,美国不可能赢得独立战争。

独立成功了,新问题也来了:是整个邦联独立于英国呢,还是13州各自独立?现在有的州动辄扬言脱离邦联,它们有没有这个权利?这是首先要搞清楚的。古·莫里斯说得好:"各州本来也只是殖民时代形成的自治体,如此而已。《独立宣言》发表时,一个政府就已经形成。"《独立宣言》写得很明白:"这些联合一致的殖民地从此是自由和独立的国家",所以各州不是"单独地"独立,而是联合起来独立,它们独立时是"结成联盟的州"。既然在组成这"永久联盟"时是有约的,解散邦联也应该得到各州同意。汉密尔顿解释道,各州并非被扔进自然状态,所以他不承认结盟可以因任何一个成员局部违反就解体。

其次,从实际考虑,联邦也是最好的出路。如果分裂成独立的13国,已有的问题未必得到解决,还可能面临一系列新问题,比如大片西部领土的处置。原先还有个宗主国可以起协调作用,邦联一旦解体,将不存在比各州更高的权威,独立的13国彼此间将如何相处?如何保卫自己?如何交流贸易?到那时,小州的利益更加得不到保护,大州可能吞并小州,大州之间可能争霸。制宪者们想到的是欧洲各国那样的相互争雄,彼此对立,三三两两地结盟,常年陷入战争,还要时时担心来自外部的威胁。这种对外的敌对局面又势必剥夺内部的公民自由权利,这前景令他们不寒而栗。

所以，伦道夫的话也许不算太夸张："制宪会议一旦失败，美利坚将立即陷入决堤之势，整个被洪水淹没。"莫里斯也发出警告："这个国家必须联合起来，如果劝说不能使这个国家联合，就会有剑与火来完成。投入内战的恐怖景象不堪描绘，而内战的结局，会比继续现状更糟。"

反过来说，维持和加强联邦的好处却是显而易见：避免内耗，合力御外、发展经济、开发西部，等等，这对所有的州都是利大于弊。这些目标在宪法序言中概括为："树立正义，保障国内的安宁，建立共同的国防，增进全民福利和确保我们自己及我们后代能安享自由带来的幸福"。

13州的情况虽有差距，但基本同质，是有统一基础的："利害关系的纽带、宗族血统和共同习惯的纽带，把它们与其他州连接起来，这些纽带如此坚实，不是轻易可以折断的。"代表们有的偏向州权，有的偏向全国政府，那么最好的办法就是组成联邦——既非分裂，又非中央集权，赋予邦联更大的权力，将13州凝聚为一个更完善的联邦。

从后来的发展看，保住联邦的做法虽然有代价，但无疑是正确而富于前瞻性的，否则就不会有今天的美国。而一个分裂的北美很可能是另一个战乱不断的欧洲，整个世界也将是另一番景象了。

成功的秘诀是务实

宪法作为各方妥协的产物，也许没有一个代表对它完全满意，但正是在妥协中，体现了制宪者们的政治智慧。首先是务实精神，观其序言，平实简短，只务实不务虚。一部宪法如果过于理想主义，公权力就可能将某种特定理想强加于全体国民。代表们知道这个宪法不完美，为了切合当时实际，他们"宁可让后代再来修补这个政府的毛病，也不要眼前把试验的步子走得太远。"

制宪者们都是阅历丰富的有识之士，熟知当时最先进的政治理念，又富于实际政治经验。他们是一群建筑师,设计的是政府,出发点是人性。这部宪法之所以耐用,就因为它符合民情,符合人性。他们明白,制宪要对付的其实是人性,一部不符合人性的宪法是无论如何不会成功的,而人性又不可能轻易改变,所以合理的办法不是去试图改造人性,而是通过顺应人性来发挥其积极性,遏制其消极性。

人性到底是什么?答案见仁见智。在当时的美国,基督教底蕴深厚,特别是悠久的清教传统。基督教主张原罪和性恶,清教更是强调人的无力自救,制宪者们基本上是怀着对人性这样的估计在设计政府的,他们既不相信人民,也不相信官员,即便是人民选出的官员,也不能无条件相信。世上不存在特殊材料制成的人,但凡是人,就有可能被腐蚀,哪怕最初没有,一朝权在手,保不定得意便猖狂。

在长时间的辩论中,他们对每一种政府权力的范围、来源、授予,都斤斤计较,对每一个环节都慎之又慎,反复掂量,为的就是一个字"防"——对所有放到公职上的人都要防,都预设他会以权谋私。假设人性都洁身自好,又何必如此死守严防?

那么他们是不是把人想得太坏了呢?有可能,但是为国为民着想,宁可想坏也不能天真,因为天真的代价实在太大了。历史见惯了人类的贪婪、狂妄和自私,心怀叵测之人对公权力的蚕食、颠覆和篡夺,人民的自由和权利遭践踏、被剥夺。人若是天使,原本不需要政府,政治体制若要成功,是不能依赖个人德行的。

不过,他们并非蔑视人性,只是正视人性,合理地期待一个人的行为。他们不相信一人之美德,不相信一部门之绝对可靠,但他们并不否认人为善之可能,只是认为与利益相一致的为善才最为可靠——"使官员忠于职守的要素是使其利益与职责一致"。他们常说的以权力来遏制权力,以野心来遏制野心,就是利用人的私心来调动其动机与激情。

用分权制衡来化解专制威胁后,他们要保护自由免遭另一危害的破坏——来自乌合之众的过度民主。对民主最不放心的汉密尔顿说：从未有过不自杀的民主统治，世界民主的经验"徘徊于极端专制和极端无政府状态之间。"

他们的应对措施就是采用代议制民主，让人民选出自己的代表来治理，这比群众集会上一哄而起要明智得多。美国不是一个小邦，或者一个新英格兰小镇，这么大的国家不可能实施直接民主。代议制民主的根基也是对人性的估计："代议制度的设想原即以相信人类美德与荣誉之部分存在为根据。……正视人类天性，不扩大其美德，不夸张其瑕垢。"

18世纪被称为理性时代，制宪者们是理性时代的代表。对他们来说，理想归理想，现实归现实。更确切地说，他们的理想也是现实的，与乌托邦无缘。制宪会议上已经显现两种不同倾向：一派更倾向国家主义、商业利益；一派更倾向于州权、农业民主理想。宪法批准过程中又出现了联邦主义、反联邦主义这样的标签，但双方在本质上都是温和、审慎、务实的共和主义者。他们从不高谈阔论，痴迷于伟大的空话，却一再提醒自己："理性告诉我们，我们不过是人。"

他们就事论事地辩论国事，针对一个个问题寻找具体对策，对当时无力解决的问题——比如奴隶制，他们有意识地留待后人去解决。他们从不考虑一揽子解决所有问题的可能性，不会在抽象理论上浪费时间。即便是最具理想主义色彩的杰斐逊，也坚持认为"需常以切实可行的办法制约纯理论的议论"。也许是他们所处的历史时代，使他们幸免于意识形态的纠结。毕竟"意识形态"这个词要等到法国革命后才出现，而在美国政治中，意识形态化的思维方式要到20世纪才真正登堂入室。

共和制的道德基础

共和国需要有共和教养的国民，需要公正感和道德心。有人称共和主义为"世俗化的清教主义",因为二者都将公共利益置于个人之上,这是宗教化的美国长期积攒下的道德资本——国民个体的自立、自省、自由、自治。

制宪会议的困难终于得到克服,不仅在于代表们的学识和能力,也在于他们的态度。他们既能明确表达自己的观点,也能倾听别人的意见;他们既能坚持,也能妥协;他们都能以公共利益为重,懂得轻重缓急,抓大放小。一言以蔽之,他们有君子风度,虽性格各异,但无一不是以绅士的要求来规范自己的言行。

阅读麦迪逊60多万字的《辩论:制宪会议记录》,仿佛随之进入会议现场,体会到制宪的认真、困难、理性。每个环节都井井有条,尽管倾向明显,辩论激烈,却无派性作怪,都是思路清晰,据理力争,是彬彬有礼的君子之争。他们的思想又如此现代,几乎让人感觉不到两百多年的时空隔阂。

他们都是共和的信徒,尊重规则和秩序。会议开始,作为三大邦之一的宾夕法尼亚提出建议,由华盛顿将军担任大会主席,获得一致通过。接着就会议程序等制定规则:对内敞开言论而对外保密、主席确定发言次序、保存记录等,一概预先考虑周详。

会议每天对照方案,逐字逐句地讨论斟酌,先是以弗吉尼亚方案为讨论底本,后来也包括新泽西方案、汉密尔顿方案、平克尼方案等。每辩论完一句,甚至半句,就会进行表决:或通过,或推迟,或否定,从不含糊。代表们对每个问题都有充分发表意见的权利,甚至为了一个分句的措辞,也会成立专门的委员会。已经通过的决议,还可以推翻重来,再讨论、再表决,不错过任何意见。在宪法草案上,他们"将一致同意的明确写出,意见分歧的含糊表达,无法一致的断然隐去",取舍的标准只有一个——是否有利于完善联邦。

制宪会议的全过程贯穿了民主精神,这不能不归功于华盛顿的主持,他享有所有代表的绝对信任。据说他只做了三次简短的发言:第一次是在当选主席后简短致谢，后两次都在会议结束那天，先是附议将每4万人中产生一名众议员改为每3万人，最后对会议记录的保存征求意见。他庄重内敛、沉默克制的超然态度无疑保证了会议的民主有序和大家的畅所欲言。

绅士是有底线的，品行和名誉对他们而言很重要。缔造者们的冲突更多源于政见而非权欲，他们当中没有人被发现以权谋私，他们之间也没有发生过争权夺利之争，若是政见不同，便自行告退。当国会为杰斐逊和伯尔谁当总统连续进行了36轮投票后，汉密尔顿抛开党争，助了杰斐逊一臂之力，理由是他认为杰斐逊更是个绅士。亚当斯和杰斐逊晚年恢复友谊也是一例。唯一的暴力发生在汉密尔顿和伯尔之间，说来也是为了名誉而战。伯尔最有个人野心，是这群人当中的另类，但他也要维护自己绅士的名声。他在决斗当中杀死了汉密尔顿，也从此被合理地排除在缔造者这个群体之外。

"绅士"这个词在今天的美国政治中已经基本消失——实际上已经消失很久了，20世纪初便开始了消失的过程。

考验并无终结

1799年，美国政坛进入了没有华盛顿的时代。亚当斯当了总统，却没能连任。杰斐逊的共和党得以掌权，政权第一次在政治派别中和平转移，这不仅是共和党的胜利，也有联邦党人遵守宪法的功劳。

深一层说，权力之所以能和平转移，还是因为他们共识很多，分歧很少，而且多半还是想象出来的。共和党把联邦党描绘成君主派，联邦党将共和党说成是雅各宾派，相互指责对方背叛76年精神，背叛美国革命。现在看来，这些党派之见大多是阴谋论的想象，无限夸大对方的倾向，是在自己的虚构上做文章。

分歧确实存在，但更多是代表了人类的两种气质——现实与理想、偏爱秩序与偏爱完美。亚当斯并不赞成君主制，杰斐逊也不支持暴民，这就是为什么杰斐逊可以在就任总统时宣称，"我们都是共和党人，我们都是联邦党人。"当杰斐逊八年总统期满，他的纲领已经与联邦党相差无几。共和党之取代联邦党，可以说是通过吸纳对方纲领的合理部分，从而消弭了对方存在的必要。美国历史上，这样的党派演化还将一再发生。

在缔造者们身体力行的示范下，初创半个世纪后的美国，政治基础算是基本奠定了。但共和国仍然是一场悬而未决的实验，因为他们讳莫如深地保持沉默的问题——奴隶制——只是被回避了，非但没有得到解决，反而愈发严重了。1861年，这一顽疾到了非彻底解决不可的时候，当战争终于来临，口号还是"为了联邦"。

林肯充分意识到南北战争和先辈们缔造共和国之间的内在关联，他在盖底斯堡的演说之所以铭记史册，正是因为恰如其分地评估了这种关联："八十七年前，我们的先辈在这大陆上建立了一个国家，它孕育于自由，并且献身给一种理念，即所有人都是生来平等的。当前，我们正在从事一次伟大的内战，我们在考验，究竟这个国家，或任何一个有这种主张和这种信仰的国家，是否能长久存在。"

一场血腥的内战后，尘埃终于落定，共和之实验经历了空前严峻的考验，美利坚合众国依然傲立于世，虽然其代价是缔造者们不敢想象也不愿付出的。

当今的美国，距离制宪者们的设想已经很远了。虽然分权制衡还在，司法复审还在，公民权利还在，但方方面面早已大不一样。杰斐逊的名言是，"最好的政府是最少作为的政府"，而他的政治后裔民主党正在致力于扩大政府。不过制宪者们大概不会见怪，他们从来没有以为自己制定的宪法将千秋万代不变。

对共和的考验没有终结，经受了这一次，不说明能经受下一次。很遗憾，政治智慧不能写入基因密码。一个真正的共和体制能否坚持下去，还要依仗其国民对共和国的理解和意愿，还需时不时地回到缔造者那里去寻求灵感，在他们的陪伴下继续这个进程。

（2018 年）

美国宪法：分权·制衡·民主化修正

宪法的目的和理论依据

美国独立后与其说成为一个主权国家，不如说成了十三个主权实体。原先反对英国统治的凝聚力消失后，邦联国会无权无财，难以应付国内外各种压力，甚至连基本的防务能力都不具备，合众国面临着存亡的危机。

1786年底，马萨诸塞州西部爆发了谢斯领导的农民起义，更是对美国敲响了警钟。大部分革命领导人形成共识：必须建立一个强大的统一政府，才能成为一个真正的国家，而不是十三个独立州的松散邦联。1787年5月，原本只有修改《邦联条例》这个唯一目的和权力的费城会议，在华盛顿、富兰克林、汉密尔顿和麦迪逊等人的领导下，开成了一个制宪会议，起草了一部全新的宪法，旨在建立一个全新的政府。它不再是各州的联盟，而是以公民个人为基础，能直接向全体公民个人行使权力的全国政府。这一具有革命性的更改决定了此后美国的发展，制宪者们被称为合众国的缔造者。如果说《独立宣言》确立了美国革命的理想，那么《合众国宪法》就是以一部成文的根本大法来落实这些理想。

美国宪法的理论基础首先是人民主权论。1781年通过的《邦联条例》只是州政府之间的契约，而宪法直接以人民为基础。宪法的第一句话就是

"我们，合众国的人民"，不再是以各州的名义。正因为宪法是高于政府的，所以它不能由一般的议会来决定，必须由专门为此召开的制宪会议来制定和批准。政府的权力来自人民，目的在于保护人民的生命、自由、财产和追求幸福的权利。制宪的目的是确立政府，但政府并不为自身而存在，人民才是国家的主体和最终目的。

其次是天赋人权和社会契约论。美国宪法是在长期实践英国法律的基础上产生的，英国采用习惯法即不成文法，而美国的一切法律都是成文法。宪法是社会的全体成员协商达成的契约，为的是"建立更完善的联邦，树立正义，保障国内安宁，提供共同防务，促进公共福利，并使我们自己和后代得享自由的幸福"。在宪法中，人民只是将自己的一部分天赋人权交给政府，使之具有必要的权威，而仍然保持了自己其他的权力。

在国体问题上，制宪者们并无太大的分歧，共和制是他们唯一认真考虑过的政体。他们既反对君主专制，也反对多数专制，同时考虑到美国疆域辽阔，因而决定不采用直接民主，而选择了代议制民主，即人民不直接治理政府，而是选出代表来制定和执行法律。在这样的宪政民主政体中，民主是原则，也是程序。宪法不是笼统抽象地谈论人民权利，而是具体落实到每一个公民，明确保障个人的基本尊严、价值、自由和权利。因为在制宪者们看来，个人才是社会和政府的最终目的。宪法的各种规定必须保证一个民选的政府始终处于人民的监督之下，保证人民自决自治的原则不会被悄悄地篡改。

制宪者们希望建立一个强大的全国政府，赋予它应有的权力来治理国家，但又不愿看到它强大得足以剥夺人民的自由，因此宪法遵循三权分立和制衡的原则。它谨慎地赋予政府的权力是分散而有限的，同时又用权力来制约权力，以野心来对抗野心，使其中每种权力都和其他权力相互制约，形成平衡。分权和制衡的目的在于监督权力，使之不至为害。制宪者们即便不完全都持性恶论，也决不天真地认为人——尤其是掌了权的人——只能为善，更不信任权力机构。他们相信权力都有自我扩张的天性，必须加以严格的限制和监督，即使是民选的执政者，若不接受监督，也照样会无限扩张自己的权力，走向腐败。

美国宪法的理论依据是由洛克、孟德斯鸠等奠定的欧洲启蒙时代最先进的政治思想，制宪者们的特殊贡献在于精心制定了第一部切实可行的宪法，将这些原则付诸实践。

三权分立

制宪者们深信政府可以为害，于是将政府的巨大权力划分成若干小部分，致使任何决定不能由一方单独做出，哪怕处于多数的一派，也只能在有限的时间内控制政府的某个部分，而不可能同时控制全部权力。政府的权力分为立法、行政和司法三大部门，任何人只能在其中一个部门任职。三个部门的人员由独立而不同的方式在不同的时间和不同的范围内产生，因此具体负责的对象各不相同。权力划分后，各部门都具有宪法上和政治上的独立性。

宪法第一条第一款明确规定立法权归国会，国会由参议院和众议院组成。参议员由州议会选举产生，每州两名，任期为六年。参议员必须年满30岁，具有公民资格至少九年，并为该州居民。众议员人数按人口比例分配，当时为每三万人选举一名，由选民在自己的选区内选举产生，任期两年。众议员必须年满25岁，具有公民资格至少七年，并为该州居民。国会开会应有会议记录，不时公布于众，议员所投赞成票或反对票须明确记录在案。议员若有扰乱秩序行为，经三分之二议员同意，可以将其开除。

第八款逐项规定了国会具有的权力，主要是设立机构、组织政府、制定法律、管理财务以及宣战的权力。具体如：规定并征收税金、捐税、关税及其他赋税以作国家防务和人民福利之用；铸造货币、确定度量衡标准；设置最高法院以下的各级法院；宣战和配备军队；保障著作发明专利权等。

权力的罗列意味着权力的有限，未罗列的权力均应被理解为国会所不具有的权力，国会若行使任何未规定的权力应被视为违宪。但为了使宪法具有灵活应变的能力，最后附有一条"弹性条文"，也称"默示权"。规定国会具有"制定为行使上述各项权力和由本宪法授予合众国政府或其任何部门或官员的一切其他权力所必需而适当的一切法律。"

第九款规定了国会所不具有的权力，也就是被明确禁止的权力，如不得中止人身保护的特权，不得通过褫夺公权的法案、不得授予任何贵族爵位等。

宪法第二条规定行政权归总统。美国实行典型的总统制，总统握有实权；有"民选的国王"之称。由于邦联国会的教训，制宪者们深感必须大权集中，有一位能令行禁止的行政首脑。总统的权力大致如下：执行法律、建议立法、否决国会的立法、处理外交、提名司法和行政官员以及统率军队等。在非常情况下，总统有权召集两院或任何一院开会。总统虽然对国会立法具有否决权，但对宪法修正案却不具否决权。

总统人选必须出生时为美国公民，年满三十五岁，在美国居住至少十四年。总统由选举团选举产生，选举人由各州议会指定，其人数应与该州参议员和众议员的总数相等，但议员或政府官员不得被指定为选举人。

宪法第三条规定司法权属于最高法院和国会随时规定和设立的下级法院。司法权的适用范围包括宪法本身和其他合众国的法律、条约、涉外案件以及以合众国为一方的诉讼和州际诉讼等。联邦法官由总统任命，参议院确认。法官一旦任职，只要行为端正，便可任职终身。

权力制衡

杰斐逊曾经说过："自由政府是建立在猜疑之上，而不是建立在信任之上的。"制宪者们精明地设置障碍，使权力不能集中在任何一个人或一个部门之手，以避免胡作非为或盲动。控制的办法主要是使每个部门都在别的部门中发挥一定作用，有能力延缓甚至阻止其他部门的行动，从而使它们相互制约，形成权力间的各种平衡。

但首先应该注意的是政府和人民之间的平衡。防止滥用权力的第一道防线当然是人民，人民掌握选举、监督和罢免官员的权力。国会由人民选举产生，对政府来说最重要的钱袋主要由民选的众议院来掌管，表达自由的权利保证了舆论监督的实施。总统虽然由选举团产生，但选举人不得由议员或官员兼任，保证了立法和行政两大部门的人选由选民决定。

其次是联邦制。联邦和州各有自己的政府班子和立法。州政府的官员由各州自行选举产生，联邦政府无权任命州长或州级官员。州的立法虽然必须符合宪法，但是宪法保证州的领土与主权不受侵犯。两套平行的政府、分别选举产生，联邦和州之间构成了又一种制衡。

宪法对政府三大部门间的制衡规定得更为详尽。在总统和国会之间，总统有权否决国会的立法，但是国会两院又能以三分之二多数否定总统的否决。总统有权提名联邦法官和部长候选人以及缔结条约，但是都必须经过参议院的批准。国会可以通过弹劾将总统或法官免职，但必须达到三分之二多数。众议院独操弹劾权，参议院独操审判弹劾案之权。

若总统受审，必须由最高法院首席法官主持审判。弹劾的结果只是免职，但被定罪的人，仍可依法受起诉、审判、判决和惩罚。除弹劾案外，总统有权对危害合众国的犯罪行为发布缓刑令和赦免令。

构成国会本身的两院之间也彼此制衡。参议院和众议院互有否决权；也就是说，任何立法必须由两院同时多数通过。一切征税案都由众议院提出，但法官和官员的任命都由参议院批准。众议员由选区人民直接选举产生，每两年选举一次，更换全部议员。参议员由州议会选举产生，每六年选举一次，只更换三分之一的议员，由此保证国会的连续性。

而总统是四年一选，在两次总统选举之间的议员选举称为中期选举。宪法规定，当第一批参议员产生后，尽快将其分为人数大致相等的三部分，一部分两年后改选，一部分四年后改选，从此形成每次更换三分之一的局面。

司法和其他两部门之间同样构成制衡。总统任命最高法院法官，但上任后只要忠于职守，便可终身任职，这就保证他们不再受到任何权力或私利的牵制，以便做出公正的判决。最高法院有权解释包括宪法在内的一切法律，从而导致了司法复审权的确立。法院有权宣布国会通过、总统签署的法律为违宪而非法，总统和国会都必须服从法院的判决。但是最高法院无权否定宪法修正案，国会若要否定最高法院对于某项法律的违宪判决，可以通过宪法修正案；这样便与法院无关。同时，国会有权对玩忽职守或犯罪的法官提出弹劾。

政教分离与军政分离

政教分离是美国立国的基本原则之一，也是对政府的重要制约，制宪者对此毫无异议。宪法第六条规定，"决不得以宗教信仰作为担任合众国属下任何官职或公职的必要资格。"第一条修正案又规定，国会不得确立国教或禁止宗教自由。

宪法规定，国会有权制定有关管理和控制陆海军队的各种条例，制定民兵组织、装备、训练和管理的办法。军队和民兵的职能是执行联邦法律，镇压叛乱和击退侵略。

美国总统为合众国的陆海军总司令，又是民兵奉召为合众国执行任务时的统帅。军队被置于国会和总统的直接控制下，只有执行联邦政府法律的责任而无权干预政治，更不能非法地用于派系之争。

公民的自由权

公民是国家的主体，政府的存在是为了维护公民的权利，因此宪法作为一个根本大法，不由议会批准通过，而必须由高于议会的权力——人民直接组成的制宪会议来批准，费城的制宪者们的这一决定是有意将宪法置于政府及其他一切法律之上。

1787年的美国人刚刚摆脱了一个强大的英国政府，因此很多人并不欢迎再建立一个强大的全国性政府。宪法制定后，虽然联邦党人以他们的威望、雄辩、精明和干练明显地压倒了反联邦派，但是仍然不得不做出妥协才使宪法得以通过。这妥协就是现在称为《权利法案》的第一至第十条修正案。联邦党人宣称，宪法本身赋予政府有限的权力，因此公民的这些权利已经包含在宪法之内了。但许多人还是担心公民的权利得不到保障，坚持将它们列入宪法，最后便以修正案的形式于1789年由第一届国会通过，1791年获得州的批准。

这十条修正案重申了州权和公民不受侵犯的权利，它们主要是宗教自由；言论自由；出版自由；和平集会自由；持有和携带武器的权利；住房不受侵犯的权利；人身、住所、文件、财物和安全保障；不受无理搜索拘留的权利；犯法时有受陪审团公开审判的权利等；并且重申，"宪法未授予合众国、也未禁止各州行使的权力，由各州各自保留，或由人民保留。"这等于再一次确认了合众国的权力来自人民和各州，人民和各州为了自身的利益，通过宪法这一契约的方式将自己的一部分权力赋予了合众国政府，但仍然保留了其他的权力。

宪法的民主化修正

制宪者们考虑到宪法是一部根本大法，涵盖面广，所以措辞简洁而笼统，全文不足五千字，留有充分的解释和修正的余地，使之能与时代一起进步。他们也考虑到宪法毕竟不宜经常变动，因此为宪法的修正设置了不少障碍。宪法的修正权在国会和各州，总统对宪法修正案无权否决。

宪法的修正案可以用两种方式提出：一是国会两院的三分之二多数提出修正要求；二是三分之二的州提出召开制宪会议的要求。批准的方式也有两种：一是四分之三州的议会通过；二是四分之三州的制宪会议通过。宪法修正案中经常写明必须在国会提交各州之日起七年内批准，否则无效。

迄今为止，美国一共通过二十七条宪法修正案。十条权利法案是与宪法同时通过的，后来通过的有十七条，其中第二十一条是取消第十八条的禁酒。分析这二十七条修正案，有的属于技术性的，如规定总统上任和国会开会的日期时间，总统与副总统的继任办法等，但总的趋势无疑是推动美国向民主化的方向发展。第十三条修正案废除了奴隶制，第十四条修正案给予被解放的奴隶以公民身份及同等法律保护，第十五条修正案给予被解放的奴隶中的成年男性以选举权，内战后制定的这三条修正案可以说为以后的修正案确定了大方向，促进了美国的民主化进程。第十六条授予国会征收所得税之权力；第十七条规定参议员由人民直接选举产生；第十九条给予妇女选举权；第二十二条规定总统任期不得超过两届；第二十四条取消某些州存在的限制选举的人头税；第二十六条将具有选举权的公民年龄从二十一岁降至十八岁；第二十七条规定同届国会不得自行提高议员所得报酬。一条条修正案的制定使享有公民权和选举权的人数与1787年宪法制定时相比，增加了何止一倍，可以说逐步实行了普选制。

正是美国宪法本身具有的灵活性和人民主权，使之得以合法地自我完善而不必诉诸革命，终于成为目前世界上使用最长久的成文宪法。

宪法禁止确立国教，美国也不存在统一的意识形态规定，在精神方面维系全体国民的主要是对其基本政治结构和价值观念的认同和信念，而宪法正是它们的集中体现。

宪法第二条第一款规定，每位总统就职时必须作如下宣誓："我庄严宣誓我一定忠实执行合众国总统职务，竭尽全力维护、保护和捍卫合众国宪法。"宪法是美国的核心，美国人心目中最神圣的权威，它包含着他们公认的自由平等公正。它具有最高的约束力，任何联邦的法律或州的宪法和法律都必须与之相符，任何国体政治的重大变动都必须经过宪法这一关，任何人都必须遵守宪法，不得超越其上。

二百多年来，新事物、新问题层出不穷，绝非制宪者或任何人所能预见，世风、习俗和观念也随之变化，然而宪法却保持了基本不变，其中五分之四原文无须改动仍能适用。宪法所体现和保证的对于权力的控制监督、政府的稳定性连续性、政府行为的正当程序和妥善决策等等，使美国的体制能不断地适应变化，跟上时代；使美国的发展，尤其是权力的转移，能相对平稳而合法地进行。

（1998年）

尊重反对派

《上海书评》(张明杨、曹柳莺)：2010年的美国中期选举刚告一段落，你觉得这次选举的结果出乎意料吗？

钱满素：应该说不太意外，和选前的民意调查一致。这次选举我觉得有两点值得注意。第一当然是共和党的胜利，占了众议院多数席位，参议院席位也有所增加，民主党的支持率明显下降。再透过现象来看，这个结果也很符合美国以往的规律，那就是在野党往往在中期选举中获胜。这说明美国选民懂得搞平衡，不大喜欢白宫和国会处于同一政党的控制之下。

第二点值得注意的，也是这次选举的特别之处就是"茶党"的出现。茶党还远没形成我们所说意义上的政党，即使在美国也算不上，只是一种草根保守主义运动。他们反对大政府，反对财政赤字、高税收和刚通过的医疗改革等。"茶党"这个名称原指美国革命时期波士顿倾茶事件的参与者，那次事件主要是反对英国殖民者的新税收政策。现在茶党以这个名称现身，透着一份怀旧，表明他们希望恢复美国建国时的一些传统价值。

作为一场运动，茶党的历史也不过一年多，但冰冻三尺非一日之寒，它所表达的情绪已经积累多年。这是一场自下而上的抗议活动，兴起于地方，逐渐在全国形成一个松散联盟，据说目前有一两千个茶党草根组织。美国的政治钟摆历来左右摆动，现在摆幅减小，民主共和两党有向中间靠拢的趋势。20世纪30年代的罗斯福新政使美国开始左摆，这个过程到60年代达到极致，1980年的里根当选是开始向右的明确标志。奥巴马的当选有点使人感觉摆向又变了，但这次茶党的出现表明右摆尚未结束，因为茶党代表的是一股比共和党更为保守的势力。茶党的保守立场涵盖政治、经济和社会各方面，例如他们反对20世纪60年代以后对于宪法更为自由化的解释，反对同性婚姻等。

《上海书评》：您提到茶党和波士顿倾茶事件之间的联系，那么茶党要维护美国革命的什么传统呢？

钱满素：波士顿地区属于新英格兰，是美国最具清教传统的地方。清教是新教的一个派别，新教亦称"抗议宗"（Protestantism），可见其抗议传统，而清教又是新教中的激进派。发生于1773年的波士顿倾茶事件是一次抗税行动，被视为美国革命的开端，由塞缪尔·亚当斯领导殖民地的"自由之子"把几百箱茶叶倾入大海，以表达对英国的不满，并支持"无代表，不纳税"的口号。联系起来看，茶党试图继承的美国革命传统主要是反对强权专制、维护自由自治、不妥协不屈服的精神以及强悍的个人主义等。

塞缪尔·亚当斯有个堂弟约翰·亚当斯，他是美国革命的杰出领袖之一，早年在波士顿当律师，18世纪60年代殖民地反印花税时便初露头角。他出席了第一次大陆会议，在第二次大陆会议上已经成为美国独立的主要倡导者。后来他参与起草《独立宣言》，出使法国、荷兰、英国。华盛顿两届总统任内，他一直担任副总统。华盛顿归隐后，他当选总统。亚当斯在政治理论上也很有建树，绝不亚于杰斐逊，在年龄和资历上也都长于杰斐逊，但今天他的声誉却无法与杰斐逊相比，应该说这与他总统任内签署的《反颠覆法》的失败有很大关系，这是很遗憾的，但历史对一个公众人物的评价就是如此。

《上海书评》：亚当斯搞这个《反颠覆法》和当时的政党斗争有关吧，那个时候美国人对多党政治的理解还远没有现在成熟。

钱满素：是的，《反颠覆法》的出台是国内党争和对法外交两方面原因所致。华盛顿是超党派的，但在他当政期间，内阁成员由于政见不同，形成了以汉密尔顿为首的联邦党和以杰斐逊为首的共和党（全称为民主共和党，和现在的共和党不是一回事）两大派，亚当斯属于联邦党。当时美国还没有党派竞选意识，亚当斯也没有出面为自己竞选。他的竞争对手杰斐逊无论在组织或宣传上都是党派活动的高手，虽然他本人也不出面竞选，但追随者为他做了不少努力。亚当斯由于本人资历威望以及联邦党执政地位等有利条件，在大选中胜出，不过得票仅比杰斐逊多了三票。按照美国宪法的规定，得票最多者为总统，第二为副总统，所以亚当斯当选为总统后，反对派领袖杰斐逊就成了他的副总统，这局面自然很尴尬。1804年通过的宪法第十二条修正案随即做出反应，将正副总统候选人分列两张选票，避免此类情况再次发生。此外，联邦党人除小部分温和派外，大多追随汉密尔顿，所以亚当斯在位期间处境之困难可想而知。

联邦党人以北方居多，尤其是新英格兰地区，共和党则以南方为基地。两党的不同政见可简单归纳如下：政治上联邦党人倾向于较为强大的联邦政府，惧怕过度民主；共和党人维护州权，更倡导民主。经济上联邦党人重工商；共和党人重农。外交上联邦党人亲英，将法国革命视为过度民主的梦魇；共和党人亲法，同情法国革命。但众所周知，政见不同常会引发派性，造成不可调和之势。在相互论战中，双方都把事情说得非常严重，好像对方包藏祸心，正在酝酿危害国家的巨大阴谋。共和党人指责联邦党人搞专制集权，称亚当斯为君主派，虽然事实并非如此。联邦党人则称共和党人为雅各宾派暴民。由此，两派相互指责对方背叛了美国革命，这就是美国政治史上第一次党派之争。

《上海书评》：亚当斯总统是反感一个强大"反对派"的存在而出台了《反颠覆法》吗？那杰斐逊这个"反对派"领袖又是如何当选总统的呢？

钱满素：法国是支持美国对英独立的，本来两国关系很好。但是法国大革命的恐怖无序使执政的联邦党人对法国的看法急转直下，由此产生很多外交分歧。法国态度强硬，扬言要吊死在英国海军中服役的美国人，并开始袭击美国商船，两国关系恶化，海上已有交火。亚当斯不得不准备和法国开战，甚至动员了归隐的华盛顿。当一个国家要对外开战时，很容易对内控制舆论，加倍警惕反对派。在这种形势下，1798年《客籍法》和《反颠覆法》（*Alien and Sedition Acts*）得以通过。这个法案不是亚当斯提出的，但他作为总统签署了该法使之生效，理应对此负责。

《客籍法》规定移民归化的年限从五年延长到十四年，对涉嫌危害美国者可将其驱逐或拘押。之所以针对移民，是因为移民大多支持杰斐逊的共和党。《反颠覆法》则规定，对任何恶意反对政府的言论和出版物可处以罚款或监禁，并规定该法在下次全国大选后作废，所以最多也就三年。在这段时间里，总共有二十五人因此被捕，真正被起诉的不过十人。

对执政的联邦党人来说，结果是适得其反。《反颠覆法》为共和党提供了他们正需要的证明联邦党侵犯公民自由、实行专制暴政的依据。他们立即做出强烈反应，杰斐逊亲自起草了《肯塔基决议》，麦迪逊起草了《弗吉尼亚决议》，两个决议虽然侧重点不同，杰斐逊强调州权，麦迪逊强调违宪，但都宣称拒不执行《反颠覆法》。《反颠覆法》不得人心，对联邦党和亚当斯都是灾难性的。1800年大选时，民意站到共和党一边，杰斐逊的胜出成为必然。当然，杰斐逊的当选也经过了一番程序上的周折，其中还有汉密尔顿的一臂之力，详情就不细说了。

杰斐逊称他的当选为"1800年革命"。如果说革命指的是观念和制度的创新，那么称之为革命也是有道理的。这是美国历史上第一次反对派通过选举得以合法掌握权力，并因此形成一个铁定的政治传统。从此，美国人对反对派的合法性、对权力和平有序转移的合法性达成共识，这一共识保证了国家最大限度的稳定。纵观美国两百多年的历史，四年一次的总统选举从未中断过，而且只有一次选举结果不被全体接受，那就是1860年的林肯当选，南方因此宣布分离。但根源不在党争，而在奴隶制。在美国，没有人会白痴到去违背这一游戏规则，很难想象一个心怀不满的美国人会去拉支队伍，占山为王，图谋武力推翻政府，取而代之。因为这样做违背了一条基本的政治原则——政府的合法性基于被治者的同意，即使你夺到权，你的权力也不会被承认，只是罪犯一个。

《上海书评》：那么，我们应该如何看待反对派？其存在的合法性又在哪里？

钱满素：在现代政治思想中，反对派的合法存在已经是一个常识，根本不需要深奥的理论。想一想，大千世界中，各人状态不同，想法不同，政见自然不同。思想的自由由大脑决定，不是法律可以赋予或剥夺的，所谓的思想自由其实指的是表达和交流思想的自由。因此只要承认公民有表达权，不同的政见就会出现。只要承认公民有结社权，相同政见的人就会组成反对派。只要承认选举权，反对派就有可能在获得更多民意时被合法选为执政党。所以凭常识就可推断，在承认公民权利的地方，反对派的存在是必然的。

那么我们应该怎么看待反对派呢？

首先，天下为公，既称共和国，就不是一个家族、一个群体、一个党派所应私有、所能私有的。公民有表达意见的权利，包括表达不同的和反对的意见,因此反对派的存在具有合法性。难道仅仅因为某些人意见不同,就把他们从公民的范畴中开除出去吗?这不是像开除一个人的"球籍"同样荒谬吗?他们仍然是这个国家的公民,这是最基本的生存权。

其次,从认识论的角度说,反对派的存在也具有合理性。人类一开始都是党同伐异的,都认为自己对,别人错。当年的宗教裁判所就秉持这样的绝对主义:真理只有一个,只有我掌握了真理,因此负有镇压异端的神圣使命。欧洲在经历了大动干戈与血腥杀戮的宗教战争后,有识之士终于意识到,真理不是唯一的、永恒的,没有人能够穷尽真理,对不同的信仰最好采取宽容态度,判断是非的终审权只能留给上帝,这就是洛克他们所说的宗教宽容。引申到政治生活,反对的意见很可能是正确的,或者包含正确的成分,也是应该包容、值得尊重的。宽容并不是一件历史悠久的事情,但确实是人类思想的一大突破,也是自由主义的一大贡献。

由此可见,反对派的存在是必然的,也是合法合理的。但我们还应该进一步看到反对派存在的积极意义,它能起到的平衡器作用——不同的意见和利益因为合法存在而保持一种自然平衡。物不平则鸣,老百姓有反对意见总是要表达的,受到不公正待遇总是要发泄怨气的。如果有一种正当合法的途径可以宣泄,治者和被治者都不至于走向极端。

就民众而言,反对派的合法存在取消了抛头颅洒热血的必要,大不了等两年,来个中期选举,再等两年,来个大选,然后大张旗鼓地公开较量。对于执政党派来说,也不至于一误再误,一败涂地,因为反对派的监督会使他们保持警觉,及时纠正错误。反之,如果像《反颠覆法》期望的那样,将反对派称为国家敌人而进行镇压,只会让事态一发不可收拾——为了证明其有罪而罗织罪状,上纲上线,冤假错案频频发生,大量人力财力耗费在这上面,而反对派的合理意见根本就听不到。何况权力的和平过渡使双方都拥有竞争上岗的机会,执政一方下岗后作为反对派也还有东山再起的可能。

反对派的合法存在先是带来一种平衡，随之政治进入优胜劣汰的良性循环。政府与公众交流渠道畅通，八面来风，有错纠错，好上加好，执政水平大幅提高。在不同政见的竞争中，国家的治理方式不断得到改善，政治机体日益优化。总之，反对派的合法存在能使政治生活阳光化和平化，避免权力转移中的暴力和激烈的社会动荡，一定程度上消解暴力革命的必要性，极大地减少社会进化的成本，从而维护人民的最高利益。

《上海书评》：如此一来，被治者不容易走极端，当政者也不容易走极端，因为他有警钟长鸣的意识。有反对派的监督，他就能更审慎地执政，也会变得更英明一些。那么反对派是怎么出现的呢？

钱满素：为什么会有反对派？答案主要是因为有反对意见的存在，当然也不排斥个别煽动家和野心家的存在。一般而论，对大多数问题的意见主要就是正反两面，有时也会有第三种意见。反映在美国政坛上，就是民主共和两大党的格局，一个代表正方，一个代表反方，一旦有大党代表不了的第三种意见，就会有小党出来补充，如绿党、茶党。你可以看到，所有政见都有合法表达的渠道，包括怒气的表达。我们不要小看了情绪宣泄，积聚起来的民愤一旦失控会引起极大的能量爆发。

反对派的出现可以说是历史必然，因为人民在政治上变得成熟了。民智开启就像孩子成长一样，是不可抗拒的自然规律。孩子小时候全听父母的，长大了要自立自主，没有人认为这有什么不好。人民也会渐渐成熟，需要自立自主。这就是所谓世风变了，政治理念变了，人类进入现代了。以前能够接受或容忍酷刑、等级制、皇权专制等，现在不能了，这有什么不对吗？联邦党的失败就是美国社会风气变革的结果，随着人民参与意识的增强，他们不再接受联邦党人那种精英意识。在这点上杰斐逊显然比亚当斯更有前瞻性，虽然他还是主张"天然贵族"的。但是政治的大众化是不可逆转的必然规律，美国立国至今通过了二十七条宪法修正案，选民的范围扩大到所有成年公民，大众政治终成事实。政治是一种公权，涉及全民利益，必须适应时代和民情的变化。

《上海书评》：那么，反对派能够合法存在的条件又是什么？

钱满素：我想，一旦大权在握，很容易受到一种冲动的诱惑，那就是将反对自己的人说成国家敌人，名正言顺地让他们消失。所以必须制定一套规则，保护反对派的合法存在。说到底也就是必须实行法治，除了制定法律条文，还要保证对法律的遵守，哪怕以再好的名义，也不能去破坏它。一旦法治被破坏，社会必然动荡不安，也许再也找不回那个秩序了，代价实在太大。

只有法治才能保障反对派的合法存在，倘若反对派真的违法有罪，也应该依法惩处，而不是随随便便将国家敌人的帽子扣到他们头上。杰斐逊一派当年办报宣传，攻击联邦党，丑化华盛顿，但华盛顿还是写信给杰斐逊，相信他对宪法的忠诚。他写道："我坚信二公见地均出自纯正及良好的用心，而争论的症结仅在于何种措施较为优越，这只能由实践予以验证。"今天的茶党也提出一个很有意思的口号："记住，持不同意见就是爱国。"（Remember: Dissent Is Patriotic.）《反颠覆法》的失败产生了一个积极意义，那就是在美国建国伊始就杜绝了将反对派视为颠覆国家的做法。

美国比较幸运的是，在这第一次党争中双方旗鼓相当，反对派占了国会的一半，领袖杰斐逊是《独立宣言》的起草人，麦迪逊是美国宪法的设计师，很难把他们说成是国家的敌人。当然联邦党人也是有君子风度的，没有破釜沉舟，为了保住权力去打一场内战。他们识时务，讲规则，为反对派的合法上台、为国家的平稳过渡做出了自己的贡献。话再说回来，国情如此，传统如此，他们不这样做恐怕也难。在美国人思维中，政治是一种利益的平衡，其中不需要流血牺牲，不需要英雄烈士，需要的是纲领、竞争、投票、协商、妥协、磨合……是一系列的合法程序。而这一切都需要反对派的合法存在，这一存在为现代政治提供了安全，提供了活力，提供了创新的空间。

（2010年）

美国司法复审权的确立

作为英国的殖民地，北美的法治观念和司法制度大多源自英国。英国的法官本是国王的官员，在长期的司法实践中发展出了一套"普通法"（或译"习惯法"）。北美各殖民地都不同程度地吸收了普通法，并加以改造来适应本地情况。独立后，美国接受普通法作为司法的基础，但逐渐形成鲜明的美国司法特点，主要是成文宪法、联邦和州的双重司法以及司法复审权。

司法复审权就是法院有权裁决国会的立法或总统的行政命令违反宪法而无效。在英国，国会是至高无上的，只服从议员的良心和公众的舆论。在美国，则是最高法院的违宪裁决具有至高无上的意义，国会和总统必须接受并执行。美国重大的政治社会问题迟早会演变为一个司法问题，最终在法庭上得到解决，因此全国往往会急切地等待着最高法院的一锤定音。就法律对美国社会的支配程度而言，在西方国家中也是少见的。

如此重要的司法复审权，在美国宪法中并没有明文规定。但宪法第三条第二款规定，"司法权适用的范围，应包括在本宪法、合众国法律、和合众国已订的和将订的条约之下发生的一切涉及普通法及平衡法的案件……"其中显然隐含着司法复审的权力。在美国历史上，这一权力由隐含变成现实是第三任最高法院首席法官约翰·马歇尔（John Marshall）在马伯里诉麦迪逊一案的判决中实现的。马歇尔由第二任总统亚当斯任命，任期从1801

年至 1835 年，长达三十四年，他在职期间所作一系列重大裁决对美国的司法制度产生了深远影响。

1800 年是美国的大选年，联邦党的总统亚当斯败给了民主共和党的领袖杰斐逊。在联邦党人看来，杰斐逊党派的掌权对美国将是灾难性的。于是，亚当斯在即将卸任前，匆匆忙忙地将五十九名联邦党人任命为联邦法官，试图在司法上保持影响。马歇尔当时是国务卿，负责办理任命事项，但他还没来得及发完所有的委任状便下任了，将剩下的十七个移交给新上任的国务卿麦迪逊去办。

麦迪逊和新总统杰斐逊对亚当斯的"午夜任命"都感到非常气愤，拒绝履行。于是，马伯里等四名被任命的法官便上告麦迪逊，要求最高法院命令麦迪逊签发委任状，理由是国会的 1789 年司法令已经赋予最高法院这一权力。

接手处理此案的正是已经上任的最高法院首席法官马歇尔本人。看来当时美国还没有回避制度，与案情有关的马歇尔必须从另一个立场来处理自己留下的问题。这个问题是非常棘手的，如果他命令麦迪逊发委任状，麦迪逊很有可能拒绝他，法院也没有强制他执行的能力。弄得不好，麦迪逊还有可能弹劾他。但如果他不下命令，放任麦迪逊，最高法院的权力就将受到损害。但马歇尔是个法律天才，以他特有的精明写下了全体法官意见一致的裁决意见书。

他首先判定麦迪逊不发委任状是错误的，法院可以命令官员尽职。但是，法院在本案中却无权下此命令，因为国会给予法院这一权力的法律本身是违宪的。该法说，法院可以发布此类命令作为初审司法权，但宪法中规定的最高法院初审司法权中却并不包括此项，而对不包括在内的案件，最高法院只有上诉权。宪法只能由专门的制宪会议修改制定，国会无权改变宪法，因而 1789 年司法令中的这部分是违反宪法的，也是无效的。

马歇尔输小赢大，他虽然没有能命令麦迪逊发委任状，却明确和扩大了最高法院的权力，尤其是确定了司法复审权。他强调了解释法律是司法部门专有的职责，强调了任何违宪的法令都属无效，政府的其他部门在这个问题上都必须接受法院的裁决。从此，最高法院树立了自己作为宪法最终解释者的权威，通过行使司法复审权对美国的政治和社会生活产生了巨大的影响。

由于最高法院行使司法复审权而轰动的案子很多，这里仅举两个与黑人有关的案例，说明最高法院的这种积极干预也是受国家政治和公众态度影响的。一是内战前夕，1857年的德雷德·斯科特案。斯科特曾是密苏里的一名黑奴，他的主人曾将他带到自由州伊利诺伊和其他自由土地上生活过。主人死后，斯科特向密苏里法院要求自由，理由是他曾在自由土地上居住。此案涉及两个当时政治上极为敏感的问题：一是黑人是否是公民？是否有权向联邦法院上诉？二是黑人奴隶在自由领地上的旅居能否使他获得自由？其中又涉及到还未成为州的美国领地上的奴隶制问题，即南北双方在1820年达成的密苏里妥协的合法性。该妥协接纳密苏里为蓄奴州，并以北纬三十六度三十分划界，北部永远禁止蓄奴。全国翘首以待，等候最高法院的判决。

最高法院以六票对三票通过了首席法官塔尼的裁决。塔尼宣判，第一，斯科特作为一个黑人，不具有合众国公民的权利。第二，密苏里妥协不符合宪法，因为宪法第五条修正案否定国会有权未经适当的法律程序就剥夺私人财产。这一裁决完全有利于蓄奴制的南方，北方人对此愤慨不已。关于奴隶制的辩论不仅没有因此平息，反而进一步被激化，最终只能诉诸武力解决。

第二个案例也是有关黑人的，但最高法院的立场却完全不同了，那就是1954年的布朗诉托皮卡教育局一案。奥列佛·布朗曾试图让女儿林达就读于一所白人学校，因种族原因被拒绝。地方法院驳回布朗上诉的理由是林达就读的黑人学校在质量上与白人学校是一样的，因此维护了"隔离然而平等"的原则。在全国有色人种协进会的支持下,布朗向最高法院上诉。

当时,首席法官厄尔·沃伦刚上任不久。这位由艾森豪威尔任命的大法官任职期为1953年至1969年,注定要在当代美国的一段关键时期发挥重要作用。沃伦代表九名大法官的一致意见宣判,在公共教育领域,"隔离然而平等"的说法是不能容许的,它违反了宪法第十四条修正案"平等保护"的条款,因为"仅因种族不同,而使黑人儿童与其他年龄相若、学力相当之儿童隔离,势将使其痛感社会地位低贱,而摧折其身心至于无法弥补"。最高法院还要求一年后各地取消种族隔离政策。此裁决对种族隔离严重的南方是一大震动,他们负隅顽抗,但是终究抵挡不住时代进步的潮流。黑人则从中得到鼓舞,从此掀开了美国当代轰轰烈烈的民权运动。

通过司法复审权,最高法院获得了一种制定政策的实际能力,这是不是会使司法部门权力过大呢?法院确实受到一些人的批评,他们称法官为未经选举的立法者,要求改革司法。但从目前看来,还不至于引起恐慌。首先,美国实行三权分立,总统掌握执法和军权,国会掌握立法权和钱袋,司法原本是三权中最弱的部门,权力的彼此制衡又使之完全不可能凌驾于其他两个部门之上。其次,法官虽然实行终身制以保证其地位独立,但联邦法官均由总统提名,参议院批准,国会还有权对玩忽职守或犯罪的法官提出弹劾。更重要的是,法官们也要受到公众舆论的影响,而美国人从殖民时期起就养成了依法办事的习惯。他们将法视为制约政府权力、保障公民权利、维护社会正义的手段。他们既相信法的公正,依赖法的保护,又深知法的威严,决不允许任何人凌驾于法律之上,他们是不会让法官们胡作非为的。

(1999年)

林肯:"属于一切时代的人物"

两百年前,在肯塔基一个小圆木屋里,亚伯拉罕·林肯默默无闻地诞生了,即便在当时刚过而立之年的美国,这里也算得上穷乡僻壤。然而犹如诞生在马厩中的耶稣一样,林肯最终成为全世界仰慕的人物,而他遇刺的4月14日竟正是当年的耶稣受难日。

西奥多·罗斯福说过:"伟大的时势造就伟大的政治家;如果林肯生活在和平年代,今天就不会有人知道他的名字。"这话一点不错,说到底还是时势造英雄。美国的几位伟大总统都出现在历史发生重大转折之时——华盛顿是开国元勋;杰斐逊力挺民主,开创了不同党派间权力的和平转移;林肯在内战中维护了联邦统一并结束了奴隶制;而罗斯福则通过新政带领全国走出大萧条和二次大战。国家处于十字路口,急需正确引领,时势的紧迫促使了人心的凝聚和权力的集中,这才能做到令行禁止,众志成城。当然,也并非所有大权在握的人都能把好舵,将国家引向光明。抵挡不住诱惑而权欲膨胀,终于倒行逆施、沦为枭雄的事也是历史常见。

位高权重能使人呼风唤雨,但职权本身却并不足以使一个人伟大。杰斐逊不将两届总统列入他一生完成的三件大事,在他看来,不要说起草《独立宣言》和《宗教自由法案》,就是创建弗吉尼亚大学也比当总统更为重要。至于塔夫脱,他在如愿以偿地当上最高法院首席法官后甚至说,"我不记得我曾经当过总统。"中国有句俗话:"当了皇帝想成仙。"美国总统不可能有此奢望，他们的理想是成为伟大总统，彪炳史册。不过美国迄今为止已卸任的43位总统中，真正享有历史地位，能留下精神遗产的其实屈指可数。作为一个领袖，仅仅人品端正、奉公守法是远远不够的，他必须高瞻远瞩，知人善任，在切实尊重民权民意的基础上，正当利用民众授予的权力，以精湛的领导艺术，把握时机，带领国家度过危机或确保安宁。这常常意味着要顺应潮流，实行民众所要求的改革，重建符合时代精神的社会秩序。只有这样，才称得上完成作为领袖的历史使命。林肯之为伟人自有其一份独特的历史功绩和不朽的精神遗产。

在19世纪中叶的美国，西部的发展已经打破了先前南北力量的对峙，奴隶制的南方在全国政治力量的博弈中越来越处于劣势，彻底埋葬奴隶制的历史条件趋于成熟。此时，一个领袖若能抓住机遇，就能推动历史进步。正是在这一关键时刻，林肯不负众望，勇于接受挑战，最终完成了建国时不可能完成的大业。是他发表了解放黑奴的宣言，也是他促成了结束奴隶制的宪法第十三条修正案的通过，他因此成为人类解放的象征。而此前困扰和分裂美国的几大难题：奴隶制、区域矛盾、州权以及民主等问题也终于都有了了断——奴隶制被消灭了，州权再无力挑战联邦，而以汉密尔顿为代表的北部发展制造业的诉求和南部杰斐逊提倡的政治民主也在林肯这里得到了统一。

林肯是解放和民主的象征，但人们常常忽略的一点是，他首先是法治的象征，因为他实现解放和民主的途径是严格限制在宪法框架内的。作为总统，他必须不折不扣地维护和捍卫宪法，因为他深知对一个民主国家来说，法治具有至高无上的意义。如果他不尊重宪法，那么他自己——按这一宪法产生的总统——又怎么能保持尊严和权威？就奴隶制而言，当时最大的问题是宪法默认了奴隶制，这是历史遗留的尴尬。在1787年合众国宪法制定之时，北方各州已基本取消奴隶制，而南方各州却大相径庭，其经济、政治和社会制度都与奴隶制不可救药地缠绕在了一起，制宪者们虽然大多对奴隶制本身持否定态度，但为了能将南北十三州统一成一个国家，不得不在奴隶制上达成妥协，承认其事实存在。

  为了维护联邦，林肯必须尊重宪法。他在1861年第一次就职演说中承诺："对于各蓄奴州内存在的奴隶制度，我无意进行直接或间接的干涉。我认为我既无这样做的权力，也没有这样做的意向。"他还建议，处于公、私职位上的一切人都应当遵守和服从所有那些未被明令废除的法令。本着同一原则，林肯在1863年1月1日是以"美利坚合众国总统令"的名义发表《解放奴隶公告》的，依据的是他作为陆海军总司令的权力和必要的战时措施。解放公告曾遭到奚落嘲讽，认为它解放了它不能解放的叛乱州的黑奴，却不解放可以解放的联邦控制区的黑奴，如此公告似乎既无意义又自相矛盾。然林肯这样做完全是出于对法治的尊重，尽管宪法有错，但法就是法，在废除之前就仍然有效。倘若总统违宪行事，必定铸成更大的错。无论以何名义——"正义"也罢，"替天行道"也罢——即便民众拥护，总统的违宪行为都将开人治之先河。两害相权孰重孰轻？相信一个有政治常识的人不会不明白。林肯废除奴隶制的目标从不动摇，但他必须有耐心等到修改宪法的那一刻，为此他不惜忍辱负重。

  林肯如此坚定地依法执政，是因为他坚信法治是维护民主的保证，也是在他第一次就职演说中，他语重心长地提醒美国人民：

  就是这些美国人民，在创建现在领导我们的这一政府体制时，十分明智地仅只赋予其公仆一点小小的权力以防酿成祸害，而且他们还以同样的明智做出规定，在短时期以后又把这点小小的权力收回到他们自己手里，只要人民保持美德和提高警惕，任何一届政府无论怎样无耻和愚蠢，在短短四年的时间内都不可能对政府体制造成十分严重的损害。

出于对这一体制的忠诚,美国在战火纷飞中按例举行了总统大选,林肯在连选成功后充分肯定了大选的意义:"这次选举是必要的。不进行选举我们就不可能有自由的政府。如果这场叛乱能迫使我们提前或推迟全国大选的话,那完全可以断言,它已经征服和打垮我们了。"

林肯终生信奉的是《独立宣言》中人生而平等的理念,他的心灵不能容忍人类奴役。他对黑人的奴隶地位、妇女的不平等地位都极为反感,他也反对美国对墨西哥的战争。除了象征自由和平等的价值,林肯也象征了人性和博爱。他不幸领导了美国历史上最惨烈的一次战争,60多万美国人葬身其中,而当时全美人口仅3000多万。人民的巨大勇气和牺牲时时刺激着他的悲悯情怀,令他身心交瘁。他深感生杀予夺的重压:"在这四年中,我处理过的人命攸关的案件,比所有担任过这个职位的人所处理的此类案件加起来还要多。没有人知道我内心的苦恼。"他愿意倾听任何人的呼声,无论是普通士兵还是黑人奴隶,并尽其所能在法律允许的范围内赦免犯了过失的人。对待叛乱的南方诸州,他也坚持抱有仁慈之心,他不想对战败的南方采取报复手段,更不想看到杀戮镇压。他在第二次就职演说中呼吁:"对任何人不怀恶意,对一切人宽大仁爱。"他的重建计划是宽大为怀的,只要能接受奴隶制的灭亡,重新宣誓效忠联邦,他希望迷途知返的南方兄弟能尽早回到联邦中来,并获得和以前一样的平等地位。

历史是公正的。林肯活着的时候是争议最大的一位总统,在美国历史上从来没有一次总统选举结果遭遇如此抵制。他还未上任,南卡罗来纳便宣布脱离联邦。在美国,内战激起的社会震荡远远超出革命时期,那是充满仇恨、势不两立的年代,林肯要面对无穷尽的肆意谩骂和人身攻击,不仅来自南部同盟,也来自共和党内的反对派。但林肯却能镇静自若,不反击、不记仇、不报复,以身作则,秉公行事,最后他成了最无争议的总统、民族团结的象征。

林肯是当时美国党派政治的产物，他凭借新生共和党的力量赢得总统大选，也凭借共和党的集体力量达到其政治目标，但他维护联邦和消灭奴隶制的事业维护了国家的最高利益，是超越党派的。同时，他对人人平等的信仰也超越了阶级局限，他不主张以革命的剥夺方式来达到经济平等，他是这样表述的：让无房者不要去拆掉别人的房子，而是辛勤劳动，给自己造一幢房子，这样就以身作则，保证他自己建的房子也不至于遭受暴力。林肯一如既往地本着平衡的心态，用浅白的语言阐明一些深刻的、哲学家讲不清的社会道理。

林肯本人就是个庄稼汉，一个白手起家的典范，人们亲切地称他为"精干的农民"。他从小忙于各种农活，受教育的时间加在一起也不过一年。然而环境压不垮他这样奋发图强的人，全凭个人努力，他一步步掌握知识，走出贫困，当上律师，步入政坛。1858年，他作为一个资历不深的小人物挑战当时声名显赫、号称"小巨人"的参议员道格拉斯，竞选联邦参议员，两人连续七场的精彩辩论吸引了全体国人的眼球，两年后他成为共和党总统候选人。林肯的一生可以说是美国梦的体现，他在纪念阵亡战士的葛底斯堡演说中的"民有、民治、民享"三词，更是总结了美国民主的最高理想，被无数人无数次地重复。

作为美国历史上第一位遇刺身亡的总统，林肯的殉道者身份更增添了人们的惋惜和崇敬之情。他为人类解放、为公共事业献身的精神永远激励着后人。1963年，正是在林肯纪念堂前，著名的黑人领袖马丁·路德·金发表了《我有一个梦想》的演说，推动了1960年代轰轰烈烈的民权运动，实质性地改变了美国的种族歧视状态。

2009年，在解放宣言发表近一个半世纪后，美国选出了第一位黑人总统。奥巴马的偶像就是林肯，这合乎情理，他们两人的政治生涯又都始于伊利诺伊州。正是林肯坚定不移地捍卫人权与平等的精神，在经历漫长的历史沧桑后，才使奥巴马的当选成为可能。为了表达对林肯的特别崇敬与感激之情，奥巴马选择了林肯当年的路线，乘火车从费城去华盛顿就职，他在就职仪式上还专门向国会图书馆借用了林肯宣誓就职时使用过的那本《圣经》。

在美国人民心目中，林肯的位置是不可替代的，他是一个超越党派、种族和阶级界限的解放者，他的人格力量更是无与伦比。在林肯诞辰200周年之际，美国举办各种活动高调纪念他。在就职前夕的一次大型露天音乐会上，奥巴马站在林肯雕像前说："在我身后，坐着一位曾尽全力让这一天成为可能的伟人，正看着自己拯救过的联邦。"在2月12日林肯生日当天，国会山圆形大厅内专门举办了林肯纪念会，奥巴马以史为鉴激励今人，他呼吁议员们记住："我们是在同一面旗帜下做事的公仆，代表同样的人民，面向共同的未来。而这就是我们能向林肯——这位最卓越的人物——表达的最合适的敬意，也是我们所能建造的最永恒的纪念碑。"

林肯，他不愧为"属于一切时代的人物。"

（2009年）

林肯的噩梦

一般说来，美国政坛并不是产生悲剧人物的合适地点，但我总觉得林肯的一生带有很大的悲剧性，尽管他从一个荒原的穷孩子当上了大总统，实现了最辉煌的美国梦。

从华盛顿特区的建筑中可以看出，在所有美国总统中，只有三位享有纪念碑纪念堂的殊荣，那就是华盛顿、杰斐逊和林肯。前两位是国父，均出身于弗吉尼亚的名门望族，有着与生俱来的财产、教育、风度、自信和优越感。他们一出现在人群中，便令人感到某种威严，因为他们早在大庄园中训练成当然的领导者。他们自然也身经百战，但毕竟一生显赫，功德圆满，为光环所笼罩。他们在两届任满后，都荣归故里，安度晚年。华盛顿的芒特弗农和杰斐逊的蒙蒂塞洛在他们有生之年都已经成了众人朝拜的圣地。

相比之下，林肯甚是命苦。他出身寒微，父亲是个典型的步步西迁的拓荒者。他们一家从肯塔基搬到印第安纳，刚安顿点，又迁往伊利诺伊，每到一处便要披荆斩棘，砍树造屋，一天到晚忙于生计。林肯知道，把他养大就是为了让他干农活。从小到大他什么苦活都干过，"伐树开荒，砍烧灌木，劈栅栏木条，拉大锯，犁、耙、铲、种、锄、收割庄稼，挤牛奶，帮邻居盖房子，滚放圆木，剥玉米皮，杀猪等"，尤以劈栅栏木条著称。而弗吉尼亚庄园主所熟悉的宴会舞会、马术狩猎则一概没有。对林肯来说，几乎没有一个条件是与生俱来的，连读书识字这样一个孩子理应享受的条件也没有。他只能在农闲时抽空上几天学，一生中全部上学的时间加在一起也不足一年。艰苦的生活使林肯不到三十便皱纹满面，神色忧伤。然而，林肯却有着惊人的好学和毅力，硬是凭着自己的勤学苦练学一门通一门。他年轻时花六周攻读测量土地的书籍而当上土地测量员，后来又自修法律，成为成功的律师。内战时他攻读军事，把握策略，以便正确评判将领们的得失，当好最高统帅。

但林肯作为一个政治家的伟大并不仅仅在于他的才能，更在于他的心灵。他从小以诚实闻名遐迩，而一个人最大的诚实莫过于忠于真理，忠于人道了，林肯一辈子就忠于一个真理，那就是："人生而平等。"对于这个真理，林肯是寸步不让的，即使献出生命也在所不惜，正是这一点使他在思想上始终领先于国人。奴隶制其实只是他厌恶的人类不平等的形式之一，早在 1838 年，他就公开提出妇女应该享有选举权。一个没有信仰只有野心、没有原则只有权术、没有责任只有欲望的人，无论多么能干，也决称不上伟大的政治家。林肯的伟大在于他能把《独立宣言》的原则当真，要真的去兑现它。他在新的历史条件下做到了华盛顿和杰斐逊当年做不到的事——彻底铲除邪恶的奴隶制。他将自己信奉的美国民主的本质归纳为每一个双手沾满泥土的老农都明白的"民有、民治、民享"这千古传颂的六个字（在英文中不过是三个最简单的介词）。

林肯驾驭语言的能力是无与伦比的，表达的朴实无华加上逻辑的无懈可击，使人觉得他似乎永远只是在说一些不言而喻的常识，而不是什么深奥的理论。他的名言全是民主精神最浓缩的精华，他说政府的目的是"为人民做需要做的事，而这些事情凭他们个人的力量无法做到，或做不到那么好"。他说南北之争是"两个原则之间的永恒的斗争……一个是人类的普遍权利，另一个是帝王的神圣权利"。他说："因为我不愿当奴隶，所以我也不愿做奴隶主。"他说："劳动是我们人类的共同负担，而有些人却竭力要把他们分内的负担压到别人肩上,这就是造成人类巨大的、连绵不断的灾祸的根源。"他还说过,"你能永远地欺骗某些人,也能在某些时候欺骗所有的人,但你不能永远地欺骗所有的人"。林肯是美国中西部拓荒者最卓越的代表,他们坚信人类的平等自由和谋求发展的权利。在当时,大概也只有美国的中西部才能以如此合法的方式选举出林肯这样一位总统,他象征了美国在19世纪中期的进一步平民化。

但是作为一个总统,林肯自己的政治理想又要服从一个更高的原则,那就是他就职时宣誓效忠及维护的合众国宪法。不幸的是,当时这两者间是有矛盾的,宪法尽管并未明言,但它确实默许奴隶制的存在。所以林肯无论如何憎恶奴隶制,却不得不依据宪法,尊重南方蓄奴的权利,只能采取遏止奴隶制北扩的立场。同样,他必须依据法律反对约翰·布朗的武装袭击南方事件。他必须听任各地各派对他的攻击,这些攻击有时达到非常恶毒的程度。在战争期间的总统竞选中,他还必须接受自己任命的内阁成员向他挑战。即使在他精心撰写的《解放奴隶公告》中,他也必须严格区分叛乱州与非叛乱州内的奴隶,直到宪法第十三条修正案的通过最终合法地废除奴隶制。因为在此之前,他是不能合法地干涉南方的蓄奴权利的。林肯是乡村律师出身,深知法律的尊严和权威,在言行中无不以法律为准绳,这一点无疑会使他因为受束缚而显得迟缓。他不能像理想主义者梭罗那样去赞扬约翰·布朗,更不能像废奴主义者加里森那样去焚烧国旗。但是如果一个政府首脑自己无法无天,其害处就决不仅仅是迟缓了。

早就有人说过,政治是一门关于可能性的科学。林肯为了达到目的,永远有足够的耐心等待时机。他始终能和民众的情绪保持一致,有意识地引导他们,使他们做自己所认识到并自觉自愿去做的事,"他一步一步地走在他们前面,他们慢他也慢,他们加快步伐他也加快步伐"。他明白,只有这样才能以最小的损失、最大的安全系数去实现目标。林肯处于美国有史以来最尖锐的冲突的中心,不仅是南北冲突,还有北方内部以及共和党内部的各种观点和派系。激进派抨击他犹豫不前，保守派骂他受废奴主义者支配。然而林肯却不紧不慢，认定一个目标，在最困难最险恶的年代为美国完成了导航。他说，"只有时势才能造就一个总统"，认为自己不过是一个伟大事业中的"一件纯粹的工具，一件被偶然选中的工具"。他告诫属下，"我请你们放开眼界、沉着冷静地考虑这种时代潮流，如果可能的话，把它置于个人和党派政见之上"。在野时说这些话也许容易，但身居高位后能永远清醒地摆平自己和时势的关系却绝非易事。

林肯内心的谦逊帮助他做到了这一点，他从不居高临下地以势压人。为了便于倾听对方，他这个高个子经常得弯着点腰，对一个最普通的来访黑人妇女，他也要鞠躬告别。没有人在他面前会感到社会地位的不平等，而只是被他的人格力量所深深打动。为了国家的利益，他处理人事不惜忍辱负重，更不用说作为一个公仆最起码应有的廉洁品质了。熟悉他的人说，"他是这样谦逊，以至不管是谁，只要这个人想走在他的前面，他就甘心走在后面。……连圣保罗也未见得能忍受更多的侮辱与折磨而毫无怨言。"林肯的谦逊并非故作姿态，而是因为他从未忘记人类的平等，忘记自己本是一个最普通不过的人，他想象中最大的愿望就是离任后回故乡重操律师旧业。

林肯受命于危难之秋，指挥着美国最残忍的一场战争，他的每个决定都可能关系到成千上万人的生命。这对有些人来说也许是显示自己权力的好机会，但林肯却有着极重的人情味，这不能不加深他内心的痛苦。有的指挥官天生能把士兵当作他棋盘上的卒子，对他们的生命不动感情。林肯却不能，他能为一个下级的牺牲而失声痛哭。这种悲天悯人的气质使他常常不忍处罚将士，觉得他们已经受苦太多。求他赦免的人不计其数，他也总是尽力而为。他认真审阅军事法庭的记录，"不放过任何有助于赦免死罪的事实"，以至于他的将军们有时不得不采取先斩后奏的办法。战争使他心力交瘁，骨瘦如柴，他不止一次地觉得，自己熬不到战争结束的那天了。在谈到战后处理同盟首领时，林肯坚决表示他不想看到任何残忍的报复，什么军事审判、绞刑枪决全都不要。他主张"对任何人不怀恶意，对一切人宽大仁爱"，尽管并非任何人都如此对他。

林肯从当选总统那天起，就一直处于被暗杀的威胁之中。他去华盛顿就职时，竟然不得不在侦探的严密保护下，在晚上秘密"溜进首都"。他收到的恐吓信可以专立档案，到逝世前一个月，已经有八十封之多。他说自己对此已经习惯了，但这些无时无刻不存在的危险不可能不对他的下意识发生作用。在遇刺前不久的一个晚上，他和夫人等坐在白宫，讲到自己做了个梦，梦醒后翻开《圣经》，翻到的段落竟全是有关梦和超自然的预示。玛丽夫人惊叫起来："太吓人了，到底是什么梦？"林肯说，也许他根本不该提起这个梦，但这个梦确实一直在骚扰着他。在玛丽的要求下，他迟疑一会儿后开始用悲哀而严肃的声音叙述他的梦境：

> 大约十天前，那天我很晚才上床……由于疲乏，不久就入睡了，开始做梦。周围死一般宁静，接着我听见抽泣声，好像有些人在哭。我起床下楼去看，那儿也听到可怜的抽泣声，却见不到哀悼的人。我一间屋一间屋地走，没看到一个人，但随处都听到同样悲痛欲绝的哭声。所有的屋里都亮着灯，每一样东西都很熟悉，但那些好像要把心都哭出来的人在哪里呢？
>
> 我感到困惑和震惊。这是怎么回事？我决心弄清楚这件神秘的怪事。我继续走着，直到东厅。我走了进去，看到一个令人不快的意外。我前面是个灵柩台，上面躺着一个穿寿衣的尸体，周围都是站岗的战士，还有一大群人，他们有的悲伤地望着面容掩盖的遗体，有的哭得十分可怜。我问一个士兵："谁死在白宫里了？"他回答道："是总统，他被暗杀了！"随后人群中爆发出大

声的哀号。

周围的人注意到林肯的表情庄重而忧郁，时而脸色苍白。玛丽说这太可怕了，她真希望他没说。林肯安慰她说，这不过是个梦，再别提它，把它忘了吧，"我想上帝会在他选中的时间和方式来做这件事的"。

这时间并不太远，不过一周左右，就在耶稣殉难日4月14日那天，56岁的林肯成了美国第一个遇刺的总统。当他的遗体停放在白宫东厅时，全国都在悲哀。林肯在第二次就职演说中曾说："我们深情地期望和虔诚地祈祷这场巨大的战争灾祸能很快地过去。然而，如果上帝有意让它继续下去，直到奴隶们二百五十年来的无偿苦役所聚积的财富全部毁灭，直到皮鞭下淌出的每一滴血都已用剑下流出的每一滴血偿清——就像三千年前人们所说的那样，那么我们还得说，'耶和华的典章真实，全然公义。'"林肯，合众国的总统，在胜利终于来临之际，最后一个加入了总数60万的阵亡将士之列，来偿还他深恶痛绝的奴隶制这笔血债。

（1996年）

对罗斯福新政的几点回顾

南北战争结束后,美国的经济如脱缰之马,迅猛发展,在19世纪的最后四十年间一跃而为世界之最。一次大战中,美国在国际舞台上充分展示了自己的实力。战后的美国更是步入了所谓金色的20年代,经济持续繁荣,生活普遍提高,家电迅速普及,三分之二的家庭有了汽车,一片歌舞升平。胡佛总统扬言:"美国比以往任何时候都更接近于最终战胜贫穷。"

然而出人意料的是,纽约股市于1929年秋开始起伏,终于在10月24日一落千丈。随着股市的崩溃,引发了大萧条,这是美国历史上最悲惨的一页。至1932年,工业生产下降一半,失业人数高达一千三百万,四人中便有一人失业。商品贬值,企业破产,银行倒闭,千家万户的存款付诸东流,大批民众衣食无靠,无家可归者留宿街头,美国从未如此大规模长时期地陷入贫困的深渊,人民对复苏濒于绝望,胡佛成了美国人嘲讽和诅咒的对象。在1932年的大选中,罗斯福当选为总统。

取信于民,同舟共济

孔子曰:"民无信不立。"罗斯福临危受命,第一步就是要重整旗鼓,取信于民。当时除了对经济的绝望情绪外,民间还普遍存在着一种对政府的信任危机,认为政府已经沦为贪得无厌又不可控制的企业巨子、金融大亨的代言人。罗斯福在1933年3月4日的就职演说中以充满自信和乐观的精神来激励国民，声称"我们唯一该畏惧的就是畏惧本身"。他指责企业银行业的追逐私利和一败涂地，强调处于经济金字塔底层被遗忘的大众，重申对美国宪政的信念。他还允诺，政府将立即行动，为美国人民实行新政。

罗斯福说到做到，一上任便雷厉风行地开始行动，首先就是解决银行危机。在恐惧心理驱使下，人们急于提取现款，许多银行招架不住挤兑风潮，纷纷破产倒闭。罗斯福就职第二天就果断地宣布全国银行休业，然后逐一核实其偿付能力，两周中百分之七十五的银行重新开业，美元又重新流回银行。此举速战速决，极大恢复了人民对政府的信任。在此后的百日内，罗斯福接连出台包括《紧急银行救济法》《联邦债券法》《农业信贷法》《全国工业复兴法》等十五个重要法案，并陆续成立相应的机构来执行这些法律。四个月中一百万人找到了工作，人民切实感受到了政府的意图和决心。

为了加强和人民的联系并取得人民的支持，罗斯福经常通过新闻媒体宣传他的政策，他是美国第一个有规律地召开记者招待会的总统，每周两次在白宫举行。他还利用收音机的普及，创造了一种直接诉诸人民的方式——炉边谈话，将国家的情况及时通报给人民，使人民感到这是他们自己的政府。罗斯福一天看六七份报纸，需要五十个秘书来回答白宫每周收到的上万封人民来信。他上任后的第一批命令中就有一条规定：凡有困难打电话向白宫求援的，一概不准挂断，政府里必须有个人同对方谈谈。

以工代赈：救济与复兴同步

大萧条发生后，胡佛虽然也采取了一些措施，但他基本上认为救济是州政府和民间的事，不主张动用联邦政府的财力来进行大规模的救济，但州政府和民间实际上早已不具备救济的能力。罗斯福将救济看作联邦政府义不容辞的职责，上任后马上出台了"社会救济条例"，成立联邦紧急救济局，以联邦赠款的方式提供救济，一年后接受救济的人数达到一千六百万。

然而，罗斯福并不认为靠单纯的救济能使美国走出大萧条。新政的三大目标"救济、复兴、改革"是紧密相连、由表入里的。救济和接受救济都只是被迫的行为，以工代赈才能变消极为积极，不仅在物质上，同时也在精神上利国利民。罗斯福政府扩大公共开支，设立公共工程管理局，负责修建水坝、港口、道路、机场、医院等大型工程，既改善了国内设施，又提供了就业，购买力随之提高，起到了刺激生产、促进经济良性循环的作用。他还成立了民间资源保护队，组织青年参加造林、防洪、防火、修路等公益事业。1933年5月启动的田纳西河流域综合治理是这类工程的典型，旨在利用、保护和开发该地区的自然资源。政府专门成立了田纳西河流域管理局，修筑新水坝和发电厂，同时造林筑堤建库，控制水土流失，改善农田灌溉，畅通水路航运。廉价用电使几万个农场住宅实现了电气化，还带动了工业、矿产和旅游业，受益者遍及七个州300万居民。

限制生产，提高物价，刺激投资

大萧条的贫困并非由于生产不足造成，美国当时有足够的生产能力满足全国的消费需求。然而经济直接面对的问题却是消费严重不足、产品过剩和物价下降。1933年5月制订的《农业经济调整法》采取以政府补贴减产的方式来提高农产品价格。在该法实施的一年间，美国杀掉了六百多万头小猪，除了一部分制成香肠救济饥民外，大多被做成了肥料。农田也大量缩减，所谓"三头猪里杀一头，三条垅里犁一垅"，人为地造成大幅度减产，才使物价逐渐上扬。在市场经济中，消费—利润—投资—生产—就业—消费是个大循环，没有消费，货币就不能流通，经济就无法运作。假设这些物资无偿贡献给社会，是会有人得益，但物价还是上不去，生产者赔本，自然就不会再去生产再去投资，经济也就不可能恢复正常。经济也许有其自身的规律，不一定能受惠于人道主义的施舍。

实施全国工业复兴法后，各产业组织了部门协商委员会，拟定公平竞争的法规，限制产量，避免产品过剩，凡参加的企业挂上蓝鹰标记，受到消费者的信任和青睐。生产得到控制后，物价逐渐回升，投资者开始有了信心。

从长计议，建立社会保障体系

美国历来实行自由经济，提倡个人奋斗，个人的命运不需要社会和政府来承担责任，当然也从未存在过社会保障制度。罗斯福吸取大萧条的教训，决心防患于未然，摈弃旧习，建立一系列社会保障制度，使每个人辛勤劳动得来的财产能受到国家的保护，使人们在失业、年老、生病等患难中能得到社会的照顾。

在大刀阔斧地实施新政将近两年、燃眉之急稍有缓解时，罗斯福认为到了应该从长计议的时候了。他在1935年1月提交国会的咨文中提出了社会改革的建议，在新政原有的基础上进行社会保障的立法。当年4月，国会便出台了《紧急救济拨款法》，使救济规范化。5月又设立了"重新安置管理局"和"工程进展管理局"，前者负责安置困难的小农场主和城市贫民住房，后者负责建立劳动救济体系和提供就业服务。8月，国会通过《社会保险法》，建立全国社会保险制度，特别是老年和失业保险，规定工人和雇主都拿出一笔基金，由联邦政府管理，工人到六十五岁时，便可开始领取一定的退休金，同时规定对盲人、残疾人和孤儿等有特殊困难者提供帮助。

鉴于大萧条初大批人由于银行倒闭而损失存款的教训，1933年6月便通过了《银行法》，成立联邦存款保险公司，保证个人银行账户的安全（数目达到五千美元）。差不多同时通过的《政府合同法》规定，凡与联邦政府做生意的公司实行每周四十小时工时及最低工资制度。1938年6月通过的《合理劳动标准法》进一步规定了从事州际贸易的工人的最低工资，并禁止使用童工。这一系列法律和制度的建立使美国人的基本生活得到社会保障，深受民众欢迎，尤其是处于弱势者获得了一定的安全感，对安抚人心，稳定局势起到积极作用。

削弱特权，进行财富的再分配

罗斯福不仅要缓解大萧条的恶果，而且试图消除它产生的根源。在他看来，大萧条产生的原因之一就是消费和生产的脱节。资本积累、垄断兼并的结果造成了贫富悬殊，普通人购买力低下。罗斯福早在1932年的一次著名竞选演说中就指出，六百家大企业现在掌握了美国三分之二的工业，一千万家小企业才占有了其余的三分之一。照此发展下去，世纪末的美国经济将由大约一百人掌管的一打左右的企业所控制。他认为，大企业家大金融家的私人权力已经凌驾于公共权力之上，他们的经济专制束缚了人民的自由，因为"贫困的人不是自由的人"。罗斯福并不反对私有财产制度和自由企业制度，但对其中产生的不平等和不公正深感愤懑和忧虑，力图加以纠正。他劝导国会说，"我们还没有铲除特权阶层，我们也没有切实有效地将下层社会的人提拔上来。"正如对大政府要以宪法来限制一样，对大企业也必须加以限制，要建立一种经济上的宪政秩序。

在削弱特权阶层的做法上，罗斯福超过前任的地方主要有二：一是财富的再分配；二是加强劳方对资方的地位。首先，政府将纳税人的大笔款项用于救济穷人，本身就是一种财富的再分配。1934年又通过了新税法，实行分级累进税制，拉开收入不同者所纳税款的比例，年收入五万以上的按累进制交税，年收入一百万的纳税额高达百分之五十九，1935年又上升到百分之七十五,并加征遗产税和财产遗赠税。罗斯福在第三次就职演说中表示,美国不可能长久容忍不应有的贫困和自私自利的富裕。

在劳资平衡上,1933年的《工业复兴法》规定工人有权通过代表和组织与资方进行集体谈判。1935年,国会又通过《全国劳工关系法》,建立机构为有组织的劳工运动提供政府帮助。劳联、产联等工会组织在新政时期得到迅速发展,到1945年,工会会员将近一千五百万,仅在1933年至1935年间,工会便组织罢工五千五百次,连连获胜。工人为自己的利益讨价还价的权利得到了法律保护,资方的独断专行受到抑制。

从自由放任到国家干预:法的解释

在第一次就职演说中,罗斯福就要求赋予他广泛的行政权力来发动一场对付紧急状况的战争,新政对社会经济领域的积极干预在美国可以说是史无前例的。保守派从一开始就对政府是否有权干预私人企业提出质疑,攻击政府超越了宪法所赋予的权力。倾向保守的最高法院不止一次地宣判新政的法律违宪,理由是宪法没有赋予政府管理经济和社会福利的权力。1935年经济呈好转趋势后,保守势力对新政的攻击越发猛烈起来。罗斯福于是提出改组最高法院,试图排除法律障碍。虽然他的计划遭到普遍反对,但由于形势使然,最高法院最后自己改变立场,接受了新政的基本原则。

从1933年到1945年,也就是罗斯福执政的十二年间,美国作为一个国家发生了巨大的变化,不仅表现在经济和政治的强盛,而且走上了一条福利国家的道路。这一势头在20世纪60年代中叶达到高峰,直到1980年里根代表新保守主义上台才告一段落。如果不是大萧条的特殊情况,很难想象美国能走上这条路。作为医治资本主义弊病的对策,新政选择的是一条中间道路,因而受到左右两面的攻击。保守派攻击罗斯福打着杰斐逊的旗子行马克思之实,背弃了美国个人自由和个人奋斗的传统价值,将美国变成欧式福利国家甚至中央集权的专制国家。左派则攻击他小打小闹，根本不能解决美国的根本问题，政府必须对经济实行全方位的计划，必要时推翻旧制度，建立社会主义。

大半个世纪过去了，历史证明，罗斯福本人的说法也许最符合新政的实际。他说自己是在为现实的问题寻找答案，而不是将先验的答案强加在现实之上。新政的改革是通过确立政府的经济管理权，突破自由资本主义的一些定规，将其改造成有管制的资本主义。改革强调的是实践性和实验性，包括宏观调控、赤字预算、精简机构等，凡有助于达到目的的方法无不可进行试验。而目的就是健全的经济、公正安全的社会，政府成为促进人民福利的工具。罗斯福在"二战"来临之际，面对法西斯的猖獗，对体制改革有了更深的体会，相信社会革命乃今日世界的要素。他在1941年初关于"四大自由"的国情咨文中指出，"我们经济和政治体制的内在和持久的力量取决于它满足人们期望的程度"，而什么是人们的期望呢？其实也很简单，它们是"青年人和其他人的机会均等、凡能工作者皆有工作、需要安全的人得到安全、结束少数人的特权、享受科学进步的果实以更广泛地不断提高生活水平"。

20世纪已近尾声，虽然新保守主义又在美国占了上风，但它毕竟已不同于旧的保守主义，由新政开始的历史潮流不可逆转。罗斯福继承美国历史上的改革传统，在老契约上增添了新条款，在既有突破，又不放弃原有法律的基础上实现了社会的进步，证明了政府为适应变化而进行平静调控的可能性。历史学家阿瑟·施莱辛格将他的成就归结为一句话："罗斯福在国内的伟大贡献是把美国引入20世纪，并以政府干预哲学武装自由竞争，修正杰斐逊的缺点。"

（1998年）

炉边谈话和群众集会

在《美国人》一书中，布尔斯廷描述了科技的发展如何一再改变信息传递、人际交往，以及政治运作的方式。然而在政治中，传播方式的选择并非纯粹由科技决定，而是与政治的目的和性质密切相关。

20世纪30年代初，西方各国先后陷入严重的经济危机不能自拔，政治形势随之发生剧变。1933年初，罗斯福和希特勒几乎同时登上了国家权力的顶峰。这两人都善于言表，口才非凡。罗斯福最著名的是通过无线电广播传到千家万户的"炉边谈话"，希特勒则擅长在浩大的群众集会上指手画脚、声嘶力竭。当然，罗斯福也在集会上演说，希特勒也发表广播讲话，但是布尔斯廷注意到这样一个有意思的事实："即使处在广播时代，希特勒和墨索里尼两人都不是靠广播而是靠面对面的群众大会来开展他们的运动，在大会上人群的歇斯底里情绪和纳粹冲锋队的纪律两相结合，可以产生他们所需要达到的狂热程度。"

大萧条是资本主义危机的一次总爆发，它猝然降临，使美国人在经济上和心理上一下子跌到有史以来的最低谷。罗斯福受命于危难，上台后大刀阔斧地推行新政，以达到救济、复兴和改革的目标。新政意在改良资本主义，使之渡过难关。新政突破了种种法律限制，大规模加强了政府对经济的干预和管理，大幅度提高了普通民众的社会保障。若不是处在大萧条的非常时期，新政的改革程度在崇尚自由放任经济的美国是难以想象的。

如此深刻的改革必然引起各种保守势力的抵制，其中包括手握权势、追逐私利的金融和工业集团。罗斯福虽然身为总统，但他的权力却不是绝对的，国会和最高法院都能有效地制约他，所以他必须求助于人民。在第一次就职演说中，他就明确表示："在我国国民生活的每一个阴云密布的紧要关头，坦率正直而富有生气的领导者总能得到人民的理解和支持，这乃是胜利的保障。"

罗斯福和人民保持接触的方式很多，他一天看六七份报纸，白宫每周要收到上万封人民来信，大约有上百人可以不必由秘书通报事由就能直接请他接电话。他上任后的第一批命令中就有一条规定：凡有困难打电话向白宫求援的，一概不准挂断，政府里必须有个人同对方谈谈。罗斯福夫人更是奔走于全国，年行四万英里，访贫问苦，成为她那坐在轮椅里的丈夫的耳目和特使。然而，罗斯福和人民保持联系的最重要和最有特色的方式还是炉边谈话。

1933年3月12日，即罗斯福宣誓就职后的第八天，白宫楼下外宾接待室的壁炉前装上了美国三家广播公司的扩音器，罗斯福要向全国人民讲话，他要人人都可以像他一样，坐在家里随意收听，"炉边谈话"从此正式命名，当晚听众六千万。据记载，罗斯福点燃一支烟，拉家常似的这样开了头："朋友们，我想告诉大家，过去这几天我们干了些什么，为什么要这样干，下一步又打算怎么干……"他还通报说，经过一周的关闭整顿，银行存款已经安全了。他那亲切热情的谈话不仅把国家大事说得一清二楚，更关键的是建立了政府与人民的联系，恢复了人民对政府的信任，使处于困境与恐慌中的美国人重新感到了自己的力量和参与，产生了信心和勇气。国难当头，唯有同舟共济才是出路。罗斯福这样做，当然是为新政争取民众支持，但如果他从根本上认为人民无权知情，自然也就不必多此一举。

有人指责罗斯福优柔寡断，随波逐流，这在一定程度上也许是事实，而且和他对自己扮演角色的认识有关。作为政治领袖，他自认的使命就是将民情引导到他认为是美国利益所在的方向，故而他不能一意孤行，脱离人民太远。他是根据民意来作决定，而不是凌驾于民意之上。也有人称他为机会主义或实用主义，罗斯福对此也置之不理，因为他关注的确实不是理论，而是问题，他不过是在试图解决美国当时面临的实际困难而已，也真需要伺机而动。总统权力一次只延续四年，到期便是未知数，怎么能不合理使用呢？

通过炉边谈话，罗斯福诉诸每个人的良心良知，在保证公民权利的同时也在要求公民尽职，他希望每个公民都能清醒地为自己和国家的利益去奋斗。他的听众虽然遍及全国各自为阵，却每个人都能在不受外界干扰的环境中，有足够的时间做出自己的分析和判断，然后到投票箱中去表态。这样的大众是名副其实的个人的总和，而非集会上那个丧失个性、任人支配的整体。罗斯福对国民作为个体和整体的辩证关系阐述得很清楚："在为各遂其志而奋斗的时候，我们乃是个人主义者；但在作为一个国家而寻求经济和政治进步的过程中，我们就成了一个整体，不是全体向上攀登，就是一起坠入深渊。"他深信对自由民主的向往是由来已久的，"与人类历史同在"，他相信"文明本身的趋势永远是向上的"。正是这些不可动摇的信念，使他对希特勒有本能的厌恶，使他在人类文明的天平摇摇欲坠时，坚定不移地克服国内孤立主义的阻力，将美国的巨大国力放到了反法西斯一边。罗斯福逝世后，普通民众还在怀念他的炉边谈话，他们对罗斯福夫人说："他常对我谈论我的政府。"

希特勒的演讲方式也和他的目标相契合。希特勒"胸怀大志"，复兴德国不过是他庞大计划的起点，而他的真实目的——建立大德意志帝国和灭绝犹太人——却不便直截了当地向人民宣布，起码一开始是这样。但他也知道，要完成这样一件"决定德意志民族今后一千年命运"的大事，他必须动员大众供他驱使，他和人民的关系也由此而定。他不需要德国人民的独立思考，只需要对他这个绝对的元首的绝对服从。他不进行规劝，而是

129

把他的纲领和意志强加于人民。组织严密的群众集会提供的正是这样一种"一人在上,万人在下"的威势,便于他居高临下地发号施令。更重要的是,狂热是需要煽动的,而集会上的群众与起居室中听广播的群众相比要容易煽动得多。由于人们间的相互影响和从众心理,个人在人群中很容易丧失判断力和表达异议的勇气,更不必说其他因素的作用了。随着狂热的煽起,个人必被完全淹没,理性、个性、良心逐渐消失在呼声、吼声、口号声中,不同的意见必将成为共诛之、共讨之的对象。当群众终于成为铁板一块时,让他们去干任何蠢事都是有可能的了。

希特勒发现自己能凭演说控制群众后,充分地利用了这一资本。在一段时间内,这甚至是他唯一的政治资本。通过群众演说,他把"高傲的信念燃烧到小人物的心灵中去,即使他只是一条小毛虫,但却也是一条巨龙的一部分"。希特勒的声音嘶哑粗嗄,其力量在于从中透出的意志威慑。据说,听惯了罗斯福平实谦和声音的美国人第一次从收音机中听到希特勒的声音时,"觉得他话里满怀仇恨,不禁吃惊。他口中的德语咬牙切齿,像是毒液四溅。"希特勒的成功取决于如何让德国人丧失理智、丧失独立思考,成为他的盲目追随者。在纳粹武装的配合下,群众演说在他发迹之初帮助他达到了这一目的。

(1997 年)

回味美国大选

人说美国总统是世界上权力最大的人，这大概是指他作为一个超级大国的统领，掌握着全球最大的核武库钥匙。但牵制美国总统的因素很多，且不说国会与最高法院，凡是目睹美国大选的人，看到他们不遗余力地讨好选民，恐怕都会感到总统原来不是好当的。

党代会：大造声势

五月中我到达美国时，预选已经结束，各党的总统候选人也已明确。今年的四个候选人中，共和党的布什和民主党的戈尔当然是真正的竞争者，两人旗鼓相当，他们的白宫角逐是1960年以来最激烈的一次。连续不断的民意测验表明，他们的支持率几乎不相上下。改良党的布坎南可以说无足轻重，但是绿党的内德却有一定的号召力，这次他成了戈尔的隐患。

候选人产生后，需要召开党的全国代表大会来正式确认，正式向全体选民推出。但除了这个作用，党代会也担负着宣传党、团结党的重要任务，全党借此机会结束预选时的分裂状态，重新团结，一致对外，大造声势，支持本党候选人。大半个世纪以来，美国的政党机器渐趋衰落，越来越成为竞选的工具。

八月初，共和党率先召开党代会，会前布什选择前国防部长切尼为副总统候选人，这使他的支持率立马比戈尔领先十个百分点。小布什一向随随便便，给人一个公子哥儿的感觉，父亲当总统，使他感到难以从政，于是他最大的愿望就是拥有一个自己的棒球队。老布什在1992年竞选失败，反倒解放了他。在共和党的支持下，他两次竞选得州州长成功，使老布什喜出望外。想当初肯尼迪家族精英辈出时，老布什就扬言将来要轮到他家的孩子了，现在两个儿子都当州长，继承他名字的长子又要竞选总统，替他把白宫从民主党手里夺回来，真令他倍觉安慰。但是小布什显得经验不足，尤其是外交军事，让选民不放心，一开始许多人根本没有认真对待他。现在他选了切尼当竞选伙伴，取长补短，把治国经验带到了选票，这个决策比他父亲当年选择奎尔可强多了。共和党的党代会在费城开得十分壮观，尽管戒备森严，场外抗议声不断。布什大谈"富于同情心的保守主义"，一个个少数族裔上台发言，明摆着是想改变共和党是白种富人党的形象。

半个月后，民主党在洛杉矶开会，同样的壮观，同样的豪华，也同样的招来大批抗议者。戈尔在会前宣布康州参议员利伯曼为搭档，也获得同样的赞赏。利伯曼是第一位进入总统竞选的美国犹太人，他是正统的犹太教徒，经常在演说中提到上帝，感谢上帝，乃至有人怀疑他这样做是否违背了政教分离的原则。戈尔选择利伯曼正是需要他的道义精神，因为他是在克林顿性丑闻期间第一个站出来公开谴责总统的国会民主党人。当戈尔需要和克林顿划清界限时，利伯曼当然是最理想的人选。戈尔当了八年副总统，而且是空前干实事的副总统，但他却一直未能让公众了解他、喜欢他，这成了他竞选中的一个障碍。现在他既要与克林顿划清界限，证明自己的独立，又要继承克林顿执政八年来经济繁荣这份宝贵遗产，处境要比布什复杂得多。党代会给了他一个亮相的机会，曾经当过记者的戈尔亲自撰写了接受提名的演说，讲得情真意切，信心百倍。党代会后，戈尔的支持率也急起直追，又和布什打了个平手。会后两人各自摆开阵势，周游列州，到全国竞选。

全家出动：展示人性

中国人不喜欢公务员家属在政治场合中出头露面，总觉得家属介入是腐败的温床，这大概与中国历史上外戚弄权造成的警惕心理有关。美国人没有这样的心理戒备，相反，他们竞选都是全家出动，为的是显示自己的人性，打动选民的人心。他们到处带着家属，尤其是女性家属，让她们夸自己是好丈夫，好父亲。在正式场合下，他们也常常提到家人，讲述家里的故事，尤其是同患难的故事，只要分寸掌握得好，还真能打动美国民众。布什毫不隐讳自己是个曾经犯过过失但能改正的人，这种浪子回头式的经历使他显得很有人性。即使到了大选前夕，他年轻时酒后驾车被罚的旧事突然曝光，也未能影响他的支持率，反倒有人谴责民主党在搞阴谋，搞不得人心的负面竞选。

戈尔从小壮志凌云，养成一副一本正经的样子，让人觉得刻板，还有点居高临下，这是选民最不以为然的，结果弄得他必须证明自己也是个凡人。也不知是否有意，竞选时他在哈佛的成绩单被泄露出来，成绩不过平平而已。党代会上，他的女儿出场为他作介绍，他的夫人蒂珀更是对他夸不绝口。为表示人性，戈尔在会场上久久热吻夫人，成了这次竞选中的一个著名镜头。当竞选越来越激烈时，戈尔不招人喜欢这个问题也似乎越来越困惑蒂珀，急得她坦率地对选民说："嘿，你们不必爱他，爱他是我的事！"

两位副总统候选人也碰到同样的问题，相比之下，利伯曼的处境要容易些。他的父亲是东欧犹太移民，后来虽然当到参议员，但曾以烘烤面包为生，这就足以打动选民。再加上他妻子的父母是纳粹集中营的幸存者，对美国感恩戴德，她的美国梦故事引来听众阵阵叹息。切尼为人过于严肃，又过于能干富有，他妻子也是个女强人，两人都不大有人情味。但他们也有自己的招数：带上两个天真活泼的小孙女。当他们从飞机上走下来，一人牵着一个小孙女时,真叫人哑然失笑。

今年选民的性别倾向十分明显,布什的支持者中以男性为多,戈尔的支持者中以女性为多,这大概与戈尔公开支持妇女有权选择堕胎有关。那么,布什怎么争取女选民呢?他的夫人劳拉是个图书馆员,结婚前就提出不能要求她作任何公开演讲,现在虽已破例,但看来好像不善言表。于是布什请出母亲、前第一夫人芭芭拉来助战,向女选民攻心。

看着这两个候选人与选民打交道的样子,一些美国人不禁怀念起克林顿来。克林顿来自平民,自然最有平民气息,在和选民打成一片上几乎无人能及。但是招人喜欢是不是总统必备的条件呢?人们不仅怀疑。难怪有人说,现在美国人好像不是在选总统,倒是在邀请谁来参加家里的晚会!

辩论:求职面试

1960年,肯尼迪和尼克松进行了美国第一场总统候选人辩论,电视直播,从此候选人的形象突然重要起来。肯尼迪风度翩翩,不少人为之倾倒,而尼克松却一副病相,很不令人喜欢。辩论后听广播的人以为尼克松赢了,但看电视的人则无不认为他是输定了,尼克松从此不愿意辩论也就不难理解了。现在,总统候选人辩论已经成了大选的惯例,这是一场求职面试,考官就是全体选民,只有让选民满意了,投你一票,你才有总统好当。

今年总统候选人辩论共安排三次,副总统候选人辩论一次。第一次总统候选人辩论时,布什和戈尔在台上各占一方,站在自己的小讲台前,面对观众和主持人。由主持人提问,每人每次的回答时间限于两分钟。两人都略显拘谨,戈尔富于进攻性,布什则似乎缺乏准备,两人虽然都无大错,但谁也没有给人留下深刻印象。接着是副总统候选人辩论,切尼和利伯曼并排坐在一张桌前,面对主持人接受提问。这种形式可能比较令人放松,更兼他们都是资深政客,经验丰富,彼此还是朋友,因此全场辩论心平气和，比较精彩。切尼的精干和利伯曼的幽默感都使人十分满意，乃至评论员认为美国应该为他们感到骄傲。更有趣的是，不少人认为这两位副总统候选人倒好像更应该是总统候选人。

第二次总统候选人辩论采用了副总统候选人辩论的方式，也显得比第一次更有质量。戈尔也许是接受了批评意见，态度比上次缓和。布什还是他的老样子，但显然不像戈尔那么喜欢辩论。这使人想起他父亲当年辩论时，居然不耐烦地看起表来，这么一个不慎的小动作大概使他丢了不少选票。第三次辩论又改变形式，两人各有一张高椅子可坐，但也可以站起来在台上自由走动。这次的问题都来自观众，由主持人进行挑选，请提问者站起来直接向候选人提出。这次戈尔又恢复了第一次的好斗姿态，其间曾一度突然逼近布什，把布什吓了一跳，回过头来不知所措，只好向他点点头，这也成了电视中反复播放的一个镜头。三场辩论下来，戈尔已经获得"斗士"称号，而布什则显得脾气不错，是个调和者。这也正是他们想要得到的形象，戈尔一再宣称自己在为劳动家庭奋斗，而布什总是标榜自己是能够使两党更好合作的领袖。

从辩论的内容上说，焦点大多是国内问题，诸如财政盈余、税收、教育、社会保险、医疗改革、处方药价等等，外交涉及甚少，双方都保证要保持强大的国防。两党的政治哲学确有不同，但从我们看来也相差不大。戈尔口口声声要维护中低收入者的利益，谴责布什的减税只有利于最富裕的百分之一美国人。而布什则指责戈尔代表华盛顿（即政府），强调财政盈余不是政府的钱，而是纳税人的钱，多纳税的人自然应该享受多减税。两人谈的中心都是一些关系选民切身利益的问题，说到底就是告诉你，我上台后会有利于你的钱袋子。双方的方案中都提到不少复杂的数据，大概只有专家才能弄清楚。值得注意的是，竞选中没有一个人敢提倡大政府，全都声称自己代表人民，将会尽力压缩政府，压缩享受社会福利者的名单。1980年里根上台标志着美国开始向新保守主义转变，1992年虽然克林顿当选,但也并未真的扭转局面,一方面他是将民主党从左向中间靠了,接过不少共和党的主张;另一方面,1994年共和党在中期选举中赢得国会两院的优势,整个朝右转的风气仍在继续。

大选前夜:脱口秀

在中国人看来,选总统一定是最严肃不过的事,但美国人却向来不喜欢一本正经。如果说鞠躬多礼是日本社会的润滑剂,那么幽默开玩笑对美国人起到类似的作用。选举中的种种逸闻成了午夜脱口秀的笑料,候选人被滑稽模仿,不仅不能生气,还要参与。谁要是只会板着脸不会说笑话,那就别想当总统。白宫新闻官辞职,克林顿便自嘲自讽说,我现在没丑闻了,所以他无事可做,说罢笑得前仰后合。

美国四年一次大选,从争取党内提名到最后公布选举结果,历时一年有余,可以说是最长的求职过程了。候选人四处奔走演说,向各种选民作各种承诺,让全国评头品足。若无好的体力辩才,还有包容能力,实在是难以想象。我也经常想到,如果不是为了这张选票,他们能对选民如此殷勤吗?

美国人对选举司空见惯,并不十分热情,虽然总统是唯一由全国选举产生的政府官员,但一般人对地方选举更为关心。近来总统选举的投票率一直不过半成,其中一个原因是认为两个候选人在政策上区别不大,谁上台都差不太多,因此懒得去投票,甚至连天气好坏也能影响投票率。由于总统竞选的观众还不如午夜脱口秀的观众多,布什和戈尔都想去接近这批选民,于是他们分别接受邀请,当起节目嘉宾来。布什在这种场合倒显得挺协调,他劝观众去投票,又开玩笑地说当然最好是投他的票。戈尔也尽量显得活泼,表明自己并非没有幽默感。

为了迎接11月7日的大选,NBC在6日晚间播了一个连续两小时的特别节目,是对近年来总统竞选滑稽模仿的精品荟萃。几个演员对候选人最爱说什么、怎么说的特点都抓得挺准,神态腔调模仿得惟妙惟肖,其中夸张的机智更令人捧腹。比如说,戈尔总是有板有眼地抢话说,于是模仿者就问主持人:"我能否发两次言?"克林顿最善于和民众打成一片,于是他出现在麦当劳里,一会儿从这个人手里拿点薯条,一会儿从那个人手里拿个汉堡包,满嘴是吃的,还忙着张罗说话。节目播到一半,镜头转到了前总统布什的家里,老两口也在看电视,记者问他对节目有何观感,布什正在犹豫,芭芭拉接过话筒,连说"有趣"。就在这样轻松的气氛下,美国人等着第二天去投票。

重新计票:爆冷门

第二天好不容易等到晚上,打开电视,锁住 CNN,等着看大选结果。投票结束时间是晚上八点,但由于时差的缘故,中西部要比东部晚一小时,而西部要晚三小时,十一点才能结束。以往经常是到八点东部票箱关闭,选举结果便已出来,使得加州人都懒得去投票,但这次他们会发现这样想就大错特错了。

绿党内德的因素十分重要,由于两党都在向中间靠,实际上成了中左中右,差距自然减少。内德代表相当一部分比戈尔更左的选民,指责两党都是为大企业说话。这样,内德的选票当然更多的是从戈尔的选票中分化出来,是对戈尔的威胁。在两党选票接近的情况下,一个第三小党虽然只占几个百分点的选票,但很可能就会左右全局。1992 年得州富翁罗斯·佩洛作为独立候选人参选,不能不说对布什的失败起了作用。内德在大选前的民意测验中约占百分之五的份额,但真到选举时,一些选民就会把票投给有可能当选的人,以免浪费选票,最后内德的得票约占百分之三。份额虽小,但在如此接近的选举中,谁得了这百分之三就有可能当选,两党都清楚这点。竞选中布什一方劝人们去选内德，企图分裂民主党选票。戈尔这边就提出"选内德就是选布什"的口号，劝人们别去选内德。大选僵持后，戈尔一方指责内德坏事，内德反驳说，他还坏了我的事呢，由于他的威胁，许多本该选我的人去选了戈尔，使绿党的选票未能达到百分之五，否则就能得到几百万的联邦竞选资助。

八点刚到，各州选举结果就纷纷报来，像马萨诸塞这样的铁杆民主党州，在竞选过程中根本就引不起兴趣，选民和候选人的注意力都集中在几个势均力敌的州，如大湖区一带和佛罗里达等。美国的总统选举其实并非直选，选民只是选举选举人，每州的选举人数是该州众议员和参议员人数之和，各州总数为五百三十五人，加上首都华盛顿特区的三人，全国为五百三十八人，所以只要获得二百七十张选举人票，总统就当定了。而且由于"胜者得全票"的规定，候选人只要得到简单多数，就可获得该州所有的选举人票。

电视上不断地在报告票数，大家的眼睛首先盯着宾州、纽约、佛州等几个大州，它们全归了戈尔。到九点，中部的结果陆续传来，大家又为那几个拉锯州捏一把汗。到十一点，西部也已结束投票，加州因为使用电脑投票，计票迅速，几乎是一分钟后便传来结果，五十四张选票全部归戈尔。然而富于戏剧性的事一再发生，先是戈尔居然输掉了自己的家乡田纳西，然后是给了戈尔的佛州二十五张选票又被收回，让双方情绪波动。我看到半夜两点去睡时，还剩四个州未定，看来结果一时难以产生。

第二天早晨，当我准备弄清是谁当选总统时，听到的竟然是悬而未决，简直使人不敢相信自己的耳朵。报纸的通栏标题本该是当选总统的大名，结果却是惊人的"重新计票"！但有趣的事还在后面，原来半夜里佛州的票又给了布什，共和党为此庆祝了一个多小时，连戈尔本人也打电话给布什表示了祝贺，甚至一些外国也给布什发了贺电。但很快，消息传来说给布什也不确切，于是戈尔再次打电话给布什收回祝贺，据说布什当时感到难以置信，向戈尔重复了他听到的话以确证他没有听错。此时，佛州的二十五张选票已经成了决定胜负的关键。尽管我在美国住过七八年，也看到过三次大选，但从未见过这般情形，即使在美国历史上也纯属罕见。我庆幸自己没有提前回国，否则对学习美国文明史的人来说，错过如此戏剧性的时刻实在可惜。

佛州选票的混乱有几个主要原因：第一，美国没有全国统一的标准选票，各地政府自行其是，有的还在使用一百多年前的投票机器，所以计票不可能那么精确，但在一般大选中相差几万票也无碍大局。佛州的投票工具显然比较落后又不一致，因此在计票上就出现种种麻烦。争执最大的棕榈滩县设计的是所谓蝴蝶形选票，候选人名字左一个右一个，要打的孔排在中间。布什名列左边第一，当然打第一个孔，不会有差错，但第二个孔指的却是排在右边第一的布坎南，名字在布什下面的戈尔占的是第三个孔，结果许多选民抱怨他们要选戈尔，却无意中选了布坎南。布坎南也出来表示，他在棕榈滩县所得选票确实超出预料，很可能有误，还颇有风度地说他自然不要不属于他的选票。曾经竞选过总统的黑人领袖杰西·杰克逊也专门到那里去支持一些要求重选的民主党选民，不过这个要求很难实现，因为尽管选票设计是有点问题，但人名与孔之间都有箭头标明，稍微仔细点，应该不成问题。况且这些选民在投票后也未立即声明，一直等到戈尔票数不够时才提出抗议。还有人甚至找了一些学童来进行试验，结果发现连孩子也足以辨别孔的归属。人工计票的问题是由于选票打孔时有的没有打透，结果机器一压又恢复原样，因此民主党便埋怨不准确，提出人工计票。

第二个原因是海外选票，海外的美国公民有权缺席投票，如果双方选票悬殊，那么这部分选票也就无足轻重，常常可以不必计算，但在这次相差仅几千，甚至几百票的情况下，这部分选票就身价百倍了。而佛州海外选票主要来自驻外美军，他们的票绝大部分是投给布什的。海外选票邮寄回国，要有十来天的期限，所以必须等待它们寄回。但最主要的原因还是双方选票过于接近，谁输了都会觉得太惨，尤其是戈尔已经获得普选票的多数，选举人票输给布什难免叫屈。更有难言之隐的一层是佛州州长正是布什的弟弟，使人生疑。但是戈尔这样左一个不服右一个不服，官司一直打下去，布什方面也不服气，他们说很多戈尔赢的州也只相差几千票，他们也有权要求重新计票，这样就会没完没了。一些人以当年尼克松拒绝对有争议的州重新计票为例，劝戈尔以大局为重。当然戈尔也决不会以自己当选为由来争，他强调的是必须尊重选民的意志，如实计算每一张选票。要说，这次民主党也实在大方不起，国会中共和党仍然维持了众议院的多数，参议院里两党人数是五十比五十，如果利伯曼当选副总统，康州将会换上一个共和党参议员，变成五十一比四十九。而如果利伯曼落选的话，共和党的副总统作为参议院议长，将在五十比五十时投下关键的一票，总之都对民主党不利。而且新总统还可能有机会任命三个联邦最高法院大法官，他们任职终身，对日后美国政治将起到难以估量的作用。如果布什当选，将是共和党自从艾森豪威尔以来第一次同时占据白宫和国会优势。

有评论说这次选举表现出了美国的宪政危机，但美国人却很少这么看。总统一时选不出来，美国并没有人因此产生危机即将发生的感觉，倒是脱口秀的主持人又有了意想不到的笑料，因为他们知道，总统迟早会有的，宪法修正案第二十条第三款写得清清楚楚："如在规定总统任期开始的时间以前，总统尚未选出，或当选总统不合资格，当选副总统应在合乎资格的总统之前代理总统职务。倘当选总统和当选副总统均不合乎资格时，国会得依法做出规定，宣布何人代理总统，或宣布遴选代理总统的方法。此人在有合乎资格的总统或副总统前，应代行总统职务。"更何况克林顿不是还在台上吗？他说戈尔当选不过是仅次于他第三任的最佳选择，他这个跛脚鸭还要呱呱叫几声呢。

也有评论认为选举团制度太落后了，应该改一改。1787年美国制定宪法时，只有拥有财产的白人男性公民才有选举权，现在宪法一次次修正后，美国成年人不分种族性别都有了选举权，为什么不真正实行直选呢？选举团制度确实是历史的产物，当时制宪者们自称共和派，其中相当一部分既不信任政府权力，又对民主疑虑重重，选举团制度是他们的谨慎之举，目的是对可能感情用事的选民加上一个安全系数。那么，选举团制度有没有可能被取消呢？恐怕没有那么容易。一来宪法的修正十分艰难，必须由全国五十个州中四分之三的州议会或四分之三的州制宪会议通过。二来如果直选，那么人口集中的大城市，尤其是东西两岸将决定美国的总统人选，这对面积庞大而人口稀少的中间地带的居民来说将难以接受。在这次的选举图上，代表布什的红点几乎占满了美国版图，代表戈尔的蓝点只能占据东西两岸的大城市。农村和小城镇是美国保守势力集中的地方，他们是不会希望改变的。

  二十多天过去了，大选却仍在进行，联邦最高法院也已介入。美国人既有厌倦之感，又在拭目以待。善于辞令的克林顿总结道，这次选票如此接近倒产生了一个积极的后果，那就是让美国人认识到，每张选票都是有意义的。许多年轻人因此对投票产生了兴趣，估计下次大选的投票率肯定会有明显增长。

（2009 年）

叁

自由的阶梯 | 美国文明札记

信念的传承
——《美国文明读本》序

对照其他历史悠久的民族，人们不禁会问：像美国这样一个移民国家又靠什么来凝聚人心？美国人来自世界各个角落，他们种族不同，宗教各异，更无共同的历史。直至今日，第一代移民仍占全国人口百分之十以上。然而，谁也不能否认，美国确实是一个已经形成自己特点的统一民族。答案何在呢？

这里汇集的四十篇文献精选自美国文明史，它们勾勒出美国发展的全过程，每一篇都代表了各自的时代。从殖民开始，历经独立、建国、西扩、内战、工业化、大萧条、两次世界大战等一系列过程，一个民族在四百年中从无到有，从弱小到强大。在人类众多文明中，美国文明因其年轻而呈现出少有的脉络清晰。文献是真实的史料，是美国人对自己文明的理解，或曰信念的表达。美国的凝聚力也许就隐藏在这些文献中——美国没有世代相传的君主，但有世代相传的信念。

通篇读来，我们不难发现，美国人贯穿始终的信念无非就是《独立宣言》中所宣布的："人生而平等，造物主赋予他们若干不可剥夺的权利，其中包括生命权、自由权和追求幸福的权利。"他们认定，这些权利直接来自造物主，非政府所能授予，自然也不是政府所能剥夺的。

然而，虽说是天赋人权，其实却并非与生俱来。如亚当斯所言，"世界之初，君主制似乎就已经是种普遍的政府形式。国王及其一些重要的王室顾问与将领对人民实施残酷暴政。那时,人们在智力上所享有的地位,与将人与武器运往战场的骆驼与大象相比,高不了多少。"宣布人的平等即否认特权,是民众历经千辛万苦从教权与王权那里奋力拼搏而来,它标志着人类进入现代的精神觉醒与理论创新。

美国革命领袖们明白,宣言只是信念的表述,要使之成为现实,独立是第一步,建国是第二步。只有制定具体的法制将信念落到实处,它才能持之以恒,经得起时间的考验。显然,宣布信念的《独立宣言》和落实信念的《合众国宪法》可以说是美国最重要的两个文献,其余文献大都是这两大文献的准备或延伸。

那么,《独立宣言》的信念又从何而来呢?或者说,为什么不是一些别的信念呢?这就要追溯到殖民时期了,看看美国文化的基因是什么。17世纪初,英国移民尚未踏上美洲,就签署了《五月花公约》,立约为据,自愿组成民众自治政体,开启了殖民地人民自治的先河。移民带来的美国文明的种子源自新教信仰,它肯定个人的良知与判断之权,日后逐渐演变为表达自由与人民自治等信念。在波澜壮阔的大西洋保护下,英国移民在北美终于按自己的方式立约建教会,建政府,形成了法治与自治的传统。

当然,在清教领袖温斯罗普言之凿凿地谈论"生民百姓历来尊卑有别"时,美国距离"生而平等"的信念还隔着一个半世纪。但仔细阅读却能发现,其间并不存在不可跨越的鸿沟,因为温斯罗普将尊卑有别视为上帝的有意安排,旨在确保整体的存活和福祉。他强调的是"人"作为上帝造物的共同福利,在本质上并不鄙视卑贱贫穷者,而是以兄弟情义待之,齐心合力去追随基督。

在与宗主国的关系中,殖民地人民越来越坚守自己的这份自治权,终于一步步走到彻底摈弃君主制。他们不惜冒叛乱之险,以"不自由毋宁死"的精神,豁出去打一仗独立战争。他们以天赋人权、反抗暴政为名,向英国和全世界铿锵有力地宣布了独立的理由。对内,《独立宣言》则是向全体美国人庄严许下的一个诺言，美国此后的维权运动——无论政治权、经济权、民权、女权……无不以此为依据。

阅读这些文献可以看出，美国人的其他信念都是从天赋人权派生出来的，最重要的又莫过于关于政府的信念，其核心就是界定人民与政府的关系：第一，政府乃人民立约而建，目的是保障每个人的天赋人权。第二，政府的权力乃人民授予，个人将自己的部分权利交给政府，以换取政府的保护，其余权利仍由个人保留，它们不是政府所能剥夺的。第三，从授予与被授予的关系来看，政府的合法性完全在于人民的认可。因此，当政府违背这个初衷时，人民自然有权改变它，而不是由政府来改变人民。一个高高在上发号施令的政府是美国人所不能接受的。

鉴于长期以来教权与王权相互勾结对人民造成的残酷侵害，鉴于权力所具有的自我扩张本能，美国人的对策是：一，不设国教，政教分离，宗教退出政治领域。二，政府权力必须受到限制，以防止它危害人民。

但是，将权力关进笼子谈何容易，不能说说而已，也不能靠当权者的自我约束，而是必须实打实地由法律和制度来落实。制宪者们煞费苦心，竭力在赋予政府权力和有效限制权力之间寻找平衡，他们找到的办法就是分权制衡——每设立一项政府权力，便同时设置对它的制衡，三权分立，相互牵制，以防一权独大。宪法不仅逐条列出赋予政府各部门的权力，还逐条列出禁止它们行使的权力。但即便如此，美国人对它还是很不放心。于是，在通过宪法的同时，附加了统称为《权利法案》的前十条修正案，明文规定必须保障的公民权利，特别是信仰和言论之权。作为对政府滥用权力的最后屏障，《权利法案》在美国政治生活中意义重大。

限制政府权力的信念根植于民间，这似乎不难理解。值得注意的是，它同样也是美国当权者的信念。从华盛顿到奥巴马，历任总统都认同并遵守这一点。作为总统，宪法是他们行使权力的唯一依据和目的，就职宣誓就是简单的一句话："我必忠诚地执行合众国总统的职务，并尽我最大的能力,维持、保护和捍卫合众国宪法。"不论党派,几乎每个总统都发表过关于限制政府权力的言论,杰斐逊说:"管事最少的政府是最好的政府。"林肯说:美国人民在创建政府体制时,"十分明智地仅只赋予其公仆一点小小的权力以防酿成祸害,而且还以同样的明智做出规定,在短时期以后又把这点小小的权力收回到他们自己手里。"到了当代,里根更是毫不避讳地扬言:"在目前这场危机中,政府不是解决我们问题的关键;政府本身才是问题。"唯有罗斯福,为应对大萧条的紧急状况,曾要求赋予其战时领袖的广泛行政权力,但他从不敢忘记自己的宪法权限。

自然,宪法作为人制定的产物,不可能至善至美,但若以宪法之缺陷为由来违宪,则无异于以大恶治小恶。因为宪法的错误是可以通过合法的修宪来纠正的,而无视宪法将彻底破坏法治,是国将不国的开始,社会将从此不得安宁。华盛顿在告别政坛时谆谆告诫道:"我们政府体制的基础,乃是人民有权制定和变更他们政府的宪法。可是宪法在经全民采取明确和正式的行动加以修改以前,任何人对之都负有神圣的义务。"同理,林肯在面对宪法所默认的奴隶制时,不得不慎之又慎,宁可迂回曲折,也决不踩着宪法往前走。

那么,在宪法的缺陷得到修正之前,一个秉持正义的公民又该怎么办呢?梭罗提出了他的"公民的不服从"。他认为,如果服从当时那个对外向墨西哥开战、对内维护奴隶制的美国政府,便是为虎作伥,未尽到公民之责。他相信在法律之上还有道义,因此发动了"一个人的革命",以拒绝纳税的方式抗拒这个作恶的政府。梭罗这一冒险犯法确实站到了历史的公正一边,但以个人判断对抗法律无疑具有潜在危险,梭罗也看到了这一点,所以他心甘情愿地走进牢房。在梭罗的事件中,最值得关注的是公民表达不同意见——甚至反对宪法和政府——的权利和意义,这正是美国得以进步的关键。

由于历届政府对宪法的尊重,其不完善的部分不断得以修正。宪法是人民制定的，虽然修宪是件极为审慎庄重之事，但仍然可能犯错，幸而错误可以通过再次修宪来纠正。同样，最高法院虽然一言九鼎，但他们对宪法的错误诠释也同样可以被推翻。如内战前德雷德·斯科特案中否认黑人公民身份的判决、1896年普莱辛诉弗格森案中关于隔离而平等的判决，它们或是通过修宪，或是通过新的判决，最终都被推翻。这样的信念和实践使宪法成为能够与时俱进的活的文件，也使它能始终保持根本大法的尊严和威力。当奥巴马说"美国能够发生嬗变，这是这个国家特有的天赋"时，想必是深有感触的。

除了对法治的共同信念外，文献中最引人注目的就是对教育的重视了。再好的制度建立后还是要后继有人，国家的一切归根结底靠的是公民的素质。教育在民主国家中尤为重要，因为与仅需服从的臣民不同，共和国的公民负有自治的重任，在投票箱之上，别无更高的裁判。多数人如果判断错误，没有人可以强迫他们放弃，因为他们不仅享有言论自由，更握有手中的一票，而修宪这样的大事就由人民来决定。依仗教育来提高人民的判断能力，始终是美国人视为最基本而又紧迫的大事。

以禁酒为例，美国从19世纪上半叶起，民间就发起强劲的禁酒运动，他们将酒视为万恶之源，一直努力推动立法禁酒。终于到了1919年，借助一次大战后对粮食需求的增加，宪法第十八条修正案获得通过，美国实行全国禁酒。想想通过一个宪法修正案是何等不易，不能不说禁酒运动真的很得人心。但这一举动虽然出于良好意愿，却未免天真而不切实际，以至于不得不在四年后通过第二十一条修正案将其废除。

在民主制中，不能强制人民不犯错误，好在人民总体上是讲道理的，犯了错误还可以改正。也许有人会问："不是还有总统、国会、最高法院吗？"但政府只是宪法设置的部门，只能在宪法的范围内行使权力，他们怎么有权反过来修改授予他们权力的宪法呢？宪法必须由人民按照法定程序来制定与修正。宪法第一句"我们，合众国的人民"要表达的就是这个意思。可见，民主是包含着风险的，但我们不得不说，与专制相比还是更安全一些，因为如果承认政府的目的是保护人民利益，那人民自然是自己利益最好的守护者。确实，如果说人民不能管理自己，那么谁又有资格去管理人民呢？

美国始终将教育视为头等大事，这是人民自治的原则所要求的。从殖民开始，新教徒们便颁布强制教育的法令，为的是人人能够阅读《圣经》，理解上帝，保持虔诚，由此也形成了教育民办的传统。建国后，联邦政府对教育和知识传播的重视是一贯的，华盛顿认为道德是民意所归的政府所必须的原动力，他请大家"把普遍传播知识的机构当作最重要的目标来加以充实提高"。杰斐逊也高度重视知识传播，因为在民主制中，"一切流弊都交由大众理智的法庭进行裁断"，对公民理性的要求自然远远高于臣民。无知而盲从的民众也许更容易管理，但绝对不能组成伟大的民族。19世纪美国开始实行公民义务教育，公共税收支持的公立学校从小学扩展到中学，并通过赠地法案，普设州立大学，降低高等教育门槛。美国公民个人对教育的捐助更是十分普遍而自觉的行为。

政府的一项重要责任就是保障公民发挥个人才干的权利，唯有人尽其才，国家才可能兴旺，而教育就是开发和培养人才最有效的途径，对教育的重视可以说怎么强调也不过分。爱默生说："世上一切伟大光辉事业，都比不上人的教育。"美国公立学校之父霍勒斯·曼将公共教育视为人类阶级差异的平衡器，提倡对下一代进行体育、智育、政治、道德、宗教的全面教育，这对美国制度和信念的延续有着至关重要的意义。20世纪50年代，最高法院对布朗诉托皮卡教委的判决冲破了公共教育中的种族隔离，对当时的美国起到几近颠覆的作用，其目的正如沃伦所言："我们认识到教育在我们这个民主社会中的重要性。在履行我们最基本的社会职责时，甚至在军队服役，教育都是必要的。教育是良好的公民品德的真正基础。"

本书文献大多为契约、宣言、演说、报告、法律、公告、判词、辩词等，概而言之，都是公布于众的文字，可统称为"辞令"。辞令是人的语言表达，目的主要是为自己的行为陈述理由，如《独立宣言》开篇所云，是"出于对人类舆论的尊重"。顾及舆论，是讲道德的人类社会的特殊需要，有别于狮子吞食羔羊时不必做出任何解释的丛林原则。纵观这些文献，细心的读者也许会发现，纵然几百年间风云变幻，辞令却令人惊讶的一致。

不言而喻，《独立宣言》发表之初，美国的现实距离信念的理想还很遥远。但值得注意的是，这些原则一经发布，辞令似乎便不再改变。发言者无论地位高低，也无论来自政府或民间，使用的都是这同一套辞令。倒不是说美国历史中没有出现过别的说辞，实际情况恰恰相反，人类思想史中的许多极端都在美国出现过，但任何说辞只要违背这些基本原则，就休想进入思想舆论的主流。诸如维护奴隶制、鼓吹种族歧视、排外、三K党、原教旨主义、纳粹言论、麦卡锡主义，等等，它们也都曾在一时一地甚嚣尘上，但终将如过眼烟云，再无人念及。这验证了威廉·詹姆士所言：只有"被人具体证实过的信念才是整个上层建筑的支柱。"

辞令不再改变，并不是说辞令和现实就没有距离了，美国几百年中新问题层出不穷，然而每当时局变化，应对之策不是去改变辞令，而是去努力兑现。因此，当代表奴隶制的南方宣布脱离，挑战联邦时，兑现人类平等的信念就意味着铲除奴隶制，哪怕打一场全面内战。当南方实行种族隔离时，兑现就意味着必须废除种族隔离，甚至以有倾向性的"赞助性反歧视法"来补偿历史的亏欠。《独立宣言》向全体美国人民许下了一个天大的诺言，这也许比宣布独立的意义更为深远，它为美国日后一次又一次的变革提供了依据和原动力。两百年后，马丁·路德·金以同样的辞令宣称："今天我们是为了要求兑现诺言而汇集到我们国家的首都来的。我们共和国的缔造者草拟宪法和独立宣言的气壮山河的词句时，曾向每一个美国人许下了诺言。他们承诺给予所有的人以生存、自由和追求幸福的不可剥夺的权利。"为什么马丁·路德·金如此大声疾呼美国兑现诺言？因为他相信这不仅仅是辞令，而是美国认真许下的诺言。民权运动的浪潮也充分表明，这个诺言得到大众认可。当一个国家上上下下都认真对待诺言时，梦想就可能实现。

可见，辞令的价值在于言者的态度，当辞令停留在语言时，或华丽高贵，或深奥虚玄，或气度不凡，但仍然只是一种修辞艺术。倘若言者自己不当真，哪怕是真理的辞令也会沦为软弱的空话，甚至是厚颜无耻的托词。然而当辞令被当真时，它们就转化为信念——乃至世代相传不可动摇的信念，使言者不顾一切地去实施它，作为积极生活和社会变革的坐标。

（2014年）

爱默生从神学走向自立

人是观念的囚徒。爱默生说:"在生命和真理之滨,我们却悲惨地死去。"[1]真正的革命发生在人们的头脑之中,这就是观念的革命。观念革命是对既定价值的一次全面再评判,从而把人的精神引入一个新的境界。

(一)

在19世纪上半叶的美国,爱默生进行了这样一场革命。年轻的共和国诞生不过半个世纪,正意气风发地向工业化和西部大踏步迈进,她那寻求和确立国民精神的愿望也几乎同样急切。从欧洲移植而来的精神信仰已经越来越难以适应美国的新实体,即便是新英格兰——这块美国清教的世袭领地,也感觉到正统加尔文教过于僵固空洞,而改良的唯一神教又"冷得像具死尸",人们在渴望着新思想的萌生。迅速扩展的西部虽然孕育着美国民族的独特之处,但它毕竟过于粗糙和骚动不安,难以用语言来自我界定。况且,新思想若不是从东部现存秩序的内部产生,将很难有机会理直气壮地去发展。因此,作为这个新民族发言人的重任便毫不奇怪地降临到一位虔诚的波士顿牧师身上。

---

[1] 《诗人》,《爱默生选集》,斯蒂芬·E.韦切编,波士顿:霍顿·密夫林公司,1960年,第236页。

这位虔诚的牧师居然开始亵渎神明,他扬言:"我要重新掂量一切。任何事物在我看来都既非神圣,亦非亵渎;我只是在实验,我是一个甩开过去的、无止境的探索者。"[1] 爱默生作此言论可算得问心无愧:作为唯一神教的牧师,他背弃了宗教的形式与教义,谴责教会的精神死亡。作为学者,他反对学究作风;在他看来,那只会扼杀个人的独创。作为欧洲文化的继承人,他却宣布新大陆的精神独立。作为杰克逊时代的美国人,他是时兴的物质主义和大众政治的叛逆者。他对一切窒息灵魂的俗套都不以为然。他以一种新的眼光来观察世界,顿时间,事物便奇怪地改变了其原先的比例。爱默生用以重新衡量事物的尺度便是个人的活的灵魂:

> 人类文明走对了的步子都是由于倾听了个人内心那永恒的呼唤……相信你的直觉,学会把你周围的一切,把观念体系,把你所有读过的文字,把你目前行程中的伙伴,都视为可能有用然而却会变化的形式。适合的便是有益,奴役心灵的便是有害。[2]

爱默生的初衷在于重建宗教的灵魂,重新确立人在上帝前的地位。他在这样做的过程中,逐渐确信人自有独立于上帝的价值,他个人则完全可以过一种独立于教会的精神生活。马丁·路德播下的革命种子由爱默生发展到其逻辑上必然的结论:宗教终于成为纯精神的、私人的和伦理的。

当新英格兰社会由宗教转向世俗之际,爱默生不仅代表了这一转折点,而且成功地从理论上完成了从原先人以上帝为中心到以人为中心,从依赖上帝到自立的过渡。他那崇扬个人灵魂的哲学超越当时当地,至今仍作为美国的经典思想而激励着寻求精神解放的人们。

---

[1] 《论圆》,《爱默生选集》,第176页。
[2] 《爱默生早期演讲》,斯蒂芬·E.韦切等编,波士顿:哈佛大学出版社,1959年,第2卷,第318页。

17世纪初，清教徒离开英国到北美荒原去建立"上帝的王国"。在他们看来，旧世界已经不可救药，必须在新大陆上创立新的典范。在早期新英格兰的"教会—国家"中，世俗生活完全受宗教生活的统领。清教徒们恪守加尔文教的规范，把领受上帝恩典作为人生的最终目的。

生于1509年天主教法国的加尔文是位仅次于马丁·路德的宗教改革家。他的主要贡献在于确立了一套以赎罪为中心的新教神学，并创建一种新的教会结构，将权力下放基层，使之能灵活地适应当时遭受迫害的形势。加尔文在日内瓦实践了自己的理论，使之一度成为"新教的罗马"。加尔文曾是人文主义者，学过法律，加尔文教是吸收了人文主义方法论的相当复杂的神学。但是加尔文死后不久，加尔文教的命运便和其他许多天才的学说一样，被信徒们大大简化以适应他们的水平和需要。对大多数清教徒来说，加尔文教意味着人类的堕落与上帝的绝对权威。死后进天堂还是入地狱由上帝在万世之前便已确定，人唯有把自己无条件地奉献给上帝的责任，而无权以任何行为来影响自己的拯救。

清教徒之所以能接受这样一位专制独裁的上帝也许只能从当时的历史背景中找到解释。在当时动荡不安、正义受抑的社会中，人们很容易盼望一位铁血上帝的出现来惩恶扬善。他们先把自己交给上帝，成为上帝的工具，于是上帝就成了他们的上帝，他们就可以去实现他们所理解的"上帝的意志"了。《新约》上写得明白："我们是属上帝的；认识上帝的就听从我们；不属上帝的就不听从我们；从此我们可以认出真理的灵，和谬妄的灵来。"[①]人的力量在此先异化为上帝的力量，然后再回归人类。但这一转化使清教徒们产生强烈的使命感以及完成使命的意志与罕见的不可腐蚀性。

但是到了爱默生的时代，曾经让16世纪心思单一、惯于克制的苦行僧般的农民心悦诚服的加尔文教早已显得不合时宜了。在变化了的环境中，

---

① 《约翰亚书》4：6，见《新约全书》，香港圣经公会印发，1981年，第683页。

甚至路德和加尔文使用的隐喻也丧失了魔力，连撒旦也成了一个空洞的词汇。19世纪的新英格兰人发现加尔文的上帝专横独断，不通情理到了荒谬的地步。他们不再接受一个强加于他们的、既不可理解又不能同意的上帝。而加尔文教强调人类的堕落与无力自救更使他们觉得尊严扫地，全无主动性可言。中世纪的那种对来世的专注早已引不起现代人的兴趣，现世对他们来说无疑重要得多。爱默生写道："想着活，别告诉我去准备死。我唯一能做的准备是去实现我目前的责任。加尔文教的弊病在于把来世说得完全不同于现世，乃至为了来世而丧失了对现世的准备。"[1]新英格兰显然面临着巨大的信仰危机，近两百年神权政治的残余在顽固地抵制变化。清教意识形态的衰落是缓慢的，需要不止一次的思想解放运动才能完成。

此时，要求变革的呼声已经在欧洲响起，浪漫主义思潮代表人类的感情开始向理性时代挑战。爱默生深感自己私下的想法与公开的布道之间存在着不可调和的矛盾，他预感到变革的来临：

> 我相信事情就要发生了。一个微弱的力量便能将星球转个不停，思想的规律亦很相似。我说一个思想对一个活跃的头脑来说是片广阔天地，它舒展解开，显示出自身无穷的意义。[2]

爱默生很快便感受到一种不可抗拒的内在冲动在驱使他去说想要说的话，去反对那一整套他生下来便注定要接受的观念。

---

[1] 《爱默生日记与笔记》，威廉·H.吉尔曼等编，波士顿：哈佛大学出版社贝尔克耐普分社，1960—1978年，第4卷，第41页。
[2] 同上书，第27-28页。

（二）

爱默生最关心的是宗教，他的革命也便从宗教开始。他主攻的堡垒正是他所在的唯一神教。因为到19世纪20年代，抛弃正统加尔文教的历史使命已由唯一神教运动所完成。该教派起源于英国，因信仰上帝一位以取代圣父圣子圣灵三位一体而得名。19世纪初美国唯一神教运动是继早期清教后最重大的神学改革，对加尔文教关于上帝和人的概念，关于上帝和人的关系等诸方面做了全面修正，以适应时代的发展。正统加尔文教对变迁了的社会所提出的种种挑战早已无能为力了。

在一个半世纪的殖民时期中，清教也经历了一些渐变与派系之争，至18世纪初发生"大觉醒"①运动后，公开裂变为正统派、自由派和温和派。经过一系列竞争和重新组合，阵容最强的温和派站到了正统派一边。自由派则以哈佛大学为中心，虽然人数不多，却代表了波士顿地区的财富与文化。更为重要的是，他们代表了新时代的潮流，对科学及其他人类文明的发展成果采取积极的接受态度。既然正统派无意放弃清教的名称，自由派不得不另立门户，改称"唯一神教"。到1825年美国唯一神教协会成立时，该教已发展为清教系统中的主流。

唯一神教反对加尔文教的基本教义：原罪论、预定论和上帝拣选论。第一，他们敢于宣称加尔文那位愤怒的上帝不道德，非理性，与《圣经》不符。他们的上帝则更为仁慈，可以理喻。他们拒绝接受上帝专行独断与加罪无辜的权利。第二，他们否认三位一体，强调耶稣的人性，使他成为一般人可以仿效的榜样。第三，他们摒弃了人类堕落说，认为尽管人类由于亚当的堕落而受苦，但作为上帝的造物，毕竟保留了某些神圣之处，尤其表现在理性和良心上。美国唯一神教的领袖威廉·艾勒略·查宁曾说，

---

① "大觉醒"是18世纪40年代左右首发于新英格兰，后来遍及全美的一场宗教复兴运动，强调宗教感受和个人忏悔，其结果削弱了宗教保守集团的控制权。

如果他的理性与《圣经》相悖,他宁可相信自己的理性,因为他的理性也是上帝的造物,而上帝的造物本不该相互对抗的。

爱默生出生于牧师世家,从小接受严格的唯一神教训练。但是他对其过分崇尚理性而忽略生动的灵魂深表不满。宗教的对象是人的灵魂,宗教情绪是人内心中要求精神升华的一种复杂表现。爱默生相信,"宗教的历史显示出对于热情的倾向"[①]。一种过于理性的宗教虽然可以避免迷信狂热,却无法满足灵魂渴求宗教激情的需要。对爱默生说来,丧失灵魂的宗教便是死的宗教,不过是形式和躯壳,是一个珠宝盒,里面却空空如也。他与唯一神教的分歧也可以从对上帝和人的基本看法谈起。

爱默生反对把上帝人格化,他认为上帝是纯粹精神,既可称之为上帝,也可称之为耶稣或其他任何名字。上帝象征着不可企及的原始真理与终极真理,他是生命,是良心,是道德理想,也是人类的本质。在他眼里,界定上帝和把上帝人格化都是使宗教情绪降格及虚伪化的行为。当神灵客观化后,最终必然导致"赤裸裸的偶像崇拜"。爱默生的上帝是服务于人类的,帮助人类超越自己。他永远对活着的人说话,他的启示是永恒的,主要通过大自然及人的直觉。上帝就在人的心中,人们可以和上帝直接交流,无须任何中间媒介,诸如牧师、教会、先知、圣保罗、耶稣,或者《圣经》。爱默生的上帝是个人化的,属于每个寻求他的个人。路德向中世纪整个庞大的教会发起攻势,大大缩短了信徒与上帝之间的距离,但他绝对无意将人和上帝等同起来。然而爱默生却敢于直截了当地说:"最单纯的人在他一心崇拜上帝之时,也就成了上帝。"[②] 爱默生的上帝不是外在的而是内在的,不是客观的而是主观的。

爱默生承认《圣经》是"世界上最富独创性的书",但他不认为它是上帝的话,却称它为一本关于人的书,记载了人类的欲望与悔悟。自从路德以《圣经》的权威取代教皇的权威之后,《圣经》便成为新教的绝对权威,

---

[①] 菲利普斯·拉塞尔:《爱默生:最智慧的美国人》,纽约:布伦达诺出版社,1929年,第14页。
[②] 《爱默生选集》,第139页。

对《圣经》的诠释权也由罗马教会的一手垄断下放到一般教徒。但是随之而来的问题是,如果每个人都有权对《圣经》做出自己的理解,那么不同的理解便在所难免,《圣经》也就会实际上失去权威,这也许正是罗马教会力图避免的局面。但是路德却无法避免这一点,因为他取消了统一的教会,也就取消了统一思想所必需的权威和权力。路德的做法若按逻辑发展,必然会是有多少信徒就有多少对《圣经》的解释,最后也就瓦解了《圣经》的权威。美国早期清教徒虽然鼓励个人阅读《圣经》,但通过政教合一严格控制着宗教上的争论。独立战争后,政教分离成为共和国立国的基本原则之一,对《圣经》的解释也就成为纯宗教事务,不能采取行政手段加以干涉。正统加尔文教和唯一神教曾在《圣经》的解释上争个不休,相互指责对方理解错误。爱默生对此类无谓之争深感厌倦:"在考虑保罗怎么想,又为什么这么想的时候,我不能不感到这是白白花去的时间,都是从保罗,或从路加和约翰的信念出发去争辩某一形式,我似乎为追逐影子而舍弃了实质。"[①]他认为《圣经》若不能从其产生时的精神出发去理解,便成了"死的语言",他自然是不愿囿于其中的。心灵需要"永恒的《圣经》"的启示,那就是大自然和生活本身。

基督耶稣被爱默生称为"一个真正的人","那个好人","历史上唯一真正珍惜人的价值的人"。他不能接受耶稣在教堂里被顶礼膜拜的方式,抱怨那样做反而把耶稣放到一个难以被爱的位置,而耶稣原本是应该受到热爱而非崇拜的。爱默生进而对耶稣的权威和完美提出了疑问:

> 如果你对我说你认为他实现了为人的种种品质,把人的力量起码是含蓄地运用到了极度,那么我要保留自己的看法。我并没有在他那儿发现愉悦;没有发现对自然科学的热爱;没有看见对

[①] 《爱默生日记与笔记》,第4卷,第94页。

艺术的善意；没有发现苏格拉底、拉普拉斯、莎士比亚。一个完美的人应该能使我们想起一切伟大的人物。你问我是否在所有的人里最想效法耶稣？如果我说是的话，我将怀疑自己是迷信。[①]

爱默生赞赏耶稣的恰恰是他自己所珍视的那些品质：对现实的信念，对真理的崇仰，对道德的情感，更重要的是决不人云亦云，敢于与当时陈规陋习背道而驰的精神。爱默生一向反对个人崇拜，在他看来，当基督也不是耶稣一人的特权："无论何人，若能对道德的本性做出更为精辟的见解，他便是新的福音；也无论是否有奇迹，是否受启示，他就是基督。"[②]

教会在爱默生看来只是为一部分人提供保护，并起到警察的作用；是为了适应人类暂时的而非精神的需要。他对牧师职业毫无好感，即便在自己担任此职时，也认为作为牧师的他是他自我中最不足道的部分。当时的一般布道方式都极其枯燥，不是出自灵魂，而是出自记忆。何况爱默生根本不主张个人与上帝的交流要借助于任何中间人，所以牧师的存在纯属多此一举，对活人的灵魂有害无益，而且布道愈精，害处愈彰。

爱默生对基督教的理解强调其道德信念，他指出：

> 它是一种道德体系，它向人们展示真理，而这真理正是他们自己的理性；它责成行动，而这行动正是他们自己的判断……自由乃基督教信仰之本质，它的目的在于使人善良智慧，因而它的机制也应该像人的需要那样灵活。[③]

基督教虽然在他看来在适应人类本性方面比其他宗教更胜一筹，但是

---

① 《神学院演说》,《爱默生选集》, 第105页。
② 同上书, 第99页。
③ 同上书, 第99页。

仍然不可能穷尽真理,产生更优越的教义的可能性总是存在的。爱默生把现存的教会称为"传统的"或"历史的"基督教,以区别于他提倡的"精神的"基督教。他认为前者有两大弊病:一是对个人及形式的夸大其词;二是对神秘启示的膜拜;由此而导致神坛最终为形式主义者所窃取。为了让人们见到"道德真理的神圣之美",并享受与上帝合一之欢快,历史的基督教必须彻底取消。注意,爱默生从来只说人与上帝的结合,而不提人对上帝的服从,他认为连崇拜上帝也是宗教中多余的部分,因为崇拜只能说明崇拜者心中没有上帝。

总之,爱默生的基督教没有仪式,没有崇拜,没有教义,没有布道,没有牧师,没有教会。剩下的只是一位孤零零的、无形无体的上帝在象征着终极真理;还有一个与凡人为伍的耶稣在代表着任何发现真理的人。说白了,他的宗教无非就是人的灵魂对道德情操的追求。路德曾经宣称教会是信徒的同盟,而爱默生的教会已经最终成为信徒自己,相信的并非别人就是他本人。

爱默生对宗教的这一崭新理解把通行的基督教改变得无法辨认。即使对最自由派的唯一神教来说,也已构成亵渎。因为他们毕竟还是坚信人格化的上帝,坚信圣迹,坚信宗教之成为宗教的一切形式和仪式。犹太—基督教是人脑最宏伟的构思之一,它通过上帝的创世、人类的堕落、赎罪及拯救等诸环节来确定人与宇宙的关系。它赋予宇宙一个系统而一贯的解释,由此赋予人生以意义。若丧失了这些基本要素,基督教与别的宗教还有什么区别呢?实际上,有神论与无神论之间还剩下多少区别呢?尽管爱默生极力避免触动基督教原有的构架,他已经从本质上动摇了它。

(三)

爱默生反对他称之为外在宗教的一切形式,反对一切机构化和教条化的宗教，提倡精神宗教。作为牧师，他一贯的风格是自由而非神学的。初上讲道台，他就宣布教会的工作在于教导如何正确地生活，而不是传授宗教教条。第二次布道时他就明确表示无意当教会警察。不过他真正离经叛道的行为是在任神职四年后的1832年采取的：他要求停止主持圣餐仪式。当要求被拒绝后，他便提出辞去牧师职务，并做了一次题为《圣餐》的告别词，对圣餐作为永久性宗教仪式是否为耶稣原意提出质疑。这场斗争的实质在于要仪式还是要精神，要形式还是要真理。

长期以来，就存在着关于圣餐之争。宗教改革时就争论过圣餐中的面包和水是真的耶稣血肉呢，还是仅仅象征性的。爱默生也不是他家族中第一个以圣餐为题提出宗教仪式与牧师良心冲突的问题。他选择圣餐作为突破口也许正因为这是一个老问题，大家既容易把握，又不致引起太大的风波。教会在挽留不成后接受了他的辞职，但很少人不对他的决定表示遗憾。连一向对他寄予极大希望的玛丽姑妈也愤愤谴责他语言混乱黑暗，是彻头彻尾的异教徒语言。

爱默生毫不退却，此后的一年中他旅游欧洲，越发坚定了自己的信念。回国后，他以演讲为生，并于1836年发表《自然》一书，成为美国超验主义的先声。爱默生对教会最猛烈的攻击是1837年在哈佛神学院的讲演。面对一群未来的神职人员，他毫不留情地指责教会死气沉沉，被形式主义者所把持。他公开宣布自己那套不拘一格的新见解，并大力提倡思想和言论自由。这次讲演无疑像是扔下了一颗重型炸弹。对年轻而饥渴的心灵来说，这是空前的解放。西奥多·派克感到无限奋昂："太美了，太对了，太真实了……我的灵魂已被唤起。"[1]但爱默生也惹恼了以自由派自居的哈佛神学院保守派，这些唯一神教人士感到耻辱之极。正统派多年来指责他们不信神，如今爱默生拱手向正统派提供了证据，更不用说这些话在他们听来已经足

---

[1] 《爱默生：最智慧的美国人》，第162页。西奥多·派克（1810—1860）是自由派唯一神教牧师，超验主义俱乐部成员，著名的废奴主义者。

够刺耳的了。爱默生于是被贴上了"泛神论者",甚至"无神论者"的标签,有人把这次演讲视为"恶的力量正在将人们诱离基督教的一个特别应受谴责的例子"。① 风波的结果便是爱默生与教会的彻底决裂,自由派的中心——母校哈佛将爱默生拒之门外达三十年之久。

在事件的全过程中,爱默生保持缄默,没有做出任何公开答复。但是在日记中,他表示这些攻击只是加强了他的信念,他嘲笑攻击者们把他一下子捧到了异端分子的高度。既然他已经说了他想要说的话而心里坦荡荡,这一切对他又算得了什么呢? 1832年初当他的思想刚完成转化时,他就引了路德拒绝向教会认错时讲的话:"做违背良心的事是既不安全又不谨慎的。我就是这样,不能不如此。"②

爱默生的思想彻底而激进,但他的语调却一贯温文尔雅,并聪明地避开正面撞击。他要的是本质的而非名称上的变化,变化的最好方式自然是付出最小的代价而取得最大的效果。历史上许多所谓的革命只是新瓶装老酒,爱默生则反其道而行之。他从来没有像半个世纪后的尼采那样愤然宣布上帝的死亡,而是赋予上帝新的含义。因为他知道人类对上帝的需求不可避免,否定上帝将会使许多人丧失人生的意义,失去心理平衡。人类创造上帝是为了满足自己的精神追求,到底何为上帝?上帝无非是人类的超越。当一个人不能对他人说话,不能与他人交流,不能为他人负责,不能从他人得到时,他便诉诸上帝。名称不是关键,它可以随着人的需要而改变,但上帝象征的精神存在却是人类不可或缺的。宣布上帝死亡容易,但是对上帝的需要必然会创造出另一个上帝,尽管名称不同。

爱默生一向避免宣称某种思想为错误或者无用,因为他相信每一种思想在产生之初都有其存在的理由,他把它的过时或谬误归结为历史条件的变迁。任何理论都有其局限,爱默生善于找寻各种思想的共同点,认识到

---

① 约翰·麦克利尔:《爱默生的岁月》,波士顿:李特尔布朗公司,1984年,第251页。
② 《爱默生早期演讲》,第2卷,第341页。

在人类观念的变迁中，只有灵魂的上下求索亘古不变，每次改革都是对前一次的否定，随后又被下一次所取代：

> 自然从不失败，神圣之光总会在某个无名氏心中很快重新点亮，他谴责教会的死亡，大声疾呼要求新的更合适的做法。如此，每一个教会，即便是最纯真的，也在日益衰老和死亡，只有一个新的存活着。如此，新教改革了天主教；长老会改革了新教；独立派改革了长老会；贵格会改革了独立派；但同样的新的冲动后来又激发了卫理公会和现在的斯维登堡派，亦称为新耶路撒冷教会。每一个教会的"新"仅仅在于崇拜者的竭诚；但当它们新的时候，教诲的是同一回事。①

爱默生的辩证思维无疑决定了他对变革的积极态度。他继承宗教改革和美国革命的传统，坚信人民有变革的权利："这是必须承认的——断断不可否认的——当一个既定的教会变得完全形式化而死亡时，悲哀而虔诚的人们有权抗议和声讨它。这犹如对暴政的革命权利一样，是永远不能被否认的。"②

不过，爱默生的革命并不诉诸武力，他希望人类的枷锁能够悄然脱落。暴力使他感到厌恶，在他看来，如果不是人的思想首先发生变化，暴力本身从来也不曾解决过什么问题。1848年的欧洲革命把他吸引到了巴黎，观察的结果使他怀疑革命的价值是否能抵偿为建造兵营而砍伐的树木。改变人的思想使之适应时代的发展极为重要，但要改变精神必须采取精神的手段。爱默生在关于马丁·路德的讲演中大为赞赏路德始终反对武力的主张。路德认为只要教育人民，偶像便不摧自垮。他不相信使用武力能带来什么

---

① 《爱默生早期演讲》，第1卷，第175页。
② 同上书，第134页。

实质性的变化:"武力既不能摧毁也不能维持教皇的统治,因为它是建立在谎言上的。因此,只有真理的言辞能把这样的王国翻个个儿并摧毁它。我反对那些诉诸武力的人。"①爱默生也很赞同路德的另一主张,那就是社会改革只能步步为营地进行,每一步之间都应有相当的间隔去巩固已经获得的成就。

(四)

社会从来是渐进的,任何超前的跳跃都会受到历史的惩罚。那么,什么是爱默生重视的这些小小的步子呢?它们是如何改变历史进程的?这些步子又是怎样迈出的呢?

从历史上看,人类的思想要超越思维惯性往前迈一小步往往要经历几十年乃至几百年的历程。在同一思想体系中,所有的观念自然是相互关联的,因此要打破这种平衡并造成连锁反应,必须寻找一个突破口。历史表明,观念革命成功的种子往往并非完全异己的思想,而是那些能够为旧体系所接受和吸收的思想,否则难免被扼杀在萌芽状态而绝无渗透的可能。同时,思想的发展经常不过是重点的转移而已,但一个小小的移位却能引起社会的大地震,这是值得举例说明的。

众所周知,文艺复兴与宗教改革是使西方走出中世纪的两大思想解放运动。文艺复兴可以避开与宗教抗衡而公然自由地赞扬人性。宗教革命的任务则更为艰巨,因为它发自宗教内部,无法回避其根深蒂固的信仰。既然宗教是通过人对某种先验的信仰而发生作用的,神学的争论便不过是论证方式的不同,而决不可能跳出那先于经验、超于经验的信仰。况且,宗教改革家都是虔诚的信徒,痛感教皇统治的弊病,有志于基督精神的光复。

---

① 《爱默生早期演讲》,第128页。

内在和外在的因素决定了他们必须在基督教的范围内改革。

路德的突破点便是强调"因信得救",爱默生誉之为宗教改革的种子。罗马教会一贯通过庞大的宗教组织及主持各种仪式的特权来独霸教徒释罪拯救之路,教徒们必须通过教会认可的行为来争取拯救。因此,要否定教皇权威,必须降低行为的作用。于是路德提出:依赖于外部行为而非内心信仰就不是将信念基于上帝,而是基于自己的正确性上。

路德的革命种子是从圣保罗那儿借来的。在《新约》的《保罗达加太书》中,保罗反复强调"我们因信基督称义,不因行律法称义"[①]。"义若是藉着律法得的,基督就是徒然死了。"[②]但是《新约》的《雅各书》却对信仰和律法行为的关系做出完全相反的解释。雅各说:"人称义是因着行为,不是单因着信。"又说:"信心因着行为才能成全","身体没有灵魂是死的,信心没有行为也是死的。"[③]

更为有趣的是,保罗和雅各都以亚伯拉罕来引证各自相悖的观点。保罗视亚伯拉罕为因信仰而得救的范例,宣称"可见那以信为本的人,和有信心的亚伯拉罕一同得福"[④]。而雅各的结论正相反,"我们的祖宗亚伯拉罕,把他的儿子以撒献在坛上,岂不是因行为称义么?"[⑤]路德尽管崇拜《圣经》,却突出其中一种观点而无视另一种观点,完全采取为我所用的态度,诠释近乎革命的意义由此可见。在当时律法行为的重要性被极度夸大之时,路德的这一小小的侧重便触发了巨大的历史事件,推动了人类的进步。

爱默生迈出的具有革命性的那一小步便是"自立",自立是维系他所有思想的中心环节。"自立"同时宣告了人对上帝的独立和人对社会的独立。一方面,"自立"把人的真理置于上帝的真理之上,为一个后宗教的社会提

[①]《加拉太书》2∶16,见《新约全书》,第539页。
[②] 同上书,第540页。
[③]《雅各书》2∶24,2∶22,2∶26,见《新约全书》,第653页。
[④]《加拉太书》3∶9,见《新约全书》,第541页。
[⑤]《雅各书》2∶21,见《新约全书》,第653页。

供了信仰的选择。另一方面,"自立"寄信任于个人,这对民主体制中的多数专制构成一种抗衡。基于自立,人的精神可以从各种有形无形的桎梏中自我解放出来,其中包括上帝、教会、政府、历史、形式、陈规、习俗等等。人现在可以有理由不去盲从外在的权威了,"自立"真可谓人在精神上的彻底解放。当然,"自立"并非仅仅摆脱束缚,它同时也把沉重的责任加于个人:他必须自立自救,用自己的头脑思索,对自己的行为负责。

在基督教文化里,相信自己因为和相信上帝相悖,故而并不被视为美德。爱默生解决两者矛盾的途径是通过对上帝的新的解释,他强调人的直觉是上帝直接赋予的,"上帝就在你的心中",顺从自己的内心也就是顺从上帝。原先人心是上帝与魔鬼争夺的场地,现在就由上帝独占了。在"自立"中,爱默生结合了文艺复兴和宗教改革的双重精神,在尊重个人价值和现世欢乐的同时,又加上个人灵魂与上帝合一产生的升华。终于,上帝的主权被愉快地同化到人的自由之中。人洗却罪恶,又成了新生的亚当。"自立"是清除19世纪初清教残余的一副灵药,它通过解放人的思想为当时发展中的美国社会唤起了勃勃生机。

伟大的思想解放者造福全人类,世世代代激励着后人去再创造。爱默生的思想之所以能保持其生命力,很大一部分原因是他彻底摆脱了神学在解决问题上一劳永逸的模式。他并不想给予思想,也不想构架体系,而是要唤醒每个人内在的潜力,使他们能够自己思想,去解决他们自己的问题。时代是发展的,人的思想意识也是发展的,替后人规划一切的思想往往不仅无效,反而成为后人不得不冲破的樊篱。

(1993年)

梭罗的账单

从波士顿到瓦尔登湖，驱车只需半小时。到了金秋时分，树叶像被晚霞染了似的，极目望去，六车道的高速公路两旁一片绚烂欢畅。与大地母亲的这番盛装相比，城市的高楼大厦显得何等冷漠呆板。

瓦尔登是个小湖，一小时便可徒步绕湖一周。若非梭罗在此进行了他简化生活、回归自然的人生实验，很难说它比别的小湖更令人注目。如今，《瓦尔登湖》成了美国人引以为豪的经典，小湖便也带上几分神圣，慕名而来的朝拜者终年不绝。小湖被精心地保持着当年宁谧静穆的自然本色，任其落叶满地、黄花堆积，年年的枯枝败叶又被吸收到来年的"木欣欣以向荣"中。林间小路时而传来马蹄清脆，水波不兴的湖面下隐约可见游鱼踪影，垂钓者泰然自得。日照风吹鸟鸣鱼游马走人沉思——前工业化的美国似乎被留下一片，保存在此，专供后人思古怀幽。唯有那远处火车匆匆而过的节奏声，偶尔造成一点小小的不协调。

梭罗生前乏人问津。当时爱默生正光芒熠熠，比他年幼十几岁的梭罗乐于在他家当名帮手。在爱默生的故居，还可以看到梭罗为他椅子下侧设计的抽屉，以便这位忘性颇大的长者存放随身用品。在康科德梭罗家族的墓地，需细心搜寻，才能发现一块刻着"亨利"的小小墓碑。但是，颖脱不群的梭罗并不仅仅是爱默生哲学身体力行的实践者，他自有其独立的思想和贡献。他的人生哲学和独创精神集中体现在《瓦尔登湖》和《论公民的不服从》这两部著作中。

多年前初读《瓦尔登湖》，对开卷的《经济篇》中细节罗列颇感不耐烦，尤其不解的是一部哲理书中竟开了好几份账单，数目精确到小数点后几位，这和中国士大夫那种耻谈钱财的传统心理相去甚远。更何况当时中国人的生活本已经简朴有余，必需品几乎成了奢侈品，所以对梭罗提倡简化生活的意义所在也就难以充分感受。在美国生活几年后，目睹一个丰裕社会中物欲的暴虐，才体会到梭罗的不同凡俗。对许多人来说，人生似乎就是挣钱和花钱，奋不顾身地挣，忘乎所以地花。信用卡的普及已经使借钱花成为习俗，更有忙到挣了钱没空花的。不少人身兼数职，每天的日程安排不会留下半小时的空闲。为了放松绷得过紧的神经，他们便以采购发泄，买回一大堆在我看来不要也罢的东西。作为旁观者，我不免寻思：证明自己的消费能力或许能带来某种心理上的满足，但是如果每周少工作几个小时，又何至于把自己逼到这一步？从逻辑上说，这里面不是有点本末倒置吗？既然人们会精打细算每个小时，为什么不把人生的轻重缓急也合理安排一下呢？

当然，大凡饭没吃饱的人是不会蔑视物质的。梭罗一生清贫，但他的清贫和我们当时的清贫之间有着一个本质的区别：我们是物资匮乏，迫不得已，而梭罗则是自愿清贫。无衣可穿时打补丁称不上朴素，不过是不折不扣的穷罢了。朴素是一种生活态度，是自由选择的结果，它包含着特定的价值标准和道德观念。梭罗和其他许多清贫的思想家艺术家一样，并非不能将自己出色的才智转化为一种可以在市场上进行交换的价值，但是他无意于此。据说，他曾在父亲的铅笔厂里制造出当时一流的铅笔，但就此作罢，并不追求其商业价值。他一生有意避开任何固定职业，以免使自己沦为谋生机器。如此"无业游民"，在这繁忙的尘世自然不会被视为正常的生活方式，难怪连爱默生也不能不注意到：环顾四周，梭罗是唯一的闲人。

1845年美国独立日当天，梭罗搬进瓦尔登湖畔亲手筑起的小屋，宣告了他个人的独立。屋里只有几件必不可少的简陋家具，除了耕种一些玉米豆子等维持生计，他大部分的时间都逍遥自适：冰上逐狐，洞穴观蚁，"在研究麝鼠之余，也研究人类作为调剂。"《瓦尔登湖》一书便是他直接阅读自然和人生的心得，处处流露出对生命本身的惊喜和热爱。

梭罗要写的当然不仅仅是对天地万物的精细观察，他要向人们宣布他所发现的生活真理。账单的意义就在于它们是重要的实证，缺了它们，梭罗的理论就会泛而无据了。在第一份账单上，梭罗详细地列出了造屋的全部费用，共十三项二十八点一二五元，略低于当时剑桥大学单人学生宿舍一年的住宿费。第二份账单为第一季度的全部收支，尽管他并不全身心地投入生产，尚有结余八点七一五元。其余几份皆为头八个月的结算，衣食住行支出总数为六十一点九九七五元，收入三十六点七八元，差额正好是现已成为不动产的房屋。也就是说，他不仅养活了自己，还充分享受了其他农人不敢奢望的闲暇、独立和健康。梭罗的结论是，如果一个人能满足于基本的生活所需，其实每年只需工作六周。人们终日惶惶不安，迷失在自己制造的种种需求中，在物质的罗网里苦苦挣扎，最终只是物质占有了他们，这就是人的物化，这样的生活他称为"沉默的绝望"。"看啊，"他写道，"人们已经变成了他们的工具的工具，"他们"满载着人为的忧虑，忙不完的粗活，却不能采集生命的美果……一天又一天，找不到空闲来使自己真正地完整无损；他无法保持人与人之间最勇毅的关系……除了做一架机器之外，他没时间来做别的。"梭罗呼吁通过生活方式的"简化，简化，再简化"，重获生活真谛。

当人们说到"时间就是金钱"这句名言时，似乎窥到了生命的奥秘。然而梭罗要提醒人们的，恰恰是它的逆定理：金钱就是时间，就是生命，不要为了不必要的物质而浪费金钱，虚掷生命。梭罗百思不解的是，人们几乎有一种把生活复杂化的本能："农夫们常想用比问题本身更复杂的方式，来解决生活问题。为了需要他的鞋带，他投机在畜牧之中。他用熟练的技巧，用细弹簧布置好一个陷阱，想捉到安逸和独立性。他正要拔脚走开，不料他自己的一只脚落进陷阱里去了。他穷的原因就在这里；由于类似的原因，我们全都是穷困的，虽然有奢侈品包围着我们，倒不及野蛮人有着一千种安逸。"这使人想起庄子所言，"鹪鹩巢于深林，不过一枝；偃鼠饮河，不过满腹"，然而人们却"终身役役而不见其成功，苶然疲役而不知其所归，可不哀耶？"

梭罗生活的19世纪上半叶正值美国工业化发动阶段。当时伴随着杰克逊总统的崛起，出现了平民政治和经济民主的强大势头。原先受到种种束缚的平民百姓不仅迅速扩大了参政权，而且理直气壮地在争取经济上的平等和发达，这种社会能量的释放无疑极为惊人。市场经济的发展必然导致拜物教的盛行，衡量一个人的成败也主要取决于他对美元的占有。在此情景下，梭罗当然是大大地不合时宜了。争先恐后的人流在奔向市场的路上，在攀登社会阶梯的途中，是不会放慢他们的脚步来理会小湖边孤独的梭罗的。1849年，梭罗自费出版了一千本《康科德河和梅里麦克河上的一周》，四年后收回未售的七百零六本。为此他写道："我现在的藏书约九百册，其中七百多册是我自己写的。"

美国经济持续发展了近一个世纪，物质越来越丰富，梭罗的名声也随着他厌恶的物质的增长而增长，到了20世纪末的今天，已经是俨然一"圣哲"了。这中间的道理么，似乎也很简单。一是物质文明的发展提供了余暇，使人们能够更多地关注生活质量和人生意义；二是物质的长期丰裕引起工作伦理的变化，更多的人希望在工作中实现自我，倦于按通俗准则去达到所谓"成功"；三是人们意识到物质文明本身亦非灵丹妙药，包治社会百病。相反，高额消费经圆熟的广告术火上浇油，越来越使人体会到心为形役的苦处和荒谬。梭罗的精神因此变得可以理解，甚至令人向往了。

如果话说到这里就能画上一个句号的话，世界上的事情就比较好办了。

在工业化的时代呼吁回归自给自足的小农经济，从其本质上说，真可谓历史的反动。事实上，梭罗也真心赞赏印第安人的生活方式，对物质文明发展的产物，诸如邮局、报纸等，都抱着不以为然的态度。梭罗代表的是西方各国在工业化时都曾翻腾过的一股强大的回归浪潮。面对人类的这一巨变，梭罗认为简化生活是唯一的出路。遗憾的是，情趣固然高尚，实际上却行不通。人类的绝大部分即便敬重梭罗，也绝不会仿效他的。斯巴达式的生活只可能在有限的小范围内实行，苦行主义是永远不会在全民范围内受欢迎的。这是因为，文明的发展绝不会停留在基本需求的满足上。基本需求如果指的是温饱的话，那么正如梭罗所证明的，并不难满足，故而不足以构成对经济的长期刺激。再则，基本需求也不是一成不变的。水涨船高，当年的奢华早已成为今日的必需，满足自身需要的自然消费将很快过渡到满足虚荣的炫耀式消费。

人的物欲、私欲从来没有善罢甘休之时，可是问题的症结恰恰在于物质文明的高度发展正是靠奢侈刺激出来的。没有了奢侈的刺激，导致的往往不是节俭小康，而是懒惰贫穷。中国历来就有以侈靡治国的理论和实践，两千多年前的《侈靡篇》说得很明白："百姓无宝，以利为首。一上一下，唯利所处。"刺激生产的良策便是刺激消费，故提倡"上侈而下靡"，使社会活动起来。比如厚葬，便可为更多的木匠、绣女、雕工提供就业机会，促成多生产多消费的良性循环。西方的经济学家更是普遍地重视奢侈刺激生产的作用。18世纪初英国的曼迪维尔曾在引起众怒的《蜜蜂寓言》中为恶一辩，认为社会不可能既富足，又同时具备传统美德。他说："我们在这个世界上叫作恶的东西，不论是精神方面的和物质方面的，都是使我们成为社会生物的伟大原则。"马克思认为，比起充满市侩精神的资产阶级社会辩护者来，曼迪维尔"更勇敢和更忠实得不知道多少"。现代克服经济萧条的主要对策是鼓励消费。情理不能扼杀物理，只能加以制约和引导。

不幸的是，奢侈和清贫一样，不过是事物的另一极。尽管它能驱动社会，其弊端同样不言自明。美国在第二次世界大战后，社会的富足可说达到了人类历史上空前的高水准，完全有能力满足其全体成员的基本生活。但是消费的不断升级促使美国两极分化，社会底层怨声载道，去年洛杉矶爆发的暴乱确实是冰冻三尺非一日之寒。

人类历史看来充满了两难境遇：清贫不足以刺激生产，奢侈又难免导致堕落，社会似乎在贫困—富足—奢侈—腐败的怪圈里循环往复。物质文明应该说是有利于精神文明的发展，但两者又未必并行不悖。每个社会在盛世时都曾达到过当时物质文明所能达到的高度，社会越来越富，禁忌越来越少，乃至世风颓唐，人欲横流，禁忌几近乎无。但走到了尽头，还能往哪里去呢？不能不由盛而衰。此时，社会上必然会产生道德义愤，出现清教式的改革冲动，立志替天行道，不惜采取极端手段，清理社会，扫除垃圾，重新制定种种禁忌，社会终于洗涤污浊，重获新生。

话说回来，人类毕竟还有另外一种冲动——精神的冲动。人具有诗意的本质，人的灵魂期求升华。所谓世风，是由当时的政治经济形态与人性相契所产生的流行的心理行为方式。一种风气一旦形成气候，便不可避免地要走完升降盛衰的自然过程，这中间人为的干涉——诸如发挥政府的功能，倡导精神文明等——能起多少作用，说到底，要视该民族的文化素质而论。在西方，净化灵魂、规范道德、确立精神价值原是宗教承担的职责。宗教衰落之后，则主要由人文科学取代，梭罗代表的就是这样一种精神力量。

尽管梭罗的主张从社会发展的角度来衡量，无论在理论上或实践上都是此路不通，但对社会仍然有着不可估量的意义。当人们争分夺秒地埋头于事务，像梭罗这样的人则在思考生活的艺术，人生的统筹学。他们提供了一种不同的声音，让人们保持清醒的头脑；提供了一种平衡，表达了人性中精神的追求，这给一个由经济关系主宰的商业化社会注入了清新的生命力。如果文化对人类的重要性不必再论证的话，那么可以不太夸张地说，文化人不仅是写了几本书，而是维系了人类的文化和精神。当然，文化的产生是全社会共同努力的结果，但需要杰出的才能来加以综合提炼，这却不是人人都能达到的。

在中国，由于学而优则仕的传统，读书人未必真清高。但在商业化的美国，汲汲于名利者便不大会选择人文科学。我并不想在这里过分地夸大人文科学的重要性，因为人是否有文化并不以职业区分，梭罗本人也是一位自然学者。我也不想把精神文明和物质文明对立起来，因为精神要求和物质要求一样对人类具有普遍意义；而且物质文明的发展从根本上说毕竟大大有利于精神文明的发展。但梭罗代表的独立不羁的精神和孜孜不倦的追求，对人类并不是无足轻重、可有可无的。这些孤独的智者在任何社会中都是少数，但他们却是整个社会的观察员。人生的大舞台缺了观众，还有谁来评说？历代文明岂不将毫无痕迹地消失在时空之中？在他们那种看来"无所事事"的生活方式中包含着对人生的自觉意识，对人类的总体思考，难道不是一种值得尊重的人生选择？

（1993年）

守法与犯法

1845年,美国兼并了原属墨西哥的得克萨斯,第二年,又发动了墨西哥战争。国内许多正直之士都反对这一侵略行径,格兰特将军谴责它是"强国反对弱国所进行的最不公正的战争之一"。战后,关于在新获得的大片疆域上是否实行奴隶制的问题,南北双方又唇枪舌战,剑拔弩张,终于导致内战的爆发。

梭罗刚在瓦尔登湖畔度过了两年的独居生活,其情其境真可谓"风声雨声读书声,声声入耳",同时,家事国事天下事,他也一样事事关心。不仅关心,还要介入;不仅介入,还要主动出击。1848年初,他做了一个演讲,题为《论个人在与政府关系中的权利与责任》。来年,演讲被收进波士顿的一本超验主义美学文集中,并正式定名为《论公民不服从的责任》。梭罗在文中抗议了政府入侵墨西哥及容忍奴隶制这两项不义之举。他宣布:"我一刻也不能承认那个政治组织就是我的政府,因为它也是奴隶的政府。"作为一个公民,他觉得如果自己继续服从这样一个政府,并以纳税等方式与它保持联系,便等于默认并参与其罪恶。他明确提出,对这种合法地施行不公正的政府,公民不仅可以不服从,而且有责任不服从。

梭罗主要围绕政府与公民、法律与道德、多数与少数、思想与行动这四种基本政治关系阐明了自己的观点,并据此构建出关于公民不服从的理论。梭罗的这些观点与清教传统和美国革命的思想显然是一脉相承的,他的独特贡献在于以超验主义的个人主义对它们加以充实发展，使之成为一种崭新的理论，一种非暴力的公民个人革命的理论，以此来对抗合法的不公正。

文章一开始，梭罗便提出关于政府职能这一根本性的问题。他表示拥护这一名言："管事最少的政府是最好的政府"，并将其演进为"一事不管的政府才是最好的政府"。在梭罗看来，政府充其量不过是权宜之计。根据契约论的原则，政府的产生是彼此平等的人之间达成的一种契约，统治者的唯一合法性来自被治者的承认和同意。公民只是为保护自身的利益，才自愿将自己天赋人权中的一部分交给了政府。用梭罗的话说："政府是由人民选择用来执行他们意志的一种模式。"所以政府本身并无凌驾公民之上的神圣性。相反，它必须以自己的信誉和行为来赢得公民的尊敬，公民不仅有权，而且有责任监督审查政府的行为。在美国，公民个人控告某个政府部门甚至国务院的案子时有发生，向来不足为奇。遗憾的是，政府一旦组成，便完全有可能丧失其品格，背离其初衷，逐渐异化为少数人的御用工具。他们成了政府的化身，以"君临天下"之势将自己的意志强加于人民。这时，公民和政府的关系便来了个本末倒置，公民不再是政府的主人，反倒成了政府的影子——"人模人样的影子"。而人们又偏偏那么"容易地置身于强制之下，甚至是自我的强制"。

幸运的是，根据契约论，公民并未把自己所有的权利都委托给政府，其中首先是自己的良知和判断力，公民仍然可以运用自己的良心良知来监督政府的所作所为。梭罗将此看作公民对政府应尽的头等职责，而政教分离的意义也就在此。倘若政府不仅有权规范公民的外部行为，而且有权干涉公民的内心世界，钦定标准，统一思想，那么公民监督政府又从何谈起？又如何尽公民之责？梭罗写道：许多人"违背了自己的意志、常情和良心"，被政府驱使去从事侵略，政府嘉奖他们为好公民。但是，"这些人并非作为人去为国效劳，而是作为肉体的机器。""他们自己的判断力和道德感没有发挥任何作用",他们服务的方式与泥土石块相差无几。另外一些人则用自己的良心为国家服务,在政府违法的时候挺身而出以维护法的尊严,但他们却常常被国家视为"敌人"。梭罗本人也曾为了向政府抗议而拒绝纳税,并因此被投入监狱,但他自豪地宣称:"全体市民中,只有我一人付了税。"坚实的监狱石墙并不能囚禁他,相反,他感到旁人若要达到他的自由,还需面对"一道更难攀越、更难摧毁的石墙"。

其实,梭罗时代的美国政府还远称不上一个强大的中央集权政府。直到内战开始,华盛顿竟无一人知道在效忠联邦的各州内有多少可供征兵的男子,军事部门甚至拿不出南方各州的地形图。梭罗自己也说:"我每年仅有一次机会面对面地直接和美国政府或它的代表——州政府打交道。"拒绝纳税于是成了他几乎唯一的不服从方式,他绝不能让自己所付税款被政府用来雇人或购置军火去进行侵略或追缉逃奴。当然投票也是一种方式,梭罗确实也曾号召人们通过投票来表示抗议,但他对此是有保留的。据爱默生说,梭罗本人从不投票。他自己的解释是:所有的投票不过是某种形式的游戏,因为一个人投票只能表明自己的态度,对投票所产生的违反自己正义感的结果,却无能为力。

梭罗其次要阐明的是法律和道德的关系。法律本不应违背道德,但是如果通过合法的程序产生了不道德的法律,作为公民又该怎么办?美国当时最棘手的问题还不是某项具体的法令,而是默认奴隶制的宪法本身。1787年美国宪法制定之时,南北矛盾已露端倪。在北方,奴隶劳动由于不适合其气候条件,已处于自然淘汰的过程中。加之独立宣言肯定人的生而平等,又进一步促进了北方的废奴倾向。然而在南方各州,奴隶制仍是种植园经济的支柱,包括华盛顿、杰斐逊在内的不少革命领袖也都是拥有奴隶的大庄园主。费城会议的五十五位代表历经四个月的艰辛辩论,终于以五个奴隶按三个自由人纳税的"五分之三妥协"暂时调和了南北矛盾,默认了奴隶的实际存在。不过宪法还是明智地回避论及奴隶制,通篇未有一处使用"奴隶"这个词,代之以中性的"人"(person)。杰斐逊曾一再声称奴隶制是一种迟早要结束的罪恶,他写道:"每当想到上帝的公正,我都要为我的国家而战栗。"半个多世纪过去了,不料奴隶制在南方竟愈演愈烈,奴隶主们不仅利用宪法的含混来为蓄奴辩护,甚至公然把它说成是一种比北方雇工制更为人道的好制度。于是,"恶在宪法"这种尴尬的局面便日趋明显。

在法律和道德发生冲突时,梭罗毫不含糊地站在道德一边。他一针见血地指出:"真正的恶在于宪法本身。这听来也许过于严厉、偏执或不通情理,但唯有这种精神才是我们对待宪法的态度,它含有最大程度的善意和最深刻的思考。"他认为,比尊重宪法更重要的是尊重真理,比宪法更高的原则乃是人的良心。如果人们必须迫使良心服从立法者,那么人们要良心又有何用?可悲的是,许多好心人已经由于尊重法律而成了非正义的帮手。梭罗就此宣称:"我有权承担的唯一义务就是在任何时候做我认为是正确的事。"

韦伯斯特是当时美国政界的泰斗之一,他曾是马萨诸塞州的参议员,北方佬对他寄予厚望。谁知他有负众望,在奴隶制问题上态度暧昧,甚至对《逃奴法》的通过投了关键的一票。他为自己申辩道:"既然这是早先契约的一部分——那就让它存在下去。"梭罗直言不讳地批评他的本质"不是智慧,而是谨慎",指责他"不是领袖,而是随从",因为他只知捍卫宪法,与起草宪法的人保持一致,却不懂得"将一件事从它的纯政治关系中分离出来"。如果韦伯斯特不能公开反对奴隶制,梭罗问道:"还能有什么新的和个人的社会责任的准则可言?"

梭罗并不反对法治和宪法,但他知道宪法和法律毕竟都是有局限的人所制定的,不可能至善至美。宪法是法律的依据,而真理和道德又是宪法的依据,这一根本关系不容颠倒。如果只拘泥于宪法的个别字句而不尊重宪法的根本精神,那就可能将法的权威凌驾于道德的权威之上。梭罗提出以三种角度来看宪法：从放低了的角度看，美国宪法不失为一部很好的宪法，法律和法庭令人尊敬，政府机构令人钦佩。但从稍高的角度看，宪法却包含着不公正和罪孽。如若换成最高的角度，梭罗问道："有谁说得出它们是什么，或它们还真值得一看或一想？"

在一个民主体制中，法的产生必须通过一定的民主程序，符合少数服从多数的原则。与个人独裁或少数专制相比，这的确是民主的进步与可贵之处。但任何体制都并非完美，所谓善恶同源。民主的最大弊病也正在此，因为多数只能说明量的强大，并不一定代表真理。民主制的这一缺陷早就引起有识之士的忧虑，杰斐逊在当时以巨大的勇气推进民主制，因为他坚信，归根结底，人民是自身利益最好的保护人。与寡头政治相比，多数人犯错误的可能性要小些，纠正得会快些。因此他把希望寄托在大众的受教育上，只有国民素质普遍提高，才能保证民主制的可行性和优越性。罗素在近两个世纪后也说过，"找出一群'有智慧'的人来把政府交托给他们，这是个不能解决的问题，这也就是拥护民主制的最终理由。"

梭罗当然不可能选择民主以外的任何制度，但他也并不盲目地崇拜民主。他的理解是："当权力一旦落入人民手中，大部分人被允许长久地治理国家的理由毕竟并不因为他们代表着真理，也不因为这看来对少数人最公正，而是因为他们在力量上最强大。然而，即使是一个在所有情况下都由多数人统治的政府也不可能基于正义，哪怕是人们通常理解的正义。"他理想中的政府"不是靠多数，而是用良知来判断是非，多数人只决定政府该管或不该管的问题"。可惜人们的"良知"往往大相径庭，除了以众敌寡，还能以什么来裁决呢？梭罗对此也提不出更合理的方案来。好在他要回答的只是一个问题：如果多数人通过民主程序进行了不公正的立法，那么作为一个有责任心的公民又该如何？他的回答是："只有服从比我更高法规的人才能强迫我。"他敏锐地悟到："少数服从多数则软弱无力，甚至还算不上少数。但如果全力抵制，便将势不可挡。"抵制的方式就是采取公民的不服从，它在形式上是消极抵抗，在本质上则是积极参与。

在思想和行动的关系中，梭罗主张身体力行，决不允许自己言行脱节。爱默生在悼念他的文章中赞扬他是"真理的发言人和执行者"，认为"无人能比梭罗更称得上真正的美国人"。当时在北方也有人认为，虽然要尽力去反对和修改不公正的立法，但在改正之前，还应该服从，他们恐怕直接抵抗会比它所要纠正的罪恶更为严重。梭罗把这种态度视为姑息养奸，他嘲讽这些人口头上反对非正义战争，实际上却支持发动战争的非正义政府，这本身就是在犯罪。梭罗的矛头更是直指马萨诸塞州政府，因为这个政府一边标榜自由，一边承认奴隶制，尤为言行不一，自欺欺人。他呼吁所有自称废奴主义者的人"必须立即真正地收回无论在个人和财产方面对州政府的支持，不要等到形成多数后再执行正义"。他理直气壮地提议：如果法律要求你对另一人施行不公正，"那么我要说，请犯法吧，用你的生命来进行反摩擦，好让这机器停止运转。"

梭罗用美国人公认的革命权利来为"不服从"辩护，那就是当人民无法容忍一个独裁或无能的政府时，他们有权拒绝对它效忠并抵抗它的权力。在他看来，美国当时所面临的情况与1775年大革命时几乎同样紧迫，区别仅仅在于"被蹂躏的国家不是我们自己的，而侵略军却是我们的"。梭罗把"不服从"称为一场和平革命，他以这种方式静悄悄地向政府宣战。

综上所述，公民的不服从作为一种政治行为，显然必须具备两个要素。首先，这种行为必须公布于众，任何私下的愤懑、牢骚和小动作不在其列。其次，它必须采取非暴力的方式。不服从是一种故意违法，但违法者并非基于一己私利，而是根据自己的道德准则做出判断，确信所违法律为不公正。这种违法的前提是守法，违法者必然极其克制，并具有足够的心理准备，以自我牺牲的精神去接受法律制裁。

公民不服从的本质是以违法为手段，吸引公众关注，以公正和道义唤醒其良心，激励其行动，从而战胜不公正的立法。不难看出，不服从的成功是需要一定社会条件的。就国家而言，这必须是一个基本实行法治的国家，至少法律是经过合法程序产生，并有可能在舆论的压力下进行修改；对不服从者的处置也能依据一定的法律和程序。若对一个言出即法的独裁者采取不服从，则无异于自杀式的无谓牺牲。就民众而言，必须具有一定程度的对正义的共识，否则就不存在诉诸的对象了。如果一个社会缺乏正义感，或公民毫无参与意识，只知屈从而不会独立判断，那么不服从者终将对牛弹琴。假设梭罗在南方蓄奴州中作此演说，他很可能被暴徒私刑处死，甚至连声音都来不及传播出去。尽管他鄙视马萨诸塞州政府，但正是这个政府保护了他不致因言治罪。历史上领导公民不服从最成功的例子是印度的甘地和美国的马丁·路德·金，想来不是偶然。早有人指出，如果甘地面对的是南京大屠杀中的日寇，那么消极抵抗只能是束手待毙。

我们也应看到，在公民的不服从中隐伏着相当的危险，因为它的依据只是个人的判断，而个人判断如同多数判断一样，也未必代表真理。并非每个人的判断都能像梭罗的判断那样，被历史证明是正确的。公民动辄不服从，必然滋长无政府倾向，法律也将丧失威严。（当然，不公正的法律本身并无威严可言）所以作为补救，公民的不服从必须按照一定的规则和平地进行。梭罗拒绝付税是不服从，但他并不拒捕，不服从的力量正在于此。

不服从确是犯法，但又是在更高层次上的守法，是一种极端负责的行为。只有在遵法守法的基础上，才谈得上不服从。对堪称法盲的人来说，当务之急是提高法治观念和公民意识。法治之下，才有公民可言。暴君之下，不是顺民，就是暴民，暴民正是暴君的影子。顺民们惯于逆来顺受，毫无公民训练，一旦忍无可忍，又铤而走险，无法无天，成了乱民。正如百依百顺的父母会把子女宠坏一样，暴君往往是顺民们顶礼膜拜捧出来的，捧的人越多，捧得越卖力，暴君的权力就越大，对捧他的人施暴的能力也就越强。正是顺民自己赋予了暴君压迫他们的能力。既然身为公民却不能负起自己的责任，那么又何必去怪罪暴君呢？这也是梭罗的言下之意。

重读《论公民的不服从》，最受震撼的还是其强烈的公民意识和个人意识。梭罗把灵魂、良心和真理看得至高无上，把做人看得极其严肃，把当公民看得无比认真。请问有几个公民能像他那样，"每年当税收官到来时，我总要审查一下国家和州政府的法令和态度，以及人民的情绪，以便找到一个遵守的前提。"梭罗一生从无政治野心，他的参与意识纯粹出于正义感和责任心。无论是维护印第安人权益，帮助逃奴获得自由，还是几次三番为起事的约翰·布朗辩护，他凭的都是自己的良心。

梭罗的这篇文章也被称为美国超验主义个人主义的经典之作。简言之，这种个人主义强调个人的良心良知、权利责任，以及自强自立。梭罗把从绝对君主制到有限君主制到民主制的进程，看作是逐渐尊重个人的进程。他一再声称："先要做人，才去做臣民。"而做人必须是自由的："我要按自己的方式呼吸空气。"更可贵的是，这种个人主义相信事在人为，相信个人的言行能够产生社会效果，相信如欲改变社会的不公正，个人必须从我做起。"当臣民拒绝效忠，官员辞去职务"，梭罗的和平革命便成功了。梭罗的想法或许高洁得有些天真，但自觉的公民意识和参与精神，这不正是一个国家的希望所在吗？

（1995年）

布克尔·华盛顿的教育自救

布克尔·华盛顿（Booker T.Washington，1856—1915）是美国19世纪下半叶产生的最有影响的黑人领袖。他主张种族和睦，号召黑人通过教育自助自救，提高自身素质，掌握专门技艺，加强经济实力，从而改善整个黑人种族的境遇和地位。

华盛顿于1881年在亚拉巴马州白手起家，创办塔斯克基黑人师范学院，经过几十年的努力，使它从一个教员和三十个学生的规模发展到拥有二百名教员，一千五百名学生，成百幢校舍以及二百万美元基金的享誉全国的学校。他的努力和成就在社会上引起巨大反响，得到黑白两个种族的一致赞扬和支持。华盛顿在为他的事业四处奔走游说的过程中，也成了一位著名的演说家，在许多重要场合发表演说，受到各界的重视。与他有来往的人中包括克利夫兰总统和麦金利总统，以及卡内基、洛克菲勒等实业大亨。在他之前，美国还没有一位黑人获得如此多的荣誉和全国性的声望。在他的自传《从奴隶升起》（又译作《力争上游》，辽宁教育出版社1997年版）中，他回忆了自己从生为奴隶开始的奋斗，全书体现出一种可贵的自强不息精神。

在美国黑人争取平等解放的历程中，始终存在着激进和务实两派。激进派侧重意识形态，坚持抗议传统。从内战前的道格拉斯到20世纪60年代的马尔科姆·艾克斯是这一派的代表，其极端者主张彻底的种族分离，成立独立的黑人政府。务实派则由布克尔·华盛顿开创，其后最杰出的代表应该说是马丁·路德·金。在20世纪60年代的民权运动后期，华盛顿和金都受到激进派的攻击，被贬为和白人妥协的"汤姆叔叔"。然而这种攻击并非公正，他们二人都从未背叛过黑人事业，只是他们在为自己种族奋斗的时候，不是感情用事而是注重实际效果，懂得采取更合法更策略的方式，循序渐进，因而他们唤起的同情更多些，付出的代价更小些，获得的成就也更持久些。

一个人只能在历史允许的条件下做点有益的事，这是显而易见的。务实派这两位代表人物都活跃在种族偏见更深的美国极南部，在该地该时做着力所能及的事。华盛顿生下来便是个奴隶，饱尝种族压迫之苦。他在内战后的重建时代长大，亲身经历了美国黑人历史上最黑暗的时期之一。在奴隶制的时代，黑人作为白人奴隶主的私有财产，至少受到像骡马那样的保护。内战结束后，被解放的黑人也曾在共和党人支持的地方政府中享受过一些政治权利。但没过几年，南方的白人种族主义者便东山再起，决心剥夺黑人的参政权。他们使用包括三K党在内的种种恐怖手段，迫使黑人放弃投票，放弃平等要求。从那以后将近一个世纪中，南方基本上实行黑白分明的种族隔离政策。黑人如若对此挑战，等待他的便是私刑。在20世纪最初的二十年中，南方被私刑处死的人比四十八个州的法庭所判决处死的人加在一起还要多，其中绝大部分受害者是黑人。

在如此黑暗的年代里，华盛顿的所作所为不仅可以理解，而且大概是唯一可行的。他并非没有看到黑人的困境，在这本自传中他指出，种族问题的最终政治解决在于法律必须绝对公正。他也含蓄地提到重建政策的弊病："现在我回顾我们获得自由的全部期间，仍然觉得如果早拟好计划，使黑人受相当的教育，或享有一点财产（或兼而有之），试试我们运用公民权的能力如何，并且想出一个方法，把这种实验诚实而公正地同样应用到白人和黑人身上，结果一定好得多。"但是基于已经形成的现实环境，为了黑人作为一个种族的最高利益，他选择了一条切实可行的道路，那就是淡化政治，强调教育和产业，全力以赴提高黑人的教育水平和经济地位。

华盛顿在这样做的时候，他不仅做了一件可能的事，还做了一件永远不会白做的事，因为他抓住了问题的本质。当法律规定人的平等权利时，那只是在法律面前的平等，"人生而平等"表达的就是这个意思。但谁都知道，人并非生而平等的，人生来便存在着财产、地位、机遇、外表、体魄、智力等各方面的不平等，即使在同一种族内也在所难免。要弥补这类先天的不平等，最好的途径莫过于教育。内战除了结束奴隶制外，给黑人带来的最现实的好处大概就是受教育的权利。无论当时黑人学校如何不及白人学校，但黑人毕竟可以名正言顺地上学了。而只有通过教育，这些被解放的奴隶才能真正提高自己，学会谋生的手段，逐渐达到事实上的平等。华盛顿孜孜不倦地办教育，他向学生反复强调的一点就是："我认为任何人，不论他是什么肤色，只要他把某一件事做好，比别人做得好，终会有人赏识，得到酬报的，成就愈大，收获愈多，不管这件事多么卑微。我说过，我相信我们这个种族将来成功的程度，要看他们能否用不寻常的方法来做寻常的事而定；他们要把一件事做得彻底妥善，别人再没有改善的余地；使别人倚之如左右手。"他坚信事实说服人的力量，"一个黑人建造的一所上等房屋，让人亲眼看到，比成篇累卷地讨论他应该建筑一座房屋，或能够建筑一座房屋要有力得多。"

根据社会的需要和黑人的实际情况，华盛顿在教育中着重工业训练和实际才干，这也是他的精明之处。当时极大部分黑人都是没有文化的雇农佃农，如果上学是为了摆脱劳动，那么这样的教育至多只能提拔极少数。若从整个种族的利益出发，就必须使他们中的大部分学会在社会上自谋生路的手段。换言之，不是让他们去学希腊文，而是去学一门让社会需要他的手艺。在他的塔斯克基学院，每个学生必须学会尊重劳动，亲身实践，做出最好的产品，不仅供应自己，还要供应社会，使社会需要他们，甚至依仗他们，以此提高塔斯克基学院乃至黑人作为一个种族的声誉。

华盛顿还特别注重培养每个学生的卫生习惯和坚毅品质，这都是提高人的素质所必不可少的方面。黑人作为一个群体的提高当然离不开政治斗争和法律平等，但是每个黑人的提高还必须经过他自身素质的提高，这对任何民族的人来说都是一样的，法律上的平等并不能替代每个人自己的人生奋斗。一个人要成为受人尊重的人，首先必须使自己值得别人尊重，使自己成为一个对社会有用的人，并且懂得为别人服务所感到的乐趣。

华盛顿能获得如此成功，除了他走教育自救这条路外，还在于他深谙人的心理，尤其是白人的心理，因而能使那么多人为他慷慨解囊。他很早就知道，"凭骂人而想把一个人改好，是一件非常困难的事，要想做到这一点，最好是称赞他做得对的事，比叫人单单注意他做的所有的恶事要更容易成功些。"他知道如何避开白人种族主义者的锋芒，不在一些当时难以解决的问题上白耗精力，作无谓牺牲。他也知道如何争取更多白人的同情和支持，充分肯定白人为黑人解放事业所做出的努力。对奴隶制和种族偏见，他也尽量将其放到历史的背景中去分析，他说，"在我们美国，没有一个区域的人应该对奴隶制的开端负完全的责任……凡是一种制度，一旦和国家的经济、社会生活发生了联系，要想把它取消，绝不是轻而易举的事情。"从某种意义上讲，这也是事实。在自传中，他列举了许多白人赞助，甚至献身于黑人事业的动人事迹。

在种族问题上，华盛顿主张彼此和睦，不要感情用事，尽量消除偏见，增进理解而不是对抗。从长远看，这也是解决美国种族问题的唯一途径。既然黑白两个种族已经无法再分离，必须在同一片国土上生存繁衍，冲突和分裂是决无前途的。如果双方当初都能像华盛顿那样更多地认识到和睦的必要，更多地相互谅解和帮助，让更多的黑人受到教育，在社会上有更扎实的立足机会，也许美国的种族矛盾就会解决得更好一些，更快一些。华盛顿的事业是不应该被低估的。

（1997年）

黑人赔偿运动的是是非非

"上帝诅咒美国!"

2008年初美国大选即将进入关键时刻,爆出黑人牧师赖特多年来的煽动性言论,举国哗然。赖特语出惊人,声称"9·11"恐怖袭击是美国在遭报应;美国是一个被有钱白人控制的社会,没人在乎贫穷黑人的生活。他还对黑人会众说:"政府给他们毒品,修建更大的监狱,通过'三进宫'法①,还要我们唱'上帝保佑美国'。不、不、不,上帝诅咒美国……"

美国人什么样的反美言论没听说过?为什么赖特的这段讲话和录像会引起如此轩然大波呢?原来,他是人气正旺的候选人奥巴马的牧师!奥巴马在芝加哥的20年里一直是他教会的成员,婚礼由他主持,两个女儿也由他施洗,两人关系算得上亲密。作为黑人候选人,奥巴马在种族问题上的态度令选民格外关注,如果他能长期接受赖特这种富于种族挑衅性的言论,那么他将如何来领导这个种族关系复杂的国家?这可不是玩笑事。

奥巴马别无选择。3月18日,他选择了费城这个宣布独立和制定宪法的城市来发表演说,题目就是宪法的第一句话:"我们,(合众国的)人民,

---

① 《三进宫法》亦称《三振出局法》,由各州政府颁布:凡因暴力或重罪"进宫"两次者,以后每被判一次,无论新罪严重与否,至少判刑20至25年,乃至终身监禁。"三振出局"一词源自棒球术语。

为了组织一个更完善的联邦。"他全面阐明了对美国体制的信心和对种族团结的愿望:"对奴隶制问题的解决已经包含在我们的宪法之中——法律下平等的公民权理念是这部宪法的核心,它向人民许诺自由、公平和一个随着时间推移能够而且应该被不断完善的联邦。"他旗帜鲜明地谴责了"我以前的牧师,可敬的杰里梅尔·赖特煽风点火的言论",认为"他的言论不仅会加深种族分裂,也有损于我们国家的伟大与善良。他的言论不仅冒犯了白人,也得罪了黑人"。赖特此后坚持发表类似言论,奥巴马在对他的行为表示愤怒和悲伤后,于5月退出他主持的教会。

种族问题在美国这个移民国家历来是头等大事,其中最棘手的又莫过于黑人问题。从独立开始,黑人问题就屡屡成为美国政坛的焦点,美国历史上两次最大的分裂和动荡——19世纪内战和20世纪民权运动——都起因于此。奴隶制,这个当年解决劳动力匮乏的权宜之计,不仅如福克纳所说是对南方的诅咒,更是美国永远的痛。杰斐逊起草《独立宣言》时,曾有一段谴责奴隶贸易的文字,但由于南方的反对而被删除了。在制定宪法时,只要一涉及奴隶制,南方——主要是南卡罗来纳和佐治亚——就以分离相威胁,制宪者们不得不妥协。其实双方都不认为奴隶制具有道义上的正当性,与美国的立国理念更是直接冲突,无奈这个制度已经与南方社会凝为一体,要解决谈何容易!曾想通过赔偿奴隶主来解放奴隶,虽然听来不错,但资金何来?黑奴价值不菲,每个约100至200美元,1790年全国人口不足400万,黑奴近70万,赔偿总数将高达1.4亿美元,根本不是尚未建立的国会所能承担的,当时联邦预算还不到700万美元。再说,解放了的黑奴又将安置何处?送往西部还是送回非洲?一想到这些具体问题,制宪者们只能三缄其口。

拖欠的问题自然不会自动解决,南北终于刀刃相见。原以为一场内战终于能解决黑人问题,可是60万人的生命代价只是结束了奴隶制。原以为战后三个重大宪法修正案能为黑人带来平等公民权,可真正实行的却是种族歧视的吉姆·克罗法。原以为20世纪60年代的新民权法能够帮助黑人走出贫困，但问题解决了吗？似乎还是个问号。当然，进步是有目共睹的，黑人的状况已经今非昔比，但他们内心的愤怒抚平了吗？赖特牧师那惊心动魄的语气表明，起码对一部分黑人来说对立依旧，仇恨不减。那么21世纪选出一位黑人总统能最终解决问题吗？

黑人赔偿运动的由来

民权运动荡涤美国后，对奴隶制和种族歧视的谴责深入人心，道义问题得以解决，法律障碍也被逐个冲破。"伟大社会"和"赞助性反歧视法"（Affirmative Action）实施后，大部分黑人抓紧机会改善自己的生存状态，黑人中产阶级开始出现。在基本完成任务后，民权运动有偃旗息鼓之虞，对黑人激进派而言，抗议目标的消失也许更加激怒他们。以什么名义和方式将战斗持续下去呢？在一度彷徨之后，他们转向经济，回过头来算历史的账，要求美国政府为奴隶制和种族歧视对黑人进行赔偿，因为就生活水平和社会地位而言，黑人整体仍然处于美国平均线之下，他们将这归咎于历史。可以说，黑人赔偿运动是黑人激进派的运动，为此目的专设的组织"美国全国黑人要求赔偿同盟"（N'Cobra）在20世纪90年代已定期召开年会。

赔偿依据主要有二：一是奴隶制时代黑人的无偿劳动和奴役，二是内战后黑人被剥夺的财产。1865年奴隶制被废除后，谢尔曼将军曾发布命令，将南卡罗来纳查尔斯顿附近及海岛上的土地分给获得自由的黑人家庭，这就是常念叨的"40亩地一头驴"。然接替林肯的约翰逊总统取消了这一命令，加上吉姆·克罗法等种族歧视的结果，黑人的财产常被剥夺。运动发起人认为，这两项赔偿既有道义和政治上的意义，也有利于纠正当下美国社会的经济不平等。他们还援引1988年里根总统赔偿二战时被关押的日裔美国人每人2万美元为先例，类似的还有美国政府对原住民印第安人的赔偿。

芝加哥社会活动家豪夏·阿马利是运动发起人之一，他在第一次全国赔偿会议上提出，联邦政府应该向能够证明身份的奴隶后代做出赔偿，他们中愿意留在美国的应免费享受教育、医疗、法律和经济援助长达50年，愿意离开美国的则每人至少赔偿一百万美元。他的主张得到上百位与会者的支持，但会议对如何界定赔偿方和受惠方看法不一，赔偿金额也未达成一致，有估计总数为8万亿。据《哈珀杂志》计算，从1619年第一批黑奴登陆北美到1865年奴隶制被废除，奴隶的强迫劳动总时数为222 505 049小时，加上6%利息，赔偿总数应该在100万亿。鉴于美国政府于1789年才成立，只应支付其中的40%，即40万亿。1776年之前的欠账应由当时的欧洲政府赔偿。

另一发起人法学教授罗伊·布鲁克斯提出，赔偿运动还要追究与奴隶贩卖及奴隶制有历史关系的私人企业的责任，它们也应道歉赔偿。从2000年起，赔偿运动在州和私人企业层面取得了一定进展，已有若干成功案例。布鲁克斯告诫美国政府必须认真对待这一运动，因为它"如果不比民权运动更伟大的话，至少也一样伟大。"

又一根导火索？

然而运动发起多年来并未引起美国社会的普遍重视，这又是为什么？也许因为其激进立场令人回想起民权运动后期的"黑豹党"等极端倾向，在人员上两者也确实有些历史联系。大部分美国人认为，既然针对黑人作为一个种族的法律障碍和歧视已被废除，黑人就应该像其他种族的美国人那样，通过个人奋斗来改善自己状况。在此社会大背景下，赔偿运动引起的争议超过同情，其激烈程度透出美国种族矛盾之尖锐。

耶鲁大学法学教授彼得·舒克的研究领域之一就是政府过错导致的赔偿问题，他的言论应该比较有代表性。他首先承认奴隶制是恐怖罪恶和道德错误，造成了无数受害者，而且后患绵延其七代后裔。美国政府是接受纠正性正义的，承认法律有责任强迫施害者赔偿施害所造成的损失，但这是否就说明联邦政府应该对谁做出如此赔偿呢？答案是否定的，不仅因为这个"谁"难以确定，还涉及一系列有关赔偿法的问题。

第一，如何界定受惠者？应包括全体美国黑人还仅仅是奴隶后代？若是全体黑人，那么奴隶制废除后进入美国的黑人移民是否包括在内？又如何在这个种族日益混杂的社会中界定"黑人"？如果是奴隶后代，那么自由黑人的后代是否应该受惠？

第二，受惠者如何证明他们的身份？如何提供有效证明文件？（美国统计局有关种族的统计只是根据公民自报，身份确定上的困难可想而知。）

第三，受惠者如何证明美国奴隶制造成了他们今天的处境？（美国法律要求提供这类伤害证明。）

第四，谁应承担赔偿？全体纳税人呢，还是仅仅奴隶主后代或蓄奴州人的后代？

此类技术性问题不胜枚举。

舒克总结美国多数人的意见说，虽然赞助性反歧视法并不做出赔偿，但它确实是旨在纠正历史错误的措施，它给予黑人更多经济机会，具有赔偿性质，实施三十多年来，对黑人的扶植不容置疑。正因为该法违反了宪法规定的"同等保护"条款，现已变得越来越不受欢迎，甚至成了种族和解的障碍，这是与初衷背道而驰的。更有甚者，有些人为了受惠而争当受害者，此类竞争经常演变为争夺公共资源和地位的丑恶斗争，引起道德滑坡。

舒克接着说，奴隶制虽然是美国历史上最大的不公正，但并不是唯一的。印第安人的遭遇，殖民时期的契约奴，19世纪的中国苦力，难道不比二战中被关押的日裔历经更多磨难，更值得赔偿吗？还有那些被关押的日裔的祖辈——他们不准拥有耕地，不准和白人结婚，也不准从事专业工作。还有当年受歧视的爱尔兰移民，他们生活在和黑奴一样的小屋里，难道仅仅因为他们的白肤色就足够抵消他们所受的苦难？

他的结论是：无论本意有多好，黑人赔偿运动是误导的。它违背了它所赖以存在的纠正性正义，它加剧而非缓和怨恨，只会使种族和解更为困难。我们的责任是面对过去，从中吸取教训，然后翻过这一页向前走。当我们翻过这一页时，我们不应忘记我们身后有无穷的罪恶、眼泪、皮鞭留下的伤疤、偏见和穷苦。我们必须将人类灾难和不公置于身后，但不是置于思想和良心之外。

其他反驳也不少，都是质疑赔偿的合理性、合法性、可行性和有效性。有的说：道德是变化的，公正观念有明显的时代和区域性，所以法不溯及既往。奴隶制已经时隔六七代，早已超过法定时效。有的说：奴隶制存在时南方白人中只有4.8%拥有奴隶，全国白人中更是只有1.4%，凭什么要求全体纳税人来赔偿？有的说：奴隶贩卖必须有非洲人配合，那些协助贩卖其他部落为奴的非洲黑人是否也应做出赔偿？而无数白人废奴主义者和北方联邦军人为废除奴隶制流血牺牲，难道他们的后裔还要为奴隶制做出赔偿吗？

有人指出：对日裔关押者的赔偿只限于1985年仍然在世的直接受害者，而且关押命令是政府下的，所以负有直接法律责任。奴隶制是一个古老的制度，曾在世界各国普遍存在，无人可以对这一制度的产生和存在负责。何况在宪法第十三条修正案之前奴隶制在美国是合法的，所以从严格的法律意义上说就没有违法现象，也就谈不上赔偿。

还有人对赔偿运动的咄咄逼人很是反感，因为运动支持者宣称："如果你反对赔偿，你就是种族主义者、偏执狂，要么更坏！"由此引出一些更情绪化的反驳如：现在美国黑人作为一个群体，生活水平远高于非洲黑人，所以获益的不只是白人。更有人不客气地指责某些人陷于"受害综合症"不能自拔，赔偿要求无非是出于贪欲，而贪欲是无止境的，赔偿之后事情就能了结吗？既然你们如此憎恨美国，何不接受赔偿后赶紧返回非洲？

美国黑人在过去几十年中的飞速进步毋庸置疑，美国不需要修改宪法或任何法律就选出了黑人市长、州长、最高法官、国务卿，乃至总统，这说明不存在针对黑人作为一个种族的法律障碍和歧视。在法律面前获得平等之后，需要的是个人努力。社会正义并不意味着财富均等，贫富差距存在于任何一个社会，任何一个种族，既然那么多黑人融入了大社会，进入了中产阶级，有些黑人的贫困也许另有原因。如果找不到真正的原因，又如何对症下药？

美国人大多不愿意看到赔偿运动像根导火索一样，再次点燃族裔间的激烈分歧和冲突，白宫更不愿看到国家为此再度动荡分裂，至今没有一位总统对运动表示过支持。奥巴马在2008年大选中被问及此事时答复道：作为根除奴隶制的影响，政府应该做的是改善所有美国人的教育、医疗和经济。他说："我过去已经说过——现在再说一遍——我们能提供的最好赔偿就是市中心贫民区的好学校和就业机会。"

春花秋月何时了

历史的账怎么算？旧账怎样才算了结？多亏2008年的美国政府还是1789年成立的那个，因此国会还能为奴隶制道歉。换成历史悠久的中国，前因后果早已缠绕不清，历史的旧账哪里算得清！1789年还是乾隆年间，两百多年来，中国岂止是换了多少届政府，更是经历了三种截然不同的政治体制，哪个中国人还会异想天开去清算清朝政府的一次镇压？一桩冤案？一种奴役性制度？被告方何在？

回眸历史，用"满目疮痍"来形容也许是过了，但绝非一片光明。在摆脱野蛮的进化过程中，人类对于何为人道、何为正义的观念是变得越来越文明了，于是看到过去比比皆是的残忍与不公。历史是人类付出高昂代价换来的经验，遗忘意味着重蹈覆辙的危险，但一味纠缠于过去不放，又会绊住前进的脚步。这看来是个难解之题，其实不然。我们知道无论有多难，航空公司在每次空难后都必须找出事故原因，这不仅是对罹难者的交代，更是为了针对问题进行改进，以免类似事故再次发生。历史也一样，是可以有个了结的，那就是对罪错的彻底反省、忏悔和纠正，一旦做到，就说明是非曲直已经厘清，正义已经伸张，教训已经吸取，就可以翻过这一页往前走。德国政府和人民做到了，现在就没人再和德国去算二战那笔旧账了。如果一个人一个政府不能直面自己的错误，或躲闪回避，或文过饰非，作永远正确状，甚至想通过强制手段将历史从所有人的记忆中抹去，那和坚持错误又有什么两样？能不引起人们的担忧和警惕吗？

德国的态度令人想起基督教为何如此强调公义，上帝的公义要求赏善罚恶，罪人必须首先悔改，付出受苦的代价，才能求得上帝的赦免。林肯就是以此来解释内战付出的惨烈代价的，他的第二次就职演说极为简短，却用了小一半在谈论上帝的公义。他说，南北双方都读同一本《圣经》，向同一个上帝祈祷，乞求神佑以打败对方，但上帝自有他的旨意。他引了《马太福音》："这世界有祸了！因为将人绊倒；绊倒人的事是免不了的，但那绊倒人的有祸了。"奴隶制就是"绊倒人的事"，虽免不了，但现在是除掉它的时候了，这"祸"便降临到南北双方。他接着说："如果上帝有意让它继续下去，直到奴隶们二百五十年来的无偿苦役所聚积的财富全部毁灭，直到皮鞭下淌出的每一滴血都已用剑下流出的每一滴血偿清——就像三千年前人们所说的那样，那么我们还得说，'耶和华的典章真实，全然公义。'"但林肯不会想到，连续四年的血肉横飞还是不够补偿，又是一百五十年过去了，现在轮到一个黑人总统来继续努力了。

奥巴马批评了赖特以简单化的、颇具成见的方式放大美国的负面，结果造成对现实的扭曲。他说："赖特牧师布道的内在错误不在于他谈论我们社会中的种族主义，而在于他假设我们的社会停滞不前，好像从未有过进步，好像这个国家，这个让他自己种族中的一个成员可以去竞选国家的最高职位，并建立起白人和黑人、拉丁裔和亚裔、富人和穷人、年轻和年长者大联盟的国家，仍受其悲惨过去的束缚而不可改变。但我们知道并看到的是，美国可以变革。这便是这个民族真正的精神所在。我们已经取得的成果让我们满怀希望，为我们未来能够且必须达到的成就而无畏地去希望。"

奥巴马也看到了在一些白人社区同样存在类似的愤怒。他说，许多白人工薪阶层和中产阶级并不认为他们因其人种而受到特别优惠，他们在移民的经历中，并不曾有人赋予他们什么，而是白手起家创造了一切，所以当发现黑人受到优惠待遇后，他们的厌恶开始膨胀。

奥巴马号召美国人团结起来向前看："若要继续完善我们的联邦，除了团结起来我们别无选择。对非裔美国人社区来说，这意味着欣然接受我们以往的重担而不至于成为以往的牺牲品。它意味着在美国生活的方方面面继续坚持完全意义上的公正。但它也意味着把我们的不满——对更好医疗保障、更好学校和更好工作的要求——与美国人更大的抱负结合起来。这些美国人包括那个艰难追求职位升迁的白人妇女、那个失了业的白种男人、那个努力养家糊口的移民。它同时意味着我们要对自己的生活承担起完全的职责：向我们的父亲提出更多的要求，空出更多时间给孩子，给他们讲故事，当他们在生活中面临挑战和歧视时教会他们决不能变得绝望或愤世嫉俗，让他们总是坚信能够掌控自己的命运。"奥巴马这个关于种族和解的演说在美国获得了普遍好评。

自古以来，人类没有停止过党同伐异，部落、种族、阶级、族裔、文明都曾是划分敌我的标准，现在是否到了改变观念走向和谐的时候了？在全球化的今天，是否该意识到还有气候、能源、环境这样地球人谁也躲不掉的问题？是否该意识到相互间除了利益冲突还有彼此依赖？我们毕竟是生活在同一星球又拥有相同基因的"人类"。

（2010年）

作为美国民族精神的实用主义

实用主义是美国本土产生的最有影响的哲学思潮,至今仍很活跃。但实用主义从诞生到现在,始终受到来自各方的不同误解,阻碍了其合理部分的被吸取和采纳,因此将其要点作一简单梳理,甚为必要。

实用主义产生的背景

实用主义产生于19世纪末的美国,和任何一种能造成巨大社会影响的哲学思潮一样,它的产生和被接纳必须具备成熟的社会和思想条件。

首先,正如詹姆士所指出的,实用主义的产生"是和过去五十年来人们对科学真理所抱的旧观念的破产分不开的"。[①] 自然科学在19世纪下半叶的飞速发展,尤其是达尔文进化论的出现,使人耳目一新,极大地动摇了传统思想及传统思维方式的根基。科学的发展不仅结束了人类历史上的宗教时期,而且使人告别了单一固定的思维。现在人们明白了,世界上并不存在绝对的永恒的真理,即使科学理论也并非绝对正确,也可能被证明是错的,是可以不断修正改进的,这就引起了认识论上的飞跃,为重新定义真理奠定了思想基础。

[①] 威廉·詹姆士:《人本主义和真理》,《实用主义》,北京:商务印书馆,1995年,第191页。

自然科学的发展也对传统哲学提出了挑战。当时的哲学界中，无论何种派别，都是从概念到概念在进行研究。哲学家们热衷于抽象地争辩唯物主义与唯心主义、经验主义与理性主义，热衷于建立自己的体系，再将现实来适应其体系。哲学越来越脱离人类的实际生活，脱离普通民众。同时，与自然科学相比，传统的哲学研究方法也显得落后陈旧。对此，一些哲学家感到十分不满，他们迫切需要纠正哲学的研究内容和研究方向，使哲学能够重新和人生结合起来，为人类服务。

实用主义作为一种注重行动和效用的哲学，虽然其中有些思想来源于欧洲的先哲们，但它终于在美国形成独立的哲学体系和强劲的社会思潮，这决非偶然。美国几百年从无到有的开拓进取的历史、美国人讲究实际的作风以及反传统反权威的精神是实用主义得以产生发展的土壤。当时机成熟时，这种哲学首先在当时美国文化的中心——哈佛大学所在地的坎布里奇萌生出来，19世纪70年代实用主义的创始者们在这里发起成立了一个十几人的小型哲学探讨会，自称为"形而上学俱乐部"。

实用主义的产生与发展

实用主义从皮尔斯和詹姆士等人创建"形而上学俱乐部"开始，一直延续到20世纪五六十年代，随着杜威和刘易斯的相继逝世而告一段落。这阶段称为古典实用主义，这是实用主义从奠基到形成声势，并作为主流发挥影响的阶段，也被认为是实用主义的黄金时代，甚至是美国哲学的黄金时代。此后欧洲大陆的弗洛伊德心理学、逻辑实证主义、现象学、存在主义、分析哲学等新思潮纷至沓来，逐渐取代了实用主义运动的主流地位。同时，实用主义也开始了一个与这些新思潮相结合的阶段，直到产生了当代以蒯因为首的新实用主义。但也有学者认为此类移花接木的主义已经采取了不同的哲学立场，谈实用主义还是应该谈古典实用主义。近来，古典实用主义在美国颇有复兴之势，政府专门投资出版了更为完整的皮尔斯、詹姆士和杜威的文集，对他们的研究也方兴未艾。实用主义的意义和价值得到了再发现，事实证明它仍然是一种充满活力的哲学，并将在未来继续发挥作用。

查尔斯·桑·皮尔斯是"形而上学俱乐部"的发起者，也被公认为实用主义的创始人，他生于马萨诸塞州的坎布里奇，就读于哈佛大学，后来也曾在哈佛讲过学，但从未受到正式聘请。他一生贫寒，很早退休在家，终生从事哲学研究和写作，却未曾出版过专著。皮尔斯的父亲是哈佛大学著名的数学和天文学教授，从小给予皮尔斯严格的逻辑和哲学训练，培养了他独立创新的思想方式。

1871年，皮尔斯将俱乐部的讨论结果以文章的形式加以总结，并将他们的思想归结为"实用主义"。六年后，他在此基础上写成两篇文章，发表在《通俗科学月刊》上，于是，《信仰的确定》和《如何使我们的观念清楚》两文便成了实用主义的奠基。

皮尔斯将人的思维与其行为相联系，提出思维的全部功能在于确立信念，而信念就是决定如何行动的习惯。人的一切愿望和行动都受信念支配，人之所以要有信念，是为了平息怀疑，克服焦虑，然后决定行动。人的思维活动由怀疑焦虑所激发，以确定信念为目的，怀疑—探究—信念就是思维的三部曲。

皮尔斯将确定信仰（也许译成"信念"更合适，但此处随众）的方法归为四种。第一种是固执的方法：任意选择个人愿意采取的信仰，不顾事实的变化，也拒绝任何别的信仰，只是坚持自己一贯的看法，以保持平静和确定。第二种是权威的方法：由外界的力量如教会、国家等将一种信仰强加于个人，并用权力禁止任何其他信仰，以达到社会的思想一致。第三种是先验的方法：由人们在不同的信仰中进行比较选择，最后理性地根据个人的爱好来确定自己的信仰。皮尔斯在指出了这三种方法的缺陷后，提出了他的第四种方法，亦即科学的方法，就是运用科学实验及逻辑推理来确定信仰。或者说，凭借外界的永久性，凭借人们的思维对它没有影响的东西来确定信仰，并通过该信仰所引起的行动和产生的效果来对它加以评判抉择。由此，皮尔斯将科学引进了人文的范畴，使信仰的确定不是取决于人性的因素，而是建立在客观外在并可验证的基础之上。

皮尔斯认为，观念的意义完全在于它在人生行为上所产生的效果，这就是有名的皮尔斯原理，也是实用主义的基本原理。信念无所谓真假，只存在有用无用，观念的意义在于使人的行为更好地适应环境，以达到人生的目的，而不是仅仅去认识世界。哲学的重点应该放在如何获得知识、发现真理、确定信念和达到人生目的上。真理乃使人深信不疑的观念，真理不同于谬误之处就在于它能将人带到目的地。

虽然皮尔斯最先提出了实用主义的基本原理，但真正将它系统化并推广到社会的是威廉·詹姆士。詹姆士不仅是实用主义的真正奠基人，也被认为是美国哲学的创始人。他生于纽约，父亲是自由派神学家，弟弟亨利是美国著名的心理小说家。詹姆士年轻时经常往返于欧美之间，1869年获哈佛大学医学博士学位，以后依次在哈佛担任生理学、心理学和哲学教授。

詹姆士早在"形而上学俱乐部"里就形成了实用主义的思想。1898年，他在加州大学做了《哲学概念和实际效果》的著名演讲，对皮尔斯在二十年前发表的实用主义理论加以阐明和发挥，使之广为流传，并从此开始有系统地建构美国的实用主义哲学。詹姆士一生著作等身，对美国思想学术界影响深远，是美国哲学和社会理论精神的卓越代表。他创立了机能心理学以取代结构心理学，他提出的意识流概念引起了文学创作的新潮流，他将宗教与人的心理相结合并精细考察，而他的《实用主义》一书则是实用主义的经典著作。

詹姆士从心理学的角度出发，认为实在的基础是主观的，经验既包含主体，也包含客体，既有意识，也有物质。感觉具有原始的混沌，其自然状态并非割裂的，而是如流水般绵延流动，他称之为"意识流"。意识的功用是使人适应环境，求得生存。人有选择地从意识流中挑选一部分，用来引导行动，应付变化的外在世界。

詹姆士的真理观与皮尔斯的看法一脉相承。首先，他提出实用主义是一种方法，是确定真理的方法。任何真理都不过是人为了方便而做出的假设，并无神圣的必然性。因此，确定真理不是看最先的原则，而是看最后的效果，这就是真理的兑现价值。其次，真理是行动的工具，人掌握真理本身不是目的，而是因为真理是有用有益的，它能引导人达到目的，得到满足。从这个意义上讲，真的也就是有用的，有用的也就是真的。最后，真理并非一成不变的，人类的经验常常会越出以往的真理，因此真理是在经验中形成，是证实和生效的过程。

詹姆士试图将实用主义和宗教相调和。对上帝是否存在的问题，他的回答是"根据实用主义的原则，只要关于上帝的假设在最广泛的意义上能令人满意地起作用，那这假设就是真的。"[1]但实际上，上帝的存在并不是他关注的问题，"不管有没有设计者，世界究竟是怎么一回事，才是真正的问题"。[2]所以，詹姆士承认宗教的意义和价值是从宗教对人的心理效用而言的，因为宗教已经成为那么多人的心灵安慰、精神上的休假日。他不去否认创世主，但并不指望创世主的拯救，他强调世界的可塑性和得救的可能性，认为创世者给了每个人机会，得救要靠每个人的积极行动和努力。

约翰·杜威由于广泛的讲演和积极参与社会改革，成为实用主义大师中名气最大的一位。他生于佛蒙特州一个中产阶级家庭，在佛蒙特大学毕业后，进入霍普金斯大学攻读博士学位，受黑格尔哲学的影响颇深。后来杜威在芝加哥大学执教，思想逐渐转向实用主义。1903年芝加哥大学成立

---

[1] 威廉·詹姆士：《人本主义和真理》，《实用主义》，第152页。
[2] 同上书，第61页。

十周年时，他和乔治·赫·米德等人在《逻辑理论研究》论文集中发表了自己的实用主义观点，从而宣告了实用主义芝加哥学派的诞生。

杜威将他的实用主义称为工具主义，将思想看作是人应付环境的工具，而真理作为思想观念的一种，不过是有效用的假设，是取得成效的工具。真理起工具作用的过程也就是探索实验的过程，真的就是被证实了的，因此杜威非常重视社会实验，主张用科学实验的方法去研究人类的社会生活。

杜威把实用主义引入政治和社会学领域，对民主做出了新的解释，他认为只有民主的协商探讨的方法才是与科学实验相一致的方法。他还提出，民主不仅是一种政治制度，也是一种生活方式，而且只有在民主成为生活方式的地方，民主作为政治制度才能有可靠的保障。社会民主的基础是个人的自由与平等。民主不是一劳永逸的，必须由社会的全体成员不断地去争取和维持。杜威反对暴力革命，认为用暴力去改革社会只会引起以暴抗暴的破坏性后果。他主张改善主义，让人性的进化和社会的进化同步进行。个人的行动和道德进步是社会改革的必要条件，而教育则是提高个人素质最重要的手段。为此，杜威重视教育，创办实验学校，改革只重书本知识的教育方法，主张在行动中学习成长。

在杜威之后，美国的实用主义哲学一直没有间断过。米德的社会行为主义将人的心灵看作是人的社会行为的产物，是在用意义符号进行社会交往中产生的。悉尼·胡克是分析马克思主义的学者，提出历史非决定论，强调人的行动改变历史的可能性。但他提醒民主社会一定要提防英雄人物，因为他们最有可能篡改民主。再往后，也许由于实用主义在美国已被社会普遍接受，作为一个哲学运动，它逐渐趋于平息，哲学家们的社会影响减少了。不论是刘易斯的概念论，布里奇曼的操作主义，莫里斯的科学的经验主义，还是蒯因的逻辑实用主义或罗蒂的认识论行为主义，似乎又都回到哲学家的书斋里去了。

实用主义的基本原则

实用主义是美国哲学史上最重要,也是最有影响的一个思潮。尽管皮尔斯、詹姆士、杜威及以后的实用主义代表人物在阐述自己的观点时都各有侧重,但他们的思想有着无可争辩的共同动机和框架。实用主义是一个统一的世界观和哲学运动,詹姆士说过,实用主义"首先是一种方法,其次是关于真理是什么的发生论"。[①] 它的基本观点和精神可大致归为四点。

一、以人为本的经验主义

大多经院派哲学家认为实用主义过于世俗化,缺乏思辨性,称不上哲学,但这正是实用主义对哲学具有全新看法的结果。哲学界一向在唯心主义还是唯物主义、理性主义还是经验主义这样的概念和问题上争论不休。实用主义称这类形而上学的争辩为毫无意义的咬文嚼字、哲学的垃圾和懒汉的快乐。在他们看来,这些二元之争已经使哲学远离了人的问题,失去了一般民众的信任。詹姆士说:"对于看不出有未来的明确后果可以遵循的哲学辩论,多数人本能地掉头而去,而实证主义者和科学家则深思熟虑地掉头而去。"[②]

实用主义者认为传统哲学割裂主体客体、精神物质,把原本不该分的东西分开,然后又来侈谈弥合,纯属荒谬。实用主义要超越传统哲学的整个框架,从根本上取消这类无谓之争,拒绝非此即彼的选择,拒绝采纳其中任何一种,完全另辟蹊径,从全新的角度来开创哲学。那就是将哲学与人类行为和生活经验直接相联,把哲学从哲学家的问题变为探索解决人的问题。实用主义关注的是人作为生物体的活动,并且将研究自然科学的实

---

① 威廉·詹姆士:《人本主义和真理》,《实用主义》,第36–37页。
② 同上书,第53–54页。

验方法应用到社会科学，依照科学模式来构造哲学，以便指导社会实践。他们重新确定哲学的目的是为人，以人为本，只有人才是哲学的中心。哲学也不仅仅是如何认识世界的问题，而是要对人有实用价值，给人以智慧，帮助人学会如何应付环境、改造环境，取得成功。詹姆士说，哲学的重心必须改变它的位置，恢复人间事务的权利。真理的证实过程就是满足人的需要，实现人的目的的过程。

实用主义者们主要是通过对实在、思维、经验等概念进行重新解释来取消二元之争的。皮尔斯首先把思维同人的活动相联系，他对"实在"这一概念进行重新解释，将它同时包括具体事物和一般共相、物质和意识、感觉经验和理性思维。他指出，所谓实在，就在于具有实在性的事物所产生的特殊的可感觉的效果。詹姆士在谈到哲学上的两难时，首先强调争论双方观点所产生的实际差别。他提出需要一条调和的中间路线，那就是实用主义。他说，实用主义在注重特殊事实上是和唯名主义一致的；在重实践上是和功利主义一致的；在鄙弃无用的抽象争论上是和实证主义一致的。和皮尔斯一样，他认为实体是我们感觉到的一组属性，不是独立的，是被人创造出来的。经验是唯一的存在，它极其丰富、复杂，具有连续性，是相互作用和交融的整体，既包含过去，又决定将来，任何对它的区分都只能是功能性的。詹姆士的"彻底的经验主义"指的就是要还原被割裂分离了的经验，使经验重新获得它丰富的实在性内容。

杜威认为，17世纪以来的哲学家们将经验等同于主观意识是错误的。经验不等于纯知识，经验就是做事，是人与环境的相互作用，经验本身就包含着协调、综合、推理等理性思考。在行动中，人将感性与理性统一起来了。实用主义取消唯心唯物之争的观点被认为是哲学史上的一次革命，哲学的问题现在是人的问题了，人不仅是认识的主体，更是活生生的行动主体。人是中心，价值的最终判断在于是否有利于人，是否让人满意。

二、思想是人应付环境的工具

实用主义者把人看作行为的有机体，人的思想起源于动物对环境的反应，因此思想不过是人应付环境的工具，用以摆脱困惑，建立信念和行动习惯。皮尔斯认为思想的唯一意义就在于它所引起的行动和产生的效果。意义结构就是习惯，或者说，是人们对环境做出反应的定势或倾向。詹姆士认为，意识是神经系统应付环境的工具，人的内部器官顺应外部世界，以保证生存的成功。人的心理和生理是一致的，观念带来的好处是人们去寻求它们的唯一理由。理论是可以依赖的工具，而不是谜语的答案。一切理论都是工具性的，是适应实在的精神方式。

杜威进一步发挥了思想作为工具的意义和过程，他认为思想和一切工具一样，价值不在其本身，而在于它们所能产生的结果中表现出来的功效，在于使人更好地对环境做出反应。思想起源于疑难，最终也是为了解决疑难，其间的过程便是杜威著名的"思想五步说"，简单地讲就是：1）疑难困境的出现；2）确定疑难所在；3）假设解决疑难的种种方法；4）分析比较这些方法可能产生的结果，选定假设；5）证实假设，若不适用便为谬误，若适用便为真理，疑难得到解决。

"实用主义"这个词来自希腊文"行动"一词，意即通过实践的效果来解释观念的方法，思想是人应付环境的工具，思想由它在实际行动或操作中产生的后果来确定其真伪。所以詹姆士一再强调，不是看最先的原则，而是看最后的效果。

三、真理是有效用的假设

实用主义将真理视为思想的一种，所以真理也是工具，但必须是有效用的工具。皮尔斯认为，真就是信，就是使人摆脱怀疑的状态。一个概念的重要意义在于:它的"真"能够对某人产生具体的差别。人生来就继承了一大堆不可摆脱的知识,经过多次检验,人们从实践中判断思想观念的真伪。真理与谬误的不同在于:按照真理行动,人能达到目的地而不迷路。詹姆士说,一个概念"只要能证明对人生有任何效果,它就有一定意义;只要这意义是适用的,它就有一定真理"。他最有名的说法是:"'它是有用的,因为它是真的。'或者说:'它是真的,因为它是有用的。'这两句话的意思是一样的。"① 杜威也说过,真理即效用。他还指出,这里的"效用"指的不仅是对个人的效用,更是社会公众改造经验的效用。

实用主义者们将效果看得重于理论。他们认为所有的科学理论都不过是人的工具,用来调整人与环境的关系。真理也只是方便简单的工具,它是社会实践中人们所共同赞成和信任的观念,它是靠了依据它行动所产生的效果而成为真理的。与其他由人所发现的理论一样,真理不过是一种假设,它是否符合事实必须通过行动的效果来检验。

詹姆士认为真理不是实在的摹本,不是静态的认识,而是实证生效的过程。任何理论都不是绝对的,但在其经验范围内却是真的和有用的,能总结旧事实,引导到新事实。每个人都有一套旧看法,碰到新经验后,旧看法就遭到挑战。但人总是倾向于保留旧看法,所以在不得已修正旧看法的过程中总是小心翼翼的。最后,他所形成的新看法必须能协调新经验和旧观念,将旧看法与新事实结合起来,并使旧看法受到最小限度的干扰,使新观念受到最小限度的抵触,使经验的各部分处于最满意的关系之中,而这新观念也就是新真理。真理经常会被层出不穷的新经验所超越,当经验越出真理,不再适用的真理就只能被抛弃,因此真理不可能是绝对正确、绝对普遍和永远正确的。詹姆士说,"我对于'绝对'是敬意太少了。"② 真理是工具,用来指导行动,它永远只是假设,是要变的。

---

① 威廉·詹姆士:《人本主义和真理》,《实用主义》,第104页。
② 同上书,第152页。

实用主义者虽然反对绝对主义，但并不就持相对主义。他们主张的是多元，承认和容忍差异的合法性，但要能辨别好坏。他们既反对道德绝对主义的那种独断专横的压制，也反对道德相对主义的那种不负责任的宽容。他们要从僵死的教条和抽象的原则中解放出来，提倡理性思考和思想开放。

四、社会渐进的改善主义

实用主义者从理论所导致的实际效果出发，认为真理是多元的。皮尔斯提出"可错论"，认为任何真理都需要改进，如果信念与经验发生冲突，必须抛弃信念。詹姆士认为没有一种理论绝对是实在的副本，宇宙尚在处处成长，何况真理。真理与真理之间也往往是相互冲突、彼此推翻的，每个真理都要受到其他真理的攻击和考验。

既然实用主义者认定真理不是一成不变的，知识是不断自我纠正，这就决定了他们反对任何自称的唯一真理。既然思维是怀疑—探究—信念的过程，这就决定了他们主张对任何事物进行自由研究、自由探讨。实用主义者们反权威反教条，也反对保守停滞，提倡超越传统，发挥个体的创造性，积极进取。

詹姆士说，实用主义者不会为崇高的原理过分狂热激动的，而是用冷静的头脑投入到经验之流中去。他们面对事物的具体性，面对将来。对于社会的改变和人类的得救，他们采取的态度是改善主义，介于不可能得救的悲观主义和必定得救的乐观主义之间，亦即"可能得救"，但将可能性变成现实性，还要看每个人如何以行动去争取。世界是可以改善的，但未必是整体同时改善，更可能是逐步改善。在信奉社会进化这点上，实用主义肯定受到达尔文进化论的深刻影响。詹姆士说："达尔文打开了我们的眼界,使我们知道偶然变化的力量。"① 社会正是在点滴的变化中进步的。

杜威在将实用主义应用到社会变革方面做得最多。他说,人性可变,社会也可变。人性决定社会的产生和变化,人性中并非只有人固有的需要,或曰先天的冲动,也有后天的习惯。个人是人的个性与共性的总和,民主的社会既要保护个性,又要使人与人之间的共性与个性相协调。冲动是人的存在的表征,也是人类创造性活动的中心,它能使社会免于僵化。人性的生成实际上是人的本能社会化的过程。人性与社会一直在相互作用,不断变化。杜威坚决反对暴力的变革方法,因为暴力不能说明正确,反而只会限制理智的运用。他明确提出改善主义的论点,主张促使社会逐渐进化,他认为这是最少浪费最少破坏的社会改革方法。他还说明,改善主义的方法也就是民主的方法、合作实验的科学方法。在民主宽容多元的气氛中,人们彼此讨论,交换意见,民主决策,发现一个问题,解决一个问题,使社会逐步得到改善。实用主义者反对社会决定论,认为事物的发展具有多种可能性,并非命定。至于何种可能性将转化为现实,则取决于人的积极行动。

实用主义在美国的社会实践

实用主义在美国不仅是一种哲学,也是广泛的社会实践,这不仅由实用主义强调实践的本质所决定,也是由美国社会的特点所决定的。实用主义在美国的产生,其本身就如詹姆士关于新真理形成的说法,是对美国人求实进取精神的继承和总结。实用主义协调了这一民族性格与美国社会发展的关系,终于发展为一种民族的精神,一种平民的哲学,表现在政治、经济、法律、教育等诸多领域。

---

① 威廉·詹姆士:《人本主义和真理》,《实用主义》,第59页。

一般说来，美国人是重经验重实际的，他们关注社会现状和具体现实远胜于抽象的理论。他们不重思辨而重常识，不纠缠于概念定义的争论之中，对任何理论不是采取教条的态度，而是重其实际功效。在美国的政治竞选中，争论的大都是非常具体的问题，极少抽象的意识形态之辩。美国的历史是出现问题、解决问题的历史，能解决问题的方法不论是谁提出，都有被采用的可能。美国的司法遵循习惯法的判例法原则，重在先例。美国法学思想的代表霍姆斯说过："法律的生命不在逻辑，而在经验。"[1]

美国社会是多元的。这个移民国家本来就是多民族多宗教的，幅员辽阔，气候地貌都呈现多样化，再加上联邦制的实行，各州有自行其是的权利，多样性是合理合法地存在。美国成为一个民族是建立在多元的基础上的，必须容忍和适应不同的生活和思想方式。美国人在这多元的世界里形成了对真理多元的看法，他们不承认唯一真理，很少意识形态的忠诚，只以宪法为准。而宪法不仅不规定法定思想，还禁止统一思想，禁止规定国教，承认不同的利益和思想，保障公民的思想言论出版等表达自由。

美国人是反权威的，他们既不承认思想的绝对权威，也不拜倒在领袖的权威之下。从殖民时期起，清教徒就严肃对权力的监督。民众对领袖有自由评判的权利，就是华盛顿、杰斐逊、林肯、罗斯福等享有崇高威望的总统也不例外。他们认为即使民选的领袖也完全可能成为独裁者，必须加以防范。

美国人具有反传统的传统。他们认为真理不是绝对的，不是机械的条款，也不是一成不变的，必须得到个人和社会实践的不断证实。他们持发展进化的观点，反对僵化，鼓励探索。有时他们追求新奇到了标新立异的地步，有时他们明明在传统里，也自认为在反传统。

美国人注重实干，不尚空谈。早年的拓荒精神一直延续下来，生活就

---

[1] Max Lerner, *America As A Civilization*, New York, Simon &Schuster, 1957, p.427.

是求生存求发展，适应和改造环境，使之更适合人类生活。美国人相信有所作为的观点，富于实验精神。立国制宪时，他们便将专利权写进了宪法，鼓励发明创造。今日人类文明中所普遍享受的东西，很大一部分由美国人所发明。他们的教育反对死记硬背，重实践和创新精神，受教育者具有更多使教育适合自己要求的灵活性。

美国人习惯于合法改革而不喜欢暴力革命。在美国几百年的政治中，每出现分歧，都会展开激烈的全民讨论，试图用协商的办法加以解决。除了在奴隶制问题上妥协失败外，一般都能使矛盾由尖锐趋向缓和。政权在不同的党派间移交时，也都能在法律的范围内进行，各自尊重选举结果而不必动用军队，诉诸武力。每当社会发生问题时，总会掀起改革之风，民间广泛参与，上下合作，合法地改变社会。也许正因为美国存在着和平改革的可能性，所以避免了不必要的社会动荡和暴力流血。美国工会也不同于欧洲工会，走的是改良主义的道路，他们回避社会主义主张，不另组工党，不企图推翻现存秩序，而是在现有的两党制基础上，利用选举等合法手段进行操作。他们追求的是现时现地的福利目标，遵循的是实用主义的改善路线。

（1999年）

肆

自由的阶梯│美国文明札记

一个大众社会的诞生
——读布尔斯廷的《美国人》

丹尼尔·布尔斯廷的三卷本《美国人》洋洋138万言，将美国这一年轻民族的成长历程和性格特征描述得栩栩如生，翔实而富哲理，在卷帙浩繁的美国史书中，显然达到了一种新的境界，难怪每出一卷便有喝彩。其中《开拓历程》（1958）获班克罗夫特奖，《建国历程》（1965）获弗朗西斯·柏克曼奖，《民主历程》（1973）获普利策奖。作为美国人，布尔斯廷身在此山却不迷于此山，在叙述中始终突出了美国文明的与众不同之处。从书名就可看出，他的文章做在一个"人"字上。这个"人"不是伟人的人，而是大众的人。

关于人民创造了历史的种种说法，我们能背出许多。但是翻开一本本史书，我们却很少看到人民。在人类历史舞台上驰骋留名的大多是手握权柄的帝王将相，人民往往只是一带而过的背景，诸如，"某大战，死伤无数""某饥荒，饿殍遍野"，这里指的就是人民。确实，个别人物曾经颇有驾驭历史之势，但是历史毕竟不是个别人创造的，最明显的证据就是历史从来没有按照任何人预定的目标去发展。在强人背后，似乎总有一股沉默然而巨大的力量在起作用，那就是由民众造就的时势。

布尔斯廷强调的正是普通美国人在造就美国社会中所起的作用。为什么美国大众能对历史产生更大的作用呢？这里观念和客观条件相辅相成。在美国，人民先于政府，不仅是价值上的优先，也是时间上的领先。在开拓时期，英国的统治鞭长莫及，殖民地人民在一个半世纪中已完全习惯于自治，乃至英国企图加紧控制时，只落得赔了夫人又折兵。在建国时期，人民组建政府的过程在幅员辽阔的西部大地上不断地重复着。历史悠久的民族大多早就形成中央集权，大众在少数人控制的政府下悄然隐去。但是在美国，这个过程还刚完成，普通人对此记忆犹新，他们对创建政府十分在行，很清楚政府只是自己的服务机构。对于美国人，政府不具有任何神秘莫测、凛然不可侵犯的本质。政府靠纳税人维持，公仆必须讨好选民。到了民主时期，随着市场和科技的发展，美国越来越趋向大众化。金钱虽然经常受到诅咒，但与血统相比，它毕竟是个极大的平均因素，先进的科技产品伴随金钱的流通进入一户户寻常百姓家。

因此，毫不奇怪，在《美国人》一书中，历史的线索不是显赫的政治人物。相对旧世界而言，美国的达官贵人本来就数量有限，权势更有限，从未存在过"千古一帝"这样的绝对权威。华盛顿尽管威望远在众人之上，但活着的时候便不断受到公开的嘲笑、怀疑和攻击。直到他逝世后，由于这个年轻的民族实在太需要自己的英雄和圣人了，才将他逐渐神化，编出许多似是而非的动人故事，使他头顶光环。华盛顿尚且如此，其他官员的权威也就可想而知了。

在美国，伟人是发明家，真正有权势的是企业家。从修建铁路网开始，美国进入了工业高速发展的阶段。在南北战争后的四十年中，美国一跃而成世界第一经济强国。在专利法的保障下，在经济利益的驱动下，在劳力短缺的刺激下，美国的发明层出不穷，每一发明带来新的需要，每一需要又带来新的发明。从标准化、流水线到科学管理，生产方式起了根本变化。从公司、托拉斯到控股公司，产权发生深刻变化。从电灯电话电影电视到汽船轮船汽车飞机，从冰箱暖气空调到自来水摩天大楼，生活方式也完全改观了。可以说，所谓的现代生活就是由这些东西构成的，它们彻底改变了人类的生存环境，改变了人类的观念。科技如何发挥第一生产力的作用，生产力又如何改变生产关系和阶级关系，如何推动历史的前进，关于这一切，《美国人》都提供了生动的实例。诚然，这些发明并非都源自美国，但是美国人善于将欧洲的基础理论性发明化作实用产品，并迅速推向市场，让大众共享。1851年，"菲尔莫尔总统由于在白宫安装了第一个永久性的洗澡间和抽水马桶而名噪一时"，随即有人批评他做了一件"既不卫生又不民主的事"。美国人追求新奇，但少数人享受特权不符合他们的观念。

美国人从地球的各个角落赶来，匆匆忙忙，熙熙攘攘，带着几分稚嫩，几分狂妄。他们中大部分身无分文而来，却怀着最美好的愿望和最大胆的创业精神。他们没有历史的重负，没有等级的束缚，没有不能怀疑的对象，甚至没有思想的权威。对他们来说，常识就足够了。他们的领袖未必是出类拔萃之辈，但大众却普遍受到教育。谁不同意资助教育，"谁就会在政治上完蛋"。美国的大亨们喋喋不休地夸耀着自己如何自学成才和白手起家。

美国人一直为自己的成就和强大自豪，他们相信只要努力，没有不可克服的障碍。美国有句谚语："你不能用猪耳朵做出丝钱包来。"这让一个名叫阿瑟·利特尔的人听着感到逆耳。他买来十磅猪耳朵做成的动物胶，纺出人造丝线，再做成雅致的钱包。就此，他写了本小册子——《对哲学的贡献》，声称自己这样做是"对哲学的一个警告"，也是对所有使人与未来隔绝的思维方式的一个警告。美国人最不需要的就是受缚于一种观念，美国本身可以说就是人类的一个大实验场。

具有辩证意味的是，美国人正是在醉心于体验自己的无限时，越来越感到了自己的有限。原子弹和登月计划都在成败未卜的情况下按计划完成了，但它们释放的能量及预示的未来却使美国人在自己的造物前感到作为人的渺小和无力。他们不无敬畏地发现，科技自有其惯性。布尔斯廷在结尾中这样写道："决定美国人前途的不再是法律或政治家的智慧……地球上的一切事物中,知识的增长仍是最自发、最不可预测的。"未来将是如何?人类在期待中也许将不断地改变自己的观念。

(1997年)

"托管"：私产公用背后的玄机

对待财富，美国人有貌似对立的两种态度：一方面是私有财产的神圣不可侵犯；另一面则是私有财产的公共利用。说貌似对立是因为两者不仅不对立，而且是相辅相成。倘若没有私产的合法存在，私产公用就无从谈起。正是由于公私产权的明晰，才有可能出现普遍的私产公用现象。私产的公用除了让社会获益，也让个人从中感受到自己作为社会一员的价值。

美国人私产公用的方式分为强制和自愿两种，强制性的主要是各种税收，自愿的是名目繁多的捐赠善款。众所周知，著名投资家沃伦·巴菲特在2006年宣布向几个慈善基金会捐出三百七十多亿美元，约合他当时财富的百分之八十五。比尔·盖茨已向社会捐赠了二百五十个亿，并准备在有生之年捐出他财富的百分之九十五。盖茨夫妇设立了全球最大的私人慈善基金会，资金为福特基金会的三倍。其实他们的捐款引人注目只是由于数额特别巨大，而美国人的捐款行为可谓无处不见，源源不断，大量的私产通过这一方式又回归社会。

就美国人私产公用的思想源头而言，从历史上看当然首先是宗教的，特别是以清教为主的基督教的影响，然后才是世俗的有关社会正义的现代理念。源自清教的思想又可分为三点：以财富荣耀上帝、财富共享和财富托管。

一、财富只为荣耀上帝

说起殖民时期清教徒对待财富的态度，就离不开他们宗教信仰的大背景，财富观只是他们整套宇宙观人生观的一个组成部分，密切配合其宗教和社会的运作。清教徒将人生意义锁定在荣耀上帝与个人得救上。他们信奉加尔文教，其核心是预定论，即个人是否得救由上帝在万世之前便已决定，个人无法以自己的行为影响之。在这种思想体系的支配下，信徒们最为关切之事就是自己的蒙恩状态，他们穷其一生，苦苦寻找自己得救的确证，而恪守道德、勤奋工作、拥有财富就是得救的外部标志和内心肯定。

耶稣对财富是有不少否定说法的，他劝人们"不要为自己积攒财宝在地上。"（马太福音 6.19）他将追求财富和信仰上帝相对立，说道："一个人不能侍奉两个主；不是恶这个爱那个，就是重这个轻那个；你们不能又侍奉神，又侍奉玛门（玛门是财利的意思）。"（马太福音 6.24）

耶稣还把天国许诺给穷人，对穷人宣布福音道："你们贫穷的人有福了；因为神的国是你们的。"（路加福音 6.20）他对富人说："你们富足的人有祸了……"（路加福音 6.24）

然而财富毕竟也是劳动的转化，是需要有动力去创造出来的，一个美化贫困的社会必然贫困下去。人类要生存，社会要发展，必须给财富一些正面的价值，使创造财富的冲动能和伦理道德相一致起来。殖民地当时是蛮荒一片，物资极度匮乏，也无所谓贫富差距，若一味将财富视为邪恶，就难以调动移民的生产积极性，不利于社会的繁荣发展，也就谈不上殖民地的成功，更无法履行他们与上帝的"约"，清教领袖不会不清楚这一点。

于是，他们在继承耶稣蔑视尘世财富的同时，又给予追求财富一个肯定的说法，那就是"天职"概念。它将从事尘世职业视为响应上帝之呼召，故而具有显示上帝尊严的神圣目的，更隐含着蒙受上帝拣选的证据。一个人在职业中的成败可视为他到底是上帝选民抑或弃民的标志。意义如此重大，工作就业便成为信徒们的宗教责任，他们要通过致力于事业上的成功来荣耀上帝，并证明自己蒙恩和被选。加尔文教的拣选论给予清教徒们强大的心理压力，迫使他们在有关自己是否得救的悬念和焦虑中一刻不停地努力工作，丝毫不敢懈怠。

清教徒们相信，上帝根据每个人的工作表现赐予财富作为恩典，拥有更多的财富理所当然表示受到上帝更多的恩宠，也能更多地荣耀上帝。以此类推，仅仅安于职守还不够，还要争取和利用上帝给予的每次机会去获得利益和升迁。如果你不能抓住上帝给予的机会，就等于拒绝上帝的托付，不接受他的恩赐。依据这一工作伦理，贫困只能是耻辱，说明上帝不待见你，你也没能荣耀上帝。韦伯在《新教伦理与资本主义精神》一书中把天职概念分析得非常清晰，这是讲求实际的清教徒们对社会发展所作的一个重要贡献。但是，天职概念还不能说明私产公用的动机。

二、财富共享

耶稣虽然反对将追求财富作为人生目的，但似乎并不否定财富本身，而是倡导财富共享。他劝说富人变卖家产，捐出财富与穷人分享。他告诉富人："去变卖你所有的，分给穷人，就必有财宝在天上……"（马可福音 10.21）富人心有不甘时，耶稣就对门徒说："小子！依靠钱财的人进神的国，是何等的难呐！骆驼穿过针的眼，比财主进神的国还容易呢。"（马可福音 10.24—25）

可见，在耶稣看来，财富一旦奉献出来与大家分享，就不再是邪恶的了。耶稣要求信徒不仅要捐出多余的财物，而且要捐得慷慨彻底。因为只有与财富决裂，才能革除心中的贪婪，自由地追随上帝。只有放弃财产，才能说明是你在控制财产，而不是财产在控制你。因此，也只有能够舍弃财产的人，才有理由和权利去拥有财产。

据《使徒行传》记载，早期基督徒过着财物公用的团契生活："信的人都在一起，凡物公用；并且卖了田产家业，照个人所需用的分给个人。"（使徒行传 2.44—45，4.32—37）这种做法似乎非常接近"各尽所能、各取所需"的共产主义理想，耶稣被考茨基称为"早期共产主义的先驱"，真是当之无愧。

移民北美的清教徒正是这样一个共享团体，他们的领袖温斯罗普在题为《基督仁爱之典范》的讲话中，明确提出要以早期基督教徒为榜样。他将群体的整体性视为首要，他说："我们是一个公司，自称为基督的随从。虽然我们原来相隔遥远，来自不同的地方，从事不同的工作，我们如果以信奉基督为乐事，就应该由爱紧密结合在一起，以爱共同生活。"他接着说："在此情况下，公共的利益必须高于私人的利益，我们的良心和政策都要求我们为公益服务。毋庸赘言，没有公众的福利，私人产业无由维系。"清教徒们要创立的是 Commonwealth——"共同体"，直译也就是"共同财富"，这个词把共享的目标和精神表达得准确无误。直至今日，在曾为清教徒大本营的波士顿，一条赫赫有名的大道 Commonwealth Avenue 依然贯穿全城，彰显着当年的辉煌理想。

温斯罗普解释道，上帝虽然安排了尘世间尊卑贵贱的秩序，然而"人的尊荣富贵并不取决于个人某一独特之处，而是为了造物主的荣光和造物（人）的共同福利"。规定这些差别，旨在确保整体的存活和福祉。无论贫富，各有其职，各守其德。财富不是个人享乐或炫耀的资本，而是为了荣耀上帝，并和大家分享。"分享"乃基督的律法，共同体中信徒都是以上帝为父的大家庭中的兄弟，要以爱的心态来分享。"有时基督徒必须像使徒们那样变卖自己拥有的一切，周济穷人。也有时基督徒即使力有未逮也必须捐助他人（虽然不必罄其所有）。……"只要门口还存在着贫困，基督徒的良心就不允许自己享用奢侈品。

这一共享群体的整体性还表现在，他们是作为一个团体与上帝立约的。

清教徒们自认为上帝新的选民，北美就是他们的迦南，他们肩负重任，要将殖民地建造为山巅之城，供全世界仿效，而上帝也将保佑他们。这是他们与上帝的"约"，因此任何一个人不守规矩，都是对上帝违约，都可能招致上帝的严惩，危及整体利益。在与上帝的约中，这个群体的每个人都已经被牢牢捆绑在一起了，这种同甘苦共命运的思路毫无疑问是绝对集体主义的。

三、财富的托管

财富既然体现了上帝的恩典有别，那为什么又要共享呢？除了规劝，似乎还需要一种更好的推理，将财富与他的所有者相脱离，最简单的当然莫过于把一个人合法拥有的财产说成不属于他的。我们比较熟悉的一种表述方式是世俗的"剥削"理论：你虽然合法拥有产业，但你是通过剥削工人劳动的剩余价值得来，来路不正，因此这些产业并不真正属于你，剥夺者需被剥夺之。

宗教的表述则更为形而上，那就是"托管"（Trusteeship）。托管概念同样将财富的归属与其主人相分离，却承认其管理权。与"剥削"理论相比，"托管"显然少了一些尘世的愤愤不平。耶稣不主张用武力去剥夺富人的财富，他要诉诸他们的良心，让他们受到自己良心的谴责，而这也正是宗教的特殊力量。

耶稣用三个仆人作比喻，形象地解释财富乃上帝托管。他说，天国就好比一个人要往外国去，临行前将产业交给三个仆人管理，按各人才干分别托付：一人五千，一人两千，一人一千。很久后他回到家里，让仆人和他结账。那个领五千的用它去做了买卖，又赚了五千交给主人。领两千的也另赚了两千。只有那领一千的把银子埋在地里，还是一千。主人称赞使财富增值的仆人又良善又忠心，要派很多事让他们管理，还要让他们进来享受主人的快乐。而对那只会埋银子的仆人，主人说他又恶又懒，就把这无用的仆人，丢在外面黑暗里。（马太福音 25.14—30）

温斯罗普在讲话中重申了这一托管思想，他讲解圣经《以西结书》（16.17）说："神保留宝器财物为己有，他称财富是他的金银。"他还引《箴言》（3.9）说："你要以财富尊荣他。"在清教徒看来，上帝将财富托付给有德之人作为仆人掌管，所有权仍在上帝，托你掌管是为了让你能荣耀造物主和维护他的造物（人）的公益。既然财物根本就不属于你，那么在他人和共同体需要时，富人作为受命管理财物的仆人就责无旁贷，必须把托管的财物拿出来，没有任何讨价还价的筹码和理由。一个得到了的人就应该无条件地去给予，在给予他人中你其实是在偿还上帝所给予你的，是在偿还欠上帝的债。当然，也不是完全没有回报的，因为在尘世给予财富也等于在天堂积聚财富。

托管的重任来自上帝，受托人必须小心谨慎，长期履行职责，把账目管理得清清楚楚，干干净净，好向上帝交代。在服务社会的同时，他还要使产业增值，因为不能增值就不是称职的管理人。若是为了自己的享乐去花钱，哪怕花一分钱，也是辜负了上帝的托付。在这样的信仰中，拥有财富无异于拥有责任，虽然这责任非常光荣。财富越多，责任也越大，受托者难免终日战战兢兢。

托管概念将财富的所有权归为上帝，实际上等于将财富定义为公共财产，可以说是在承认私有财产名义下一种带有强制性的财富共享思想。更有意思的是，它巧妙地将强制和自愿结合了起来：强制是从根子上取消了你的所有权，自愿是完全通过你的良心起作用，一个自称基督徒的人很难拒绝把上帝托管的财产捐出来公用。"托管"思想配合"共享"和规劝，为基督徒和基督教传统社会中的私产公用作好了思想铺垫。

美国早期的慈善事业主要是由教会和私人来完成的。19世纪实现工业化城市化之后，美国的财富剧增，随之而来的是触目惊心的贫富差距，进步和贫困的问题困扰着整个社会,"社会公正"的现代理念也逐渐酝酿产生。这时的美国人看到了财阀巨头控制国家经济命脉的危险,大部分人也不再接受尊卑贵贱乃上帝安排,大声疾呼经济民主。虽然大多美国人并不接受剥削理论,但他们认为个别人富可敌国是不公正的,财富由整个社会共创,理应由社会共享。

在这种外在压力和内在良心的共同作用下,以卡内基为代表的一些美国首富表现出积极的姿态。卡内基在他著名的《论财富》一文中批评将财富作为遗产传给家人,或死后才留给社会的做法,主张拿出与获得财富同样的智慧将它在生前就合理地回归社会。他这样写道:

> 富人的责任就是:首先,应该树立一个朴实、谦逊的生活榜样,避免炫耀或奢侈,有节制地向那些依靠他生活的人提供一些正当的必需品。除此之外,他应该认为,其余的所有剩余财富都是给予他的信托基金。他只是一个管理者而已,而且他受到自身责任的严格约束,一定要运用自己的智慧和判断来管理这笔财富,以使其产生对于社会最有利的结果——这样,富人就只是他贫穷同胞的代理人或受托人而已。他的卓越智慧和经验,他的管理才干都是为了穷人服务的,他来管理这笔财富要比穷人自己管理更好。
>
> ……
>
> 在人类发展史上,那些最有头脑的人将会达到这样一种境界,即在那些拥有社会大量财富、深思而诚恳的人看来,除了把这些剩余财富年复一年地用于公众利益,其余的处置方式均不可取。

上帝的托付换成了同胞的托付,但财富托管的说辞仍是一脉相承。卡内基身体力行,拒绝在巨富中耻辱地死去。他生前几乎将财产捐献一空,出资建造了无数个图书馆、美术馆、音乐厅等公共文化设施。洛克菲勒更是直截了当地使用温斯罗普式的语言声称:"我受上帝的信任托管他人财物。"

从20世纪初的进步运动开始,美国逐步加大对富人征税的力度,税富济贫的做法被普遍接受。革命无非是为了对失衡的权和利进行再分配,与劫富济贫或杀富济贫相比,税富济贫显然更符合现代文明,对整个社会及其各阶级来说,付出的成本都要小得多。通过这种法治下的再分配,穷者在物质上受益,不必去铤而走险。富者在良心上受益,人生也相对安全了。谁会去剥夺一个已经将财富捐给社会的人呢?那不等于抢劫公共财产吗?

美国此后的政策可以说延续了进步运动的宗旨,大萧条后的新政更是启动了不可逆转的社会保障制度。到了20世纪60年代,社会福利思潮达到顶点。但不可否认,对于美国人个人而言,宗教的积淀依然深厚。世俗与宗教并存,有效地促进了美国人私产公用的做法,使其成为财富再分配的一种长期而固定的方式,为社会稳定、阶级和谐提供了一个可靠的安全阀。

(2008年)

《屠场》和美国食品安全法的通过

一个世纪过去了，人们重提厄普顿·辛克莱的《屠场》不是没有来由的。今年9月20日是他一百三十岁诞辰，即便这位曾经名满全美的辛克莱被遗忘了，他的《屠场》也不会被遗忘。即便《屠场》中冗长的故事情节和政治说教被遗忘了，那骇人听闻的卫生状况也不会被遗忘。更让人记忆犹新的是这本书激起的民愤，直接推动了1906年《纯净食品及药物管理法》的通过。在美国小说中，连斯托夫人的《汤姆叔叔的小屋》对美国历史的影响也未曾如此直接过。

一马当先的黑幕揭发者

辛克莱家族原为南方贵族，战败后家道衰落，迁至巴尔的摩。父亲当推销员，嗜酒成性，辛克莱的童年在一种贫富交替中度过。他自幼聪慧过人，中学时便发表了第一篇小说，十五岁进入纽约城市大学后仍不断写稿来自助学业，毕业后去哥伦比亚大学旁听研究生课程，同时雇了两名秘书，每天写作八千字。二十四岁时他加入社会党，从此放弃廉价小说制作，全身心投入公共事业，为社会公正而战。

内战后美国经济持续飞速发展，19世纪末已是世界头号经济实体。财富剧增带来的问题也暴露无遗——贫富悬殊、资本垄断、党魁政治、腐败泛滥等，更兼成百上千万的各国移民年复一年地涌向美国，城市贫民窟和血汗工厂成了他们的落脚点，其条件之恶劣令美国人震惊。社会缺乏公正就必定不得安宁，罢工潮此起彼伏。

美国的有识之士感到忍无可忍，奋起干预。他们的努力得到民众呼应，导致一系列改革立法的通过，社会状况得到实质性改善。美国法律和政府职能经过调整后，也更适合一个崭新的工业化城市化社会，这就是20世纪初那场轰轰烈烈的"进步运动"。在美国历史中，每当危机发生，自下而上的民间抗议一次又一次地推动了社会改革和进步。

参与进步运动的人物不分党派，既有共和党总统西奥多·罗斯福，也有后来的民主党总统威尔逊，更有大批民间的自由派人士和社会主义信徒。一马当先的是那些黑幕揭发者（Muckrakers，耙粪人），他们深入社会作调查，揭露腐败违法现象。罗斯福这样称呼他们是将他们比喻为班扬小说《天路历程》中那个手拿粪耙的人，只见地上脏物，不见天堂光环。罗斯福并非不承认他们的作用，但也不愿意过激的言辞引发社会骚动。然而众所周知，只有将腐败暴露于大庭广众之下，消除腐败才有可能。除了辛克莱，重要的黑幕揭发者还很多，如《城市的羞耻》的作者林肯·斯蒂芬斯，《美孚石油公司史》的作者艾达·塔贝尔等。他们是改革的开路先锋，为社会进步做出了历史贡献。

辛克莱实地调查写《屠场》

辛克莱先是为一份印数几十万的社会主义宣传周刊《诉诸理性》写稿。编辑注意到他写的一本内战题材小说，便鼓励他去为"工资奴隶"写本书。1904年，辛克莱去芝加哥屠宰场实地调查七周，掌握了大量揭露牛肉托拉斯的一手资料。工人们恶劣的生活和工作条件使他愤慨万分，在"泪水和痛苦"中，他用三个月时间完成了纪实小说《屠场》。

1905年2月至11月,《屠场》在《诉诸理性》上连载。全书结构颇似狄更斯式的流浪汉小说,写一对来自立陶宛的新婚夫妇——约吉斯和奥娜——的悲惨遭遇。他们满怀憧憬从家乡来寻找美国梦,在芝加哥肉食加工厂找到工作,以为美好生活将从此开始。不料灾难接踵而至,先是约吉斯工伤失业,接着奥娜被工头奸污,约吉斯怒打工头而入狱,随后妻子难产死亡,幼小的儿子淹死。亲朋好友中男的流落街头,女的被逼为娼,美国梦演变为最可怕的梦魇。文学的特权就是能将一百个人的不幸都让一个人来承受,凡是能想到的人间悲剧似乎都降临到了约吉斯。更有甚者,这个万恶的资本主义机器不仅害得他家破人亡,还毒害了他的心灵。他自暴自弃,干起合伙抢劫的勾当,甚至还在屠场罢工时当了工贼。所幸的是,在风起云涌的工运中,约吉斯终于找到了社会主义,他的阶级觉悟被唤醒。小说结尾时,他深信社会主义是唯一的出路,而这也正是辛克莱的信仰。

　　《屠场》原名 The Jungle,更确切的意思是"丛林",辛克莱要揭露的远远超出屠场的肮脏,而是这个弱肉强食世界的丛林原则。这是一本社会主义宣传小说,是对资本主义制度下工人被非人化的抗议。杰克·伦敦认为,《汤姆叔叔的小屋》为黑奴所做的,正是《屠场》为今天的工资奴隶所做的。读者可以看到,对屠场污秽环境的描写只占全书很少篇幅,而且主要是从工作条件之恶劣的角度来写的。辛克莱的本意不是揭露食品安全问题,对他来说,资本主义机器对人和人性的强暴要严重得多。这就是为什么他说:"我瞄准公众的良心,一不留神却击中了他们的胃。"换言之,屠场的肮脏有点喧宾夺主。

《屠场》推动了食品安全法的通过

　　1906年2月,《屠场》一出版便引起轰动,书中详尽描述病猪牛、死猪牛、化学添加剂、垃圾、锯末、鼠粪、毒死的老鼠、洗手水……怎样统统倒入巨大的漏斗，和鲜肉一起搅拌制成香肠，情形如此不堪，激起民众极度恐慌和愤怒，肉食销量骤然减半。保守派和自由派都支持小说的公开揭露。辛克莱直接给罗斯福寄去一本，即使他不寄，罗斯福也不可能置若罔闻。该书出版后一个月内，罗斯福天天收到上百封人民来信，要求彻底清查肉食安全问题。他把辛克莱请到白宫，详细询问实情，命令国会再次调查。《屠场》出版后不到半年，国会便通过了《纯净食品及药物管理法》，由总统签署批准，1907年1月1日正式实施。为落实该法和1910年的农药管理法，国会又在1927年专门成立了食品和药物管理局。当1967年新的食品法签署时，为奖励辛克莱的功绩，年迈的他又一次被邀请到白宫作证。

至此，人们也许要问：在辛克莱作调查时，以法治著称的美国难道竟无食品安全法？这答案也许要追溯到美国的政治理念以及建立在此理念上的国体，合众国宪法赋予联邦政府的权限是明确而有限的，除了第一条第八款中明文列举的权力外，其余权力均归州政府和人民。1801年，杰斐逊总统为了从法国购买路易斯安那大片土地，不得不灵活变通一下，因为宪法并未明文赋予总统从外国购地的权力。1787年制宪时，美国只有三百多万人口，人民更多地认同于自己的州政府而不是遥远的联邦政府，联邦政府权力的被认可和扩展是一个历史演进过程。美国长期没有教育部，并不是美国人不重视教育，而是因为他们认为管理教育的权力不该归联邦政府。又如美国至今没有文化部，也不说明美国没有文化。

在工业化之前，手工作坊制作的食品往往只在很小范围内销售，制作人和顾客也常常相互认识，产品质量的维持是相对容易的一件事。近日阅读沈昌文先生的《知道》一书，其中所述银楼质量的把关给人印象颇深，凭着诚信，"依托于严格的师徒制和严密的行会制"，私家银楼居然能绝对保证黄金成色。工业化后，商品改由大规模机器生产，《屠场》描写的屠宰和罐头香肠制作过程全部在流水线上环环相扣地完成，产品远销各地，用户和厂家互不照面，产品质量必须有新的检验方式。

在世纪交接时，美国各州相继出台食品卫生法，然而人们的意识和执法却未跟上，往往形同虚设，《屠场》中就描写了这样一个极不负责的现场稽查员。时任农业部化工局长的威利博士联合了一些负责任的食品药品企业，以及相关组织和消费者群体，一直要求国会通过一项联邦食品安全法，但遭到牛肉托拉斯及小型药厂的反对，更有议员质疑制定此类法律的宪法依据。1898年美西战争中发生的"防腐牛肉"丑闻，还有对劣质食品药品曝光的新闻使事态有所发展，但国会仍迟疑不决。正在这个关键时刻，《屠场》激起空前强大的舆论压力，终于促使国会通过立法，从此食品安全有了严格的法律保障。

《屠场》是否曾被压制或删节

小说连载后，辛克莱联系了五家主流商业出版社，均遭拒绝。或许是因为其对污秽的自然主义描写，或许是因为其鲜明的政治宣传目的，或许是因为小说缺乏艺术，人物平面，不够令人信服，但不是因为它触犯了什么清规戒律。当时人们认为，食品安全、工作环境问题应该由记者去报道，不该是文学的内容。但实际上，由于报业集团和实业有千丝万缕的联系，对报道此类问题会留一手。一气之下，辛克莱决定自费出版。他发表了一封公开信，谴责资本主义出版商，建议出版一个"支持者版"，以每本1.2美元的价格请求读者通过预订预付来帮助该书的出版。两个月内他就收到几千份订单，征集到四千美元，足够排版制版。出乎意料的是，有个道布尔迪—佩奇公司表示愿意出版，还同意辛克莱继续出版和出售他自己的版本，而用的都是他已制成的印版。

2003年，美国有家小公司出版了一本自称未被删节的原版《屠场》，但评论家发现，它不过是当时连载时的原文而已。出版社是拒绝了辛克莱的书稿，但从未作任何删改。著名的麦克米兰公司在小说连载后表示愿意签约，但要求删去其中不雅的"血污和内脏"，辛克莱没有妥协。从连载版到初版的全过程都是辛克莱自己负责的。此后无数次再版，包括辛克莱自己出的四版，从未采用连载版，他还为多种版本撰写过前言。确实，成书是有删改，但作删改的正是辛克莱自己，他删去了一些重复和不合适的部分。在1930年答读者的信中，他是这样解释的：这本动辄几百页的书把我写累了，当时我想把自己知道的社会主义运动都写入书中。有一次我把结尾几章念给一个朋友听，发现他竟睡着了。辛克莱于是做了一些修改和删节，使小说更加完整利落，却丝毫未减其政治与道德锋芒。

永不疲倦的民间斗士

作为一个社会改革家，辛克莱并不停留在拿起笔作刀枪，他一再参与现实政治。1906年，他出资在新泽西州创办了一个社会主义公社——以女神缪斯命名的赫利孔，吸引了不少左派作家，杜威访问过那里，日后的诺贝尔文学奖得主刘易斯在那里当门房。辛克莱还多次参与竞选公职，包括在新泽西和加州竞选美国众议员和参议员，还两次竞选加州州长。最接近成功的一次是在大萧条的1934年，他以民主党身份和"结束加州贫困"的政治纲领竞选州长，获票九十万张。

辛克莱是一位富于公共精神、目标明确的社会批评者，一位确确实实推动了历史发展的民间斗士。他相信民主，相信人民自治的权利和能力，也相信社会改良可以不必诉诸暴力或推翻现行的政治、经济、社会制度。他从未当过官员，但没有他不发表意见的事情。《屠场》一举成名后，他接受采访不断，激扬文字，针砭时弊。个性强悍的罗斯福对此感到不悦，他让辛克莱的出版商传话："告诉辛克莱回家去，也让我来领导一会儿这个国家。"

竞选失败后的辛克莱又将无穷的精力转化为浩瀚的文字，他一生著作上百部，类型多种，内容无所不包，无论是关于政治、劳工、资本、宗教、哲学、传媒，还是美国的孤立主义、民权、精神病问题，主题都围绕社会公正。他要帮助美国公众了解各行各业的社会真相，唤醒民众，推动社会改革。《屠场》对后来的德莱塞、刘易斯、斯坦培克的现实主义创作都深有影响。但作为小说家，他的艺术成就不如他们，他是将艺术从属于政治的那类作家。他的小说现在基本被遗忘，但在当时却在许多国家畅销过，好几部还被改编成电影。1942年，他因描述纳粹崛起的小说《龙齿》被授予普利策奖。值得一提的还有《铜筹码》这本书，它的矛头直指新闻机构和报业集团，指责它们压制和歪曲新闻。铜筹码是当时妓院中嫖客交给妓女表明已经付费的标志，这显然是对媒体的极大嘲讽。遭到出版商拒绝后，辛克莱先是将它们在《诉诸理性》上连载，然后自费出书。该书引起巨大反响，不少报纸因羞愧而自行提高了伦理标准。

辛克莱的"基督情结"

著作等身不仅给辛克莱带来荣誉，也带来了巨大的经济利益。在《屠场》主人公一天挣一个多美元的时代，辛克莱一生中至少挣了一百万，这些钱他都用来支持社会改革，也使他能够自费出版任何遭拒绝的书。1968年他在睡梦中死去。美国没有忘记这位斗士，加州蒙罗维亚的"厄普顿·辛克莱屋"现在是一个国家历史纪念馆，他的档案珍藏在印第安纳大学。美国人感激他，纪念他，还设立了厄普顿·辛克莱奖，奖励在教育领域和维护新闻自由方面做出杰出贡献的个人。辛克莱的书都是在教育广大民众，这种教育正是通向自由的必经之路。

在生命即将结束之际，辛克莱总结了自己一生奋斗的十大成就：肉食的安全、报纸的改善、落基山矿区工资奴隶的结束、激发对心理现象的兴趣、帮助组织美国公民自由联盟、"结束加州贫困"竞选、他在日本的民主影响（因他的书在那里畅销）、禁酒努力、创建学院社会党，以及兰尼·勃德小说系列。

无论做什么，他说"社会公正"这两个字一直刻在他心上，是他终生信仰和为之战斗的目标。他在自传中说，自从我在世纪初发现社会主义运动后，我始终相信它。他信仰的社会主义是美国人理解的社会主义，即一种合作性质的共同体，通过选举过程逐渐形成。列宁称他为天真的"有感情而没有理论修养的社会主义者"，也许正是因为他对选举制度的信任。美共的文艺权威迈克尔·戈尔德曾严肃批评他的"耶稣情结"，辛克莱答道："世界需要耶稣胜过其他一切。"他相信他的事业具有上帝关照的神圣目的，他要诉诸人们的良心，也相信人们从善的可能性。《屠场》虽然直接击中的是公众的胃，但激发的道德愤慨却无疑是发自良心的。

埃德蒙·威尔逊评论道："在辛克莱那代美国作家中，几乎只有他一个人把资本主义引发的根本问题摆到了美国公众面前，而且是以这样一种他们无法逃避的方式。"据说在欧洲，辛克莱甚至受到更广泛的赞誉，被称为小说界的美国易卜生。他使人们懂得，参与是一个公民应尽的职责。通过参与，他们是有可能改变社会的。

（2008年）

百年接力：美国女性代表人物

一

1645年4月13日，一个普通的日子。时任马萨诸塞总督的约翰·温斯罗普写下这么一段日记：康涅狄格地区哈特福德的主事霍普金斯先生来访波士顿，他的夫人多年来一心一意投入阅读写作，著作是不少，却落得身体孱弱、神志恍惚。纵然丈夫对她关爱有加，奈何发现问题已经为时过晚。

温斯罗普接下去的评论很是经典，他定义了"女人的本分"："如果她按照女人的本分管好家务，而不是超越自己的天职去做那些只适合脑力更强的男人们该做的事，她本可以保住心智，也可以在上帝安排她的位置上修身养性，让自己变得更加有用，也更有尊严。"[1]

这时，温斯罗普来到美洲不过15年，应该还算是一个搬到大洋这边来居住的英国人吧。他对女人的这种看法还是沿袭英国人的，也是那个时代地球人所共有的。人类社会的麻烦向来是千千万万，男女平权的事根本就一直轮不上，差不多要等到20世纪，才算排到了日程上。在北美殖民地，

---

[1] Perry Miller and Thomas H. Johnson ed., *The Puritans: A Sourcebook of Their Writings*, Harper & Row, Publishers, New York, 1963, vol. 1, p. 140.

人们一天到晚操心的是自己的罪能不能被宽恕，死后到底是上天堂还是下地狱。清教徒们活在这个世界，却不认为自己属于这个世界。

不过话说回来，观念说到底是现实的产物，形势总是比人强。在北美那种穷乡僻壤的特殊环境里，现实生活的压力正在一点一滴地修正和改造着原有的观念，殖民地女人在各个方面都有些与众不同的表现，她们正在润物无声地开创着美国妇女的独特传统。

首先表现在宗教上，这在当时是头等大事。由于对圣恩的同样渴望，对圣洁生活的同样需求，女人在马萨诸塞同样可以成为教会的正式成员，她们由此获得了一种信仰和身份的平等。安·哈钦森的故事就这样发生了：女人成为异见领袖，拥有大批追随者，影响大到足以让当局感到不安——这在那个时代的其他社会中大概不多见吧。哈钦森是一位特立独行的思想者，这样的妇女显然大大超出了温斯罗普对女人本分的定义，然而她却真实地出现在了早期的马萨诸塞，而且产生了真实的影响。她被正式审讯，并且被允许为自己辩护，最后，她被逐出了殖民地，因为初创的殖民地经受不起这种神学异见的冲击，更经受不起一个不守妇道的女人的挑战。

为了方便阅读《圣经》，殖民地的女孩在五至七岁时要和男孩一起上学认字，但是七岁以后的教育机会便截然不同了。男孩成绩好的话，可以再去上七年的文法学校，其后还可能进大学深造。女孩的学业则到此为止，转而学做针线，至多也只能去接受私人教育。可是不管怎么说，女孩子毕竟不是文盲了，这在当时的世界上依然是领先的。

在经济方面，荒野的开拓筚路蓝缕，因陋就简，一个穷人家是养不起闲人的，女人必须参加劳动。即便是南方庄园的女主人——新大陆最接近淑女的人物，也往往承担着照看和安顿奴隶的大量琐事。女人有了贡献，就有可能对家庭事务拥有发言权，在家中的地位也就更加平等。同时，在家庭之外，殖民地的女人也有机会独自谋生：自己开店、掌管生意、当保姆，这些都被视为女人的正当营生，就是说女人有独立的经济出路。

在婚姻方面，殖民地自然是坚守一夫一妻的基督教伦理，一度甚至不允许独身。在那个年代的新大陆，一个人能活到四五十岁大概就算寿终正寝，寿命短，死亡率高，无论男女，一生结婚两三次很平常，生一堆孩子也剩不下几个。生存状态如此，生生死死乃平常事，家庭频繁重组，妇女的地位也相应变得平等：社会不存在对寡妇的歧视，她们在丈夫死后可以继承财产，可以带着财产再嫁，富有的寡妇往往是绅士们求偶的理想对象。

就这样，各种客观条件叠加的结果，殖民地塑造出一种相对旧世界而言略有变异的新女性，布尔斯廷就此写道："有充分证据表明，以殖民地时期的美国妇女跟英国妇女相比，她们在厨房以外的活动中起着更加多样化、更加活跃、更加出色的作用，而且总的来说，也更有成效。"[①]男女的社会角色历来是内外有别，人类的世界似乎被分隔成两个部分——外面的社会是男人的天地，家庭的四壁之内则是女人的活动场所。而北美殖民地社会由于它初创、单薄、简陋，反而为妇女打开了一道侧门，使她们能够悄悄地迈出家庭，在履行女性传统角色的同时，关注到社会上的其他事情。

然而，又如布尔斯廷所言："殖民时期的妇女比其后时期的妇女在许多方面更有成效，她们在职业生涯和公共生活中的作用也更为突出，这种情况直到20世纪才又重现。"[②]女性的悲哀正在于此，她们的解放之路不会一次性完成，殖民地妇女的新传统没有能一直发扬光大下去，而是随着社会的发展有起有落。然而，美国女性从未放弃对自由平等的追求，各个时代的女性先驱奋发图强，历经数百年坚韧不屈。从她们的故事中可以看到，她们不仅自己活出精彩，更是带领广大女性完成百年接力，只为争取一个男女平权的新社会。

---

① 丹尼尔·布尔斯廷：《美国人·开拓历程》，三联书店，北京，1993年，第213页。
② 同上书，第214页。

二

在新环境中经历了一个半世纪的熏陶后，到了独立革命时期，美国妇女已经对国家形势很有感觉。她们不仅参与独立运动，还在革命的激励下，将这种独立意识运用到自己身上。她们十分关注：在即将建立的新社会里，妇女将拥有什么样的地位。阿比盖尔·亚当斯在给丈夫约翰的信中提醒革命的领导层：在制定新的法规时务必记住女士们，否则，我们将决心煽动一场反叛，并且决不会受到任何没有我们的声音、没有我们的代表的法律约束。[①]

如此气概、如此意识，与美国革命完全是一脉相承。这个头开得意气风发，开得有胆有识，此后每次社会改革发出的平等呼声，都会再一次唤醒和强化妇女的平等意识。

19世纪上半叶安德鲁·杰克逊当政时，精英政治进一步向民主政治推进，平民大众的政治参与热情暴涨。共和国度过了初创的困顿，迎来社会稳定。国民信心满满，甚至雄心勃勃，他们满以为只要付出足够的努力，就可能一劳永逸地将社会改造得完美无瑕。他们发挥种种想象，掀起了一场全面的社会改革运动：废奴、禁酒、素食、女权、公有制……他们借助体制的自由，放手试验各种社会制度与生活方式，确切地说是试验大大小小的乌托邦，妇女也积极参与其中。

差不多就在这次改革的发轫之初——1831年到1832年间，法国贵族托克维尔受到这个年轻共和国的吸引，来这里进行了一番卓有成效的考察，写下了经典《论美国的民主》。目光敏锐的他也注意到了新世界妇女的新颖之处，用了整整五章的篇幅来论述美国妇女的地位、态度、教育，以及家庭和两性平等。他的观察无论巨细，从来不脱离美国社会的大框架，也从

[①] 钱满素选编：《我，生为女人》，河北教育出版社，1995年，第8页。

不忘记与欧洲社会进行对比。

托克维尔毫不吝啬地高度评价妇女对社会的影响："社会的民情是由女性创造的，因此，凡是影响妇女的地位、习惯和思想的一切东西，在我看来都具有重大的政治作用。"[①] 他对美国妇女的评价更是有点出人意料：

> 要是有人问我，你认为这个国家惊人繁荣和国力蒸蒸日上主要应当归功于什么，我将回答说，应当归功于它的妇女优秀。

托克维尔对女性在美国社会中的表现深有感触，尤其是以下几点：

第一是美国女孩享有更多的独立自主，"在美国，一个年轻姑娘可以只身长途旅行而不必害怕。"她们之所以能做到这点，主要是三种因素的作用——新教背景下个人获得的更大自主，自由政体下个人享受的言行自由，以及民主社会中的身份平等。相比于欧洲对女孩的过度呵护，美国社会更加鼓励女性的自主精神和理性智力，她们从小就比较不受障碍地接触到真实的社会，清楚知道人世间存在的邪恶。她们年纪轻轻就被允许独立思考和行动，自由发表看法，成为自己的主人，尽情享受生活。

第二是美国社会对女性的尊重，相信她们的智力，尊重她们的自由。得益于独立自主，美国女性也经常表现出不让须眉的头脑和心胸，刚毅果敢。

第三是美国人对男女平等的理解：不抹杀性别差异，不搞强制平等，而是让男女各自发挥不同特点，各尽所能，来维护家庭和促进社会发展。虽然两性做的事不同，但作为人的价值是相同的。表现在家庭内部就是：美国女性一旦婚配，便和其他地方的女性一样，丧失独立而从属于丈夫，"住在夫家就像进了修道院"——严峻的舆论"将妇女牢牢地封闭在只顾家

---

① 托克维尔：《论美国的民主》（下卷），商务印书馆，1991年，第739-756页。

庭利益和责任的窄小圈子里,不准她们越出雷池一步。"

对于这种约束,托克维尔并没有提出异议,而是加以肯定。他说:美国人将"指导当今工业的伟大政治经济学原则应用到两性方面来了,即细分男女的职责,以使伟大的社会劳动产生最好的效果。"他进而赞赏了美国女性的隐忍、坚毅——"毫不抵制和没有怨言"。他这样解释其原因:美国没有早婚,女孩在婚前会慎重考虑、反复衡量,婚约是她们心智成熟后自由选择、自由缔结的,因此她们在婚后会以意志力和自我牺牲精神去践约,献身家庭,决不去管家务之外的事情。他断言,美国妇女这样做是出于内在的力量,是自动就范,心甘情愿地放弃。

托克维尔的观察很是逼真,却未必说到女性的心里。美国妇女真的"毫不抵制和没有怨言"吗?他也许言之过早了,更大的可能是他来早了一步,倘若他晚十年到访美国,想来就不会这么高估美国妇女的忍受力了——一场女权运动正蓄势待发,很快将遍地开花。

妇女素来对道德更加敏感,她们投身禁酒、废奴等各项社会改革,成为这场改革运动中的重要力量。然而她们很快发现,自己在这些活动中经常被排挤和压抑,受到了不公平的对待。在1840年伦敦召开的反对奴隶制大会上,男士们竟然通过投票将卢克丽霞·莫特等六名美国妇女代表排斥在外。不平与愤怒是意识觉醒最好的催生剂,女士们认识到首先应该解放的就是她们自己,于是她们从被动转向主动,开始理直气壮地为自己维权。到了19世纪三四十年代,美国迎来第一波女权运动,女士们多方出击,挑战男性主宰的传统习俗。

首先就是女性当自强,她们必须用知识和技能来武装自己。一些有志向的女性勇敢地踏入传统的男性就业领域,要求平等教育、平等就业。1835年,美国开始有女医生正式开业,20年后她们开设了女子医学院。1840年代,立志当牧师的女性进入神学院,争取宣教布道之权。她们还募款办学,创立分阶段的女子学校,重点开设培养女教师的师范学院。还有许多妇女公开巡回演说，宣讲自己的政治主张、宣传健康的生活方式、致力于改善公共卫生。也有妇女办杂志、当编辑，传播女权思想。有些女性则直接参与商业经营，拥有自己的实业。对这些踏进社会、敢作敢为的女性来说，受嘲弄是经常的事，但这动摇不了她们的决心。

同样重要的是平权意识，除了要求在上帝面前的人人平等，女权主义者还大力促进妇女的平等宪法权利。以家庭为例，依据美国当时的法律，已婚妇女完全是丈夫的附属，不能拥有自己的财产，甚至打老婆也是合法的。经过女权运动的努力，纽约州在1848年率先通过已婚妇女财产法，女性可以拥有自己的财产和对子女的抚养权。1850年，丈夫酗酒可以成为妻子要求离婚的合法依据。有些州的妇女还提出了选举权等更高的要求。在当时民间所办的各种试验性社区里，包括宗教和世俗的，都一致主张男女平等。

正是在积极参与改革的过程中，美国妇女学会了维权的重要方式——那就是组织起来，在这个民主的大社会中，她们练就了自己的组织能力。第一步：志同道合者就近组成小团体，第二步：小团体在州范围内进行整合，第三步：全国范围的大联合——召开全国女权会议。

1848年，第一次女权大会在塞尼卡福尔斯召开，有来自全国各地的300名代表参加，这是美国女权历史中的一次标志性事件。大会发表了一个"情感与决心宣言"，简称"女权宣言"，由伊丽莎白·卡迪·斯坦顿执笔，要求实现全方位的男女平等。贵格会的女信徒们为大会做出了特殊贡献，因为贵格会一向开明，其女性拥有更多公共演说的机会，训练出了像莫特这样思想超前、擅长演说的女性领袖。"女权宣言"在19世纪中叶的发表，说明美国妇女在意识觉醒和争取平等上远远走在了世界前列。

经验证明，只有产生了一大批同道中人，先进的代表人物才可能脱颖而出。独立后半个世纪的美国孕育出了一批女界精英，玛格丽特·富勒当属其中翘楚。富勒才智过人，学识渊博，性格独立不羁。在那个女孩不能上大学的年代，她的父亲将她像男孩一样培养成才。富勒自视甚高，从不甘心当任何人的附庸，她对贬低女性头脑的说法尤为愤慨，抗议各个领域中对女性的压制。

在汇聚了美国文化精英的新英格兰超验主义俱乐部中，富勒是一位受人尊敬的成员，她担任俱乐部刊物《日晷》的首任主编长达两年，而这本杂志总共存在不过四年（1840—1844）。富勒关注社会改革和妇女处境，她将自己对性别的观察和思考写成文章《大讼案：男人对男人们，女人对女人们》，以平等的姿态从灵魂平等说到两性平等，文章思想敏锐、词锋犀利，号召女性勇于追求自由和精神自立，做一个真正的个人。该文于1843年发表在《日晷》上，后扩展成书，改名《十九世纪的妇女》（1845），这是美国第一本有关女性的专著。英国女作家乔治·艾略特曾作文将富勒与英国的玛丽·沃斯通克拉夫特相提并论，后者的《为女权一辩》（1792）称得上女权主义的开山之作。

在组织和宣传女权运动方面，成绩斐然的女性不在少数，除了莫特、斯坦顿，还有格里姆凯姐妹、苏珊·布·安东尼、阿比盖尔·布什等，她们各有所长，贡献不一。莫特和斯坦顿，斯坦顿和安东尼都彼此配合默契，四处游说，促成了各种妇女组织的成立和多次女权大会的召开。

内战的爆发致使这场女权运动，乃至整个改革运动都戛然而止。值得一提的是，内战时期最为畅销、影响最大的一本著作正是出于一位女性之手——斯托夫人的《汤姆叔叔的小屋》。它的意义显然不限于一部小说，它是斯托夫人针对当时最大的社会问题——奴隶制——的表态和参与，她从人性的角度揭露批判这一违背人性的制度，使用的是文学这样一种诉诸感性的普及方式。小说成功激发了广大北方民众的良心良知，为推翻这一罪恶制度、维护联邦事业进行了一次卓有成效的思想和情感动员。

三

经过四年内战的浴血奋战，美国终于摆脱了奴隶制及其相关的南北区域对抗，社会重新整合，全国的重心转移到轰轰烈烈的工业化进程上。仅仅用了40年，到19世纪末美国便雄踞世界第一大经济体。民众生活显著提高，付出的代价也不小——财阀垄断经济、贫富严重不均。城市里的贫民窟触目惊心，工人运动频发，农民处境艰难，平民运动此起彼伏。

进入20世纪后，美国上下已形成共识：必须改革垄断经济的弊端、扩大政治民主、平息民众不满、恢复社会稳定，一场历史上称之为"进步运动"的改革由此而起。在这场世纪交接的运动中，美国妇女始终积极参与，有时还走在前列。她们以女性的关爱之心，将目光投向社会底层的生存问题，在基层建立扶贫机构以解燃眉之急——为穷人提供衣食住宿等直接援助，为孩子提供活动场所和教育机会。简·亚当斯等人在芝加哥创建的"赫尔会馆"就是这类机构的首创和典型。她们从事的扶贫济困是帮一个算一个，逐个解决问题，从基层做起，一直呼吁到最高层。她们孜孜不倦的努力获得了国际社会的承认，作为无数参与这一运动的美国妇女的优秀代表，亚当斯被授予1931年的诺贝尔和平奖。

在20世纪初的欧洲，存在着一个美国侨民群体，其中有位闻名遐迩的文化人格特鲁特·斯泰因。她学过医学、心理学，还曾师从哲学家威廉·詹姆士。她一心创作她认为属于新世纪的美国文学，并热衷于鉴赏和收藏欧洲新崛起的先锋派画作。一次大战后美国作家纷纷来欧洲取经，斯泰因的沙龙名流往来，正是他们结交朋友和获取指导的好去处，她为这批美国作家起了个共同的名字——"迷惘的一代"。斯泰因并不囿于一个作家的身份，她心怀天下，两次世界大战时她都身在欧洲，热心主动地参与支援祖国的正义事业。对斯泰因这样卓尔不群的女子来说，性别早已不再对她构成限制。

可以说，每场战争都是在深度改造社会。一次大战时，当男子走上战场，妇女便不得不走出家庭去填补职场空缺，原本被迫的这一步成了女性走进社会的重要一步。有参与便有了发声的机会，也便萌生了平权的要求。美国妇女是敢于创新的，选举权是她们多年来不屈不挠地争取的政治目标，1920年时机终于成熟，宪法第十九条修正案通过，梦想成真——"合众国公民的选举权，不得因性别缘故而被合众国或任何一州加以否定或剥夺"。

罗斯福新政期间，美国妇女开始登上政坛直接参政，劳工部长弗朗西丝·帕金斯成为美国历史上第一位女部长。罗斯福夫人埃莉诺更是经常公开出面，代表总统四处奔走，开创了美国第一夫人历史中的先例。之前如阿比盖尔·亚当斯，虽然也是丈夫的好参谋，但建议从来只限于家庭范围，在公开场合只能充当白宫女主人，行礼仪之职，却不能直接参与政事，因为政坛历来是男性的领域。从罗斯福夫人开始，美国人逐渐习惯夫人出来关注政治，而且他们真的很欢迎她。

二次大战结束，人们渴望享受和平生活，美国妇女纷纷返回家庭。或许是为了解决退伍军人的就业问题，也或许是因为战后迎来了婴儿潮，整个社会都在刻意营造一种城郊家庭妇女心满意足的幸福形象，似乎家庭就是她们的全部人生。

那么事实是不是如此呢？男人觉得是，女人听着听着也觉得应该是。但是贝蒂·弗里丹出来说话了，她说这只是一个关于女性的神话。1963年，她在多年调研的基础上出版了《女性奥秘》一书，将这种有意无意想象出来的女性状态称为"女性奥秘"。美国妇女——尤其是郊区中产阶级家庭妇女，对于自己衣食无忧的日子似乎没有理由不感到满足，然而她们内心却在困惑，那是一种说不清道不明的困惑。弗里丹在书中替她们一语点破——女性也需要属于自己的生活目的和人生意义。《女性奥秘》启发了美国妇女的自我觉醒，激发了其他女性也开始踊跃发声，呼吁呐喊。她们彼此交流，形成团体组织，共同寻求女性更深层次的平等地位。以前女人的事业便是男人，现在她们要寻找自己的事业，实现自己的人生价值。

在1960年代民权运动的激励下，全美形成一场狂飙式的女权运动，与一个世纪前的那场相比，声势更大，范围更广，人数更多，而且不限于精英妇女。这场运动普遍而深入，引发了美国政治、经济、文化、家庭等全方位的深刻变化，说它改变了美国的社会面貌也决不为过，毕竟女性占了人口的一半。如今女性在就学就业上与男性的差距已经大大缩小，大学女校长、公司女总裁、女议员、女议长、女州长、女部长、女国务卿都已不足为奇，女性竞选总统也已发生。虽然总体来说，女性在政治经济的高层面上还处于劣势，但说性别歧视已不再构成合法障碍应该不是夸张。这态势不要说两百年前的阿比盖尔·亚当斯想象不到，就是一百年前的简·亚当斯也不敢奢望。尽管还有诸多不尽如人意之处，但回头一看，阿比盖尔所说的"反叛"已然发生，妇女在近一个世纪来取得的进步称得上"惊天动地"。那些无畏的女权先行者值得我们为她们作传，来表达敬仰与感激，没有她们的持续努力、前赴后继、百折不挠，我们又如何能争取到今天的局面？

四

从本质上讲，女权就是女人作为人的权利——与男人平等的生命权、自由权、追求幸福的权利，以及宪法和法律规定的所有权利。简言之，女权要求的只是女人的人权，并非要求一种特殊权利。比如，免于骚扰就是一种不分男女的基本人权，只是女性更容易受到骚扰，对此也就更加敏感。

从现今大多数国家的法律上看，确实不大有专门歧视女性的条款了，但男尊女卑的历史毕竟太过久远，习惯乃第二天性，人们早已熟视无睹，这点群众运动也改变不了。如果我们运用一些想象力，将现实中的性别角色颠倒过来，换位思考一下，就很容易看清这种偏见。比如记者采访撒切尔夫人时会问：你当首相后怎么兼顾家务？但他会这样问同时代的里根吗？近期大家都在热议新组建的芬兰政府，19名政府要员中妇女占了12名，除了34岁的总理是女性外，内政、财政、教育三部长都是85后女性。然而各国内阁历来都是男性部长占多数，谁去好奇热议过？拿身边的事来说，上网一查，就看到成系列成品牌的"爱妻电器"：洗衣机、净水器、油烟机、燃气灶等，丈夫放心地把家务都交给了爱妻，可怎么就没有"爱夫电器"呢？家庭中太太打理一切家务，让先生专心成就事业的现象随处可见，反过来又有多少？

这样说只是在陈述事实，并没有否定的意思，因为现状的形成自有其纷繁复杂的原因，不是想否定就能否定的。传统观念不是凭空产生，也不会凭空消失，几声呐喊解决不了问题。若是脱离人类整体的发展来单独看待妇女问题，很容易走极端。回到太初，男女的分工不会是无缘无故的，肯定与生理有关，妇女体能较弱，又承担着更多养育后代的责任，于是形成男耕女织的分工、内外有别的习俗，男主外女主内，这本来无可厚非。但随着外面社会的日趋强大，主外的男子也越发强大，垄断了越来越多的权力。主内的女子则相应弱化，越来越处于从属地位，最后基本上失去了对社会的话语权。只要看看母系社会被父系替代的这一过程在世界各地重复，就说明这不会只是偶发现象，而且也不会只是发生在主观层面之上，它体现了物质条件对男女地位的制约。

这种状态延续了多久呢？光阴冉冉，无可测算，只知道变化是到了近代才刚刚开启的。期间东西方都有过女性执掌权柄的特例，英国的伊丽莎白和维多利亚是堂堂正正继承了王位的，中国的武则天是气势强悍地自行称帝，慈禧的垂帘听政虽说有点遮遮掩掩，毕竟也实际统治一个庞大帝国长达半个世纪。不过这些都是个例，不能说明妇女地位的总体变化。一直到大约两百年前，妇女受压制的状态才首先在西方受到关注，确切地说是在英国，这和英国在现代化上的领先是一致的。可见，只有当整个社会步入文明繁荣之后，只有当人类的公平正义观念改变之后，才有可能来关注某个群体的平等地位和发展，妇女作为人类的一半才能顺势而为。如今，当我们的认知终于达到这一步，我们也可以反过来推理：如果占人类一半的妇女持续处于不平等状态，人类也就谈不上文明。从未听说过一个社会能达到高度文明，而其妇女却承受着有系统的压迫和歧视。

精神文明建立在物质文明基础上，但有了物质基础也未必就有精神文明，观念变化的重要性不可低估。性别平等是一个观念，与种族平等、阶级平等一样，依据的都是人类平等这个总观念。横向比较一下就可看出，美国妇女能够走在世界前列，除了经济条件，更依赖于美国的民主制度，依赖于"人生而平等"的观念，否则何来平等之说？何来对公共事务的参与和可能？在一个不支持平等自由价值的社会里，男女平等也就失去理论基础。具体地说，无论哪个时代的女权运动，都需要一个广泛而长期的宣传组织过程，这就需要言论自由、集会自由与结社自由等宪法权利的保障，还需要一批受过教育、思想活跃的妇女作为领袖。至于女权主义的说辞，当然也是建立在民主自由的价值观上，1848年的"女权宣言"不仅接过了《独立宣言》的精神，还照搬了它的措辞：

> 我们认为这些真理是不言而喻的：所有男子和妇女生而平等；造物主赋予他们若干不可剥夺的权利，其中包括生命、自由和追求幸福的权利；为了保障这些权利，政府才得以建立，而政府的正当权力是经由被治理者同意而产生的。[①]

没有《独立宣言》，何来"女权宣言"？假如人不必平等，男女又何必平等？

---

① 钱满素选编：《我，生为女人》，河北教育出版社，1995年，第35页。

女性不是单打独斗的，美国的女权运动离不开男性的支持，在 100 位"女权宣言"的签名者中，男性占了 32 位。妇女状态本来就是社会整体状态的一部分，其变化也势必影响包括男性在内的整个社会。女性为了独立、平等和尊严，要准备付出更多，要承受社会和家庭的双重压力。而女性的变化也将对男性提出挑战，意味着他们将面临一种新的生存环境——也许他们将不得不放弃一些长期享有的特权，与女性分享权力和机会。然而女性在新观念的激励下，正在释放出前所未有的才智和能量，人类这一半的新动员势必为全社会的发展提供动力，总的来说，社会整体必将从中获益。

女权运动的目的是促使整个社会的文明发展，不是鼓动两性相互为敌，也不是要取消性别差异。如果女权运动走向性别对立，便是在偏离方向，甚至走向反面。女性在不断调整自己去适应新形态的过程中，应该放眼社会，关注时代，以造福人类的长久福祉作为自己的理想。

（2022 年）

从哈佛女校看美国的妇女解放

1979年哈佛女校拉德克利夫学院庆祝建校一百周年,这一百年目睹了美国女子高等教育的艰辛历程。

今天,走在庄重而自由的哈佛校园中,看着校徽上显赫的拉丁文"真理"二字,谁能想到在这个世界著名的学府,攻读人类学博士的女生曾被迫躲在大壁柜里从门缝中听课!美国当代杰出的社会学家玛格丽特·米德在回忆她朋友的这番遭遇后感叹道:"我想,这在美国算得上绝无仅有了。"

英国的清教徒在移居马萨诸塞后六年便创建了哈佛。时过两个多世纪,妇女的教育才第一次提到哈佛的议事日程上。当时,女性是否也有头脑还是一个未被证实的问题,即便像哈佛校长艾略特这样的开明君子对此也存有真诚的疑虑。他在1869年的就职演说中说:"校方的职责是维持一种谨慎和期待的方针……社会对女性的天赋智能所知甚少,只有在几代人的公民自由和社会平等后,才有可能获得足够的资料,就妇女的天性、趣味和能力进行充分的探讨。"在这一方针指导下,哈佛附校于1879年成立,二十七名妇女成为第一届新生。当时美国还不时兴青年女子接受高等教育,名门闺秀若想上大学,也会选择瓦萨、史密斯、韦尔斯利这些根基扎实的贵族学校。去上哈佛附校的大多是马州当地的牧师、教师、医生等中产阶级的女儿,她们仰慕的是哈佛雄厚的师资力量。

首次试验的结果是非常令人满意的,看来哈佛对妇女来说也不是高不可攀，但哈佛仍然不愿和附校建立任何长久固定的关系。作为妥协，附校改为一个单独的女子学院——拉德克利夫，校名是纪念安·拉德克利夫女士，她于1643年捐赠给哈佛的一百英镑成了哈佛第一笔奖学金基金。学院由哈佛的教师任教，学位由两校校长合签，在各方面具有和哈佛学位同等的价值。从1890年至1963年，女校培养了七百五十名博士和三千名硕士，校友达两万一千人，妇女充分证明了自己的智力潜能。一位哈佛男校友回忆道："我那个年级是哈佛首次突破优等生过半的一届，人人兴高采烈，拍肩祝贺，不料消息传来，拉德克利夫十年前就达到这一步了，现在正在向百分之七十迈进。"

但是，接受教育的机会和能力还不是全部，妇女受教育的问题远远超过受教育本身。首先，妇女受教育的目的便与男子不同。艾略特校长早就明确指出，妇女受教育没有任何就业价值，仅仅是开拓智慧和性格，哈佛只是想从这个角度来为妇女的智力开发作些贡献。妇女的教育从一开始便伴随着学不致用这样一个根本矛盾，她们接受的教育是为男人进入社会所设计的，期待于她们的却是在家中扮演女性的角色。她们受教育无非是为了能在智力上也成为丈夫的合适伴侣，更明智地料理家务和养育孩子。早期的哈佛女生都是在这个传统中教育出来的，她们深知自己的地位，习惯于冷静地面对这种不公平。

其次，妇女接受教育无疑受到更多的外界阻力，且不说资金等方面的客观困难，知识妇女还常常成为被嘲笑的对象。在许多人眼里，女性的知识化等同于非女性化。美国作家爱伦·坡早就俏皮地说过："人分三种：男人、女人、玛格丽特·富勒"，以说明富有知识的女人难以归类。1884年拉德克利夫举行第一届毕业典礼，阿加西斯校长要求毕业生看在她面上，不要穿戴礼服，否则会显得过于男性化而于舆论不利。一位早年的校友回忆道："我有两个表兄弟也在哈佛，他们威胁我说，倘若我胆敢不守规矩去哈佛广场走动，他们知道了决不饶我。他们说有一个表姐妹在拉德克利夫就够丢脸的了，更别说在街上看到她。"直到20世纪70年代，这种嘲弄还在继续。某个酷暑天，气温骤降10度，波士顿一个气象报告员便刻薄地评论道："准是拉德克利夫女生刚从温度计旁走过。"

不难理解，在早期的拉德克利夫毕业生中，选择事业的大多终生不婚，事业和婚姻对妇女来说往往难以两全。受过高等教育的妇女的结婚比例也大大低于一般妇女，拉德克利夫1883—1920年的毕业生中竟有一半左右不结婚，这一前景无疑让其他女性望而生畏。美国当代女权运动的发起人之一弗里丹说："我长大时从未见过一个女人既用脑子在社会上发挥作用，又能恋爱有孩子。"

在这种心理压力下，女生处于两难境地。她不仅为失败担心，也要为成功发愁。她既想取得最佳成绩，又怕因此会损害她的女性形象。后来担任拉德克利夫院长的霍纳教授曾经对学生的成功动力作过长达十年的实验，她发现女生渴望成功的愿望常常被避免成功的动机所抵消。在实验中，她要求一组本科女生将以下的故事续完："安在医学院第一学期考试后，发现自己在年级中名列前茅……"典型的答案是："安不想成为年级中的第一名，基于社会原因，她觉得不该排名这么前。她让自己降到第九名，然后和取得第一名的男生结了婚。"

由于各种原因，妇女的这一心理趋势在20世纪50年代发展成社会潮流，她们纷纷放弃学业事业，支持丈夫。米德说："妇女在二次大战后的十五至二十年间完全出尔反尔了，她们决定回到洞穴里去，每人还随身拽着一个男人。到处都缺少训练有素的职业妇女，高层次上简直没有妇女。"

1963年，弗里丹在《女性奥秘》一书中把这种现象的来龙去脉进行了详尽的分析，引起了美国妇女的普遍共鸣和深刻反省。在民权运动的推动下，妇女解放运动蓬勃兴起，到70年代初达到高潮。哈佛女生积极地把这一运动化为校园内的革命，终于在短短的几年中突破重围，挪掉了历史遗留下来的层层障碍，促使哈佛实行男女同校，争取到了完全平等的地位。

哈佛和拉德克利夫的合并经历了好几个阶段。1943年，由于不少男生参战，作为应急措施，两校学生开始一起上课，这一形式于1947年被确定为"合作指导"。1963年，哈佛学位授予女性毕业生，两校研究生院合并。1970年，两校共同举行了毕业典礼。然而，宿舍的合并才最终导致了两校的正式合并。

哈佛的学生宿舍划分为若干大院，每个大院都有院长、辅导员等一套班子和各种设施，对指导和丰富学生生活十分有利。哈佛的这一系统始于1930年，而拉德克利夫直到1961年才开始将原有的老宿舍改组成两个大院。1968年秋，学生开始要求合并宿舍，1970年春进行第一次试验：150名学生在三个大院合住，结果是皆大欢喜。一个男生说："我到拉德克利夫以后，才惊讶地发现自己有多么好。"女生也显得更加愉快和友善了，家长表示满意。试验成功，第二年两校宿舍全部合并。由于男生都不愿去没有女生的宿舍，校方只好动用电脑来为各大院分配女生，对女生的需求急剧增加。拉德克利夫院长这次可以在幕后以逸待劳了，哈佛男生正在越俎代庖，替她要求增加女生录取名额。

现在是拉德克利夫怕被哈佛彻底吞并了，她们决定保留自己的某种身份。在1971年两校达成的"非合并合并"中，女校保留了自己的校名及一些机构。1977年两校正式确立了延续至今的关系，协议中再次重申了女校是一个独立的实体，同时也明确规定了女校在哈佛决策方面的权利。至此，拉德克利夫的梦想终于实现，女校在不丧失自我的条件下，和哈佛分享了平等的权利。

在这次女权运动中，哈佛还涌现出许多妇女组织，有全校性的如"拉德克利夫学生会"，有属于某个群体的如"拉德克利夫黑人妇女会"，还有旨在联系本校各团体及校外组织的"哈佛—拉德克利夫妇女问题委员会"

等，这些团体大大提高了妇女的参与意识和参与程度，对促进妇女交流和争取妇女权益都大有裨益。

女生和女教师的比例也在逐年提高，男女生比例由 20 世纪 60 年代的四比一上升到 1976 年的一点八比一。至 80 年代中期，研究生院和各职业学院的女生比例也大多超过了百分之三十。女教师的增加虽不如女生的增加那么迅速，但与过去相比，也有一定长进。1919 年，哈佛医学院第一次让一位妇女担任教职时，附加了三个条件：不准使用哈佛俱乐部；不准参加毕业典礼；不准要求足球票配额。1947 年哈佛才第一次授予女性终身教授。女权运动后，哈佛很注重提拔女教师，80 年代中期正教授数目达二十一名，占全部正教授的百分之五点九；副教授、助教为四十七名，占百分之二十一点九。在哈佛行政部门的一些高级职位上也出现了妇女。

除了人员的变化，哈佛教育内容也开始出现以妇女为研究对象的课程。1978 年专门设立了"妇女研究委员会"来协调各系的妇女研究。此后有关妇女的课程正式出现在课程目录上。1985 年共开设了三十门妇女研究方面的课程，这在过去男子一统天下的哈佛是不可想象的。

哈佛女生经历了一次深刻的观念革命，最重要的是她们不再认为作为女性和拥有知识是彼此矛盾的了。哈佛女生更多地转向事业，毕业后投入社会，从事各项工作，包括竞选公职。在家庭和事业是否可以兼顾的问题上，合并时的两校校长都为女生树立了榜样，他们都是双职工家庭，都有三个孩子。哈佛校长博克说："我在每一步上都积极支持太太……我想象如果她活跃于自己的事业，我们的生活会更美满。"

哈佛女生在一个世纪的风风雨雨中完成了自己的历史使命，但妇女的解放是多磨难的，她们面前的道路仍然可能曲折而漫长。

（1995 年）

觉醒之后

英国女作家多萝西·L.塞耶斯（1893—1957）说过一句话，令人深思。她说："时间和磨难会驯服一个自在的青年女子，但一个自在的老年妇女是任何人间力量都无法控制的。"许多女人只是在扮演完社会要求于她的性别角色后，年过半百，才获得独立的意识，才发现被淹没的自我，才开始真正属于自己的生活。她卸下女人的包袱，又不必受制于男性所感到的压力，如此，确实还有什么人间力量能去控制她呢？

回顾人类社会历来对女人的控制，简直令人难以置信。近至20世纪初，缠足之风仍在中国盛行，它象征着中国妇女从生理到心理的被迫就范和畸形扭曲。私塾的门、科举的门、仕途的门，门门对妇女紧闭，留给女人去建功立业的只有一块阴惨惨的贞节牌坊，这可是天底下没一个男人会去争的。秋瑾女士这样描述当时的女子："身儿是柔柔顺顺的媚着，气虐儿是闷闷的受着，泪珠是常常的滴着，生活是巴巴结结的做着：一世的囚徒，半生的牛马。"（《敬告姐妹们》）这位中国女权的先驱别号"竞雄"，以明自己"身不得，男儿列，心却比，男儿烈"之志。作为女性，她不得不在两条战线同时抗争，一面"痛同胞之醉梦犹昏，悲祖国之陆沉谁挽"，一面痛心疾首奉劝女界，务必长点志气，自立自主，切莫一生只晓得依傍男子。可是在她两万万女同胞中，呼百是否能有一应呢？取媚依附于男人是社会派给女人的"天经地义"的谋生方式，先知先觉的秋瑾免不了做一个身首分离的孤胆英雄。

其实，就是在"女士优先"的西方，妇女的解放也不过是近两个世纪才开始的事情。18世纪的启蒙思想家如卢梭，尽管对人类的不平等著书立说，义愤填膺，但仍然认为女性的受教育与男性不同，目的在于使她们更加讨人喜欢。英国的玛丽·沃斯通克拉夫特就此观点发表了《为女权一辩》（1792），坚决主张两性的完全平等，特别是妇女在受教育和人生追求方面的同等权利。不过到了19世纪，英国的单身妇女大都还只能像简·爱一样，满足于当个家教。19世纪英国最著名的女权著做出自一位男士之手，那就是穆勒的《论妇女的从属地位》（1869），该书的问世对内战后处于低谷的美国女权主义者犹如雪中送炭。这位自由派思想家凭着训练有素的逻辑和理性——当然还得益于宽容而公允的心态，指出现存秩序中的一大谬误：一个性别居然合法地从属于另一性别，这情形严重地阻碍了全人类的发展。他认为，妇女解放的主要障碍在于大多数男人不能容忍和一个平等的女人共处。他呼吁建立两性完全平等的新原则，取消一方所拥有的特权及另一方所受到的限制。穆勒动手写这本书是在妻子哈丽雅特·泰勒死后两年，他一再声明书中的思想为他们两人所共有。穆勒在和泰勒夫人维持了二十一年不寻常的关系后终于结婚，婚前两个月他发表了一个声明，抗议当时的婚姻制度，宣布决不使用这种制度所赋予丈夫的任何特权，保证泰勒"将在一切方面保留行动的绝对自由，保留处置她自己以及目前或今后任何时候将属于她的任何东西的自由，就像婚姻从未发生过一样"。这种态度大概至今还难以为世人所接受。但是对穆勒来说，超越性别偏见，放弃性别特权都不困难，因为他已经把这种合法而不合理的特权看作是对自己人格的侮辱。

美国妇女虽然身居新大陆，但也难以避免妇女的从属地位和一般命运。在西部移民中就流行这么一句话："这国家对男人和狗来说万事如意，对女人和马像个地狱。"不过，从17世纪移民伊始，美国妇女就表现出某种独立不羁的个性。当时踏上从欧洲开往北美蛮荒的木船，就意味着甘冒风险，不惜牺牲。早期清教妇女沉着坚毅，绝少脂粉气。她们不是花瓶点缀，而是上帝的驯服工具和扎扎实实的生产力。再加上清教崇尚灵魂，强调每个人通过阅读《圣经》和上帝直接交流，两性在精神上的平等便有了一定的依据，妇女于是在思想上、表达上都享有相当的独立和自由。在清教的第一代移民中便出现了像安·哈钦森这样的杰出女性，霍桑的小说《红字》中的海丝特就有她的影子。哈钦森的独立思想和雄辩口才吸引了不少信徒，对当时政教合一的清教统治构成了挑战，令当局费了不少周折才将她逐出殖民地。在那些为了宗教自由以身试法的贵格派教友中，也不乏视死如归的女性。很明显，当时的女子贵在精神力量，她们只为上帝而活，并不为男人而活，即便在婚姻中，联系双方的纽带也是对上帝共同的爱。

宗教淡化后，在美国取而代之的是天赋人权的启蒙思想。它和清教的灵魂说一样，也有利于促成两性平等。立国之初，亚当斯夫人便提醒革命领袖在制定法规时"记住女士们"，请他们"切切不可把无限的权力置于丈夫的手中"，因为"倘若可能的话，所有的男人都会成为暴君"。她警告说，"如果不给女士们专门的关怀和关注，我们就决心煽动一场反叛，并且决不会受到任何没有我们的声音、没有我们的代表的法律的约束"。将《独立宣言》中的革命原则运用到妇女解放事业，亚当斯夫人是第一位。

从那以后，美国女界精英从来没有停止过争取两性平等的斗争。她们中有写《论两性平等》（1790）的默里，有写《论两性平等之信札》（1837）的格里姆凯，有写《19世纪妇女》（1845）的富勒，更有为女权奔走呐喊的社会活动家安东尼、莫特和斯坦顿等人。这些女权先驱人物均为出类拔萃之辈，画像中一个个目光炯炯，英气逼人。她们受过良好教育，性格刚毅，人格高尚，富于理性和正义感。作为第一批进入社会的妇女，她们对两性不平等现象必然观察体会得最为清楚，但她们既不自卑，又不情绪化，可谓"求仁而得仁，又何怨？"她们反复强调的是男女人格和智力的平等，苦苦追求的是女性受教育和就业的权利,奋力拼搏的是女性的经济独立和人格尊严。她们的努力终于导致美国第一次女权大会的召开(1848年于塞尼卡福尔斯),会上发表了由斯坦顿起草的《女权宣言》。它以《独立宣言》为蓝本,宣布男女生而平等,并声称"人类的历史是男子为了对妇女实行专制的暴政统治而对她一再侵犯和伤害的历史"。宣言认为,"造物主赋予妇女同等的能力,她同样意识到发挥这些能力的责任。显然,她和男子一样有权利和义务以一切正当的途径宏扬一切正当的事业。"宣言要求让妇女立即获得她们作为美国公民应有的一切权利。在美国民主政治的大氛围中,一个半世纪前的美国妇女便懂得如何联合起来,用宣言的形式将自己的观点和要求公布于世,并力争法律的认可,这充分显示出她们世界领先的政治觉悟。

在文学上,美国从19世纪末开始出现致力于表现女性意识的女作家,如肖班、吉尔曼、华顿等人。其中肖班的长篇小说《觉醒》(1899)尤为引人注目,它除了肯定女性的人格觉醒和独立的人生价值外,还非常超前地表现了女性性意识的觉醒。进入20世纪后,美国涌现出成批的职业女作家,她们的作品涉及妇女生活的方方面面,既描写了生为女人的苦恼,又突出了女性追求平等的意识和顽强不懈的奋斗。到了20世纪20年代,独立自主的女性不仅能为社会所接受,而且受到推崇。斯泰因便成了这样一位传奇式女性,这倒反令她抱怨美国公众对她本人的兴趣超过了对她作品的兴趣。对她这样的女性来说,男女平等的字眼由于已经成为事实而不再那么重要了。

重提过去,倒不仅仅是为了回顾历史,更重要的是想提出一个与现实有关的问题:既然当代女权运动的许多观点在一个多世纪前便已提出,那么为什么到了20世纪下半叶还要再来一次觉醒和解放运动呢?

1963年,弗里丹发表了影响深远的《女性奥秘》一书,被认为是引发了这场妇女运动。从 1957 年开始，弗里丹对从母校史密斯女子学院毕业满十五年的校友进行调查，了解她们的实际生活与所受教育的关系。调查结果表明，妇女中潜伏着一种巨大的不满，社会对女性的一般观念并不符合她们的人生经验。弗里丹发现，大约在二次大战后的十五年间，美国社会重新塑造了理想的女性形象，她不再是具有独立精神的新女性，而是依附于丈夫、惯于自我牺牲的郊区家庭妇女。她甘愿放弃学业，放弃事业，只为找个好丈夫，建立家庭，当好贤妻良母。舆论一再鼓吹，"真正具有女性本色的女人并不想要事业、高等教育、政治权利——并不想要过时的女权主义者们为之斗争的独立和机会"。这一关于女性的流行观念被弗里丹称为"女性奥秘"，它在战后迅速形成声势，成为支配美国妇女心理和行为的重要准则。它的成功除了传统的原因外，战后的经济、社会、心理状况，弗洛伊德性理论，心理学、人类学和社会学所肯定的两性互补的功能说，教育界的性偏见，商界庞大的销售攻势等等，都起了推波助澜的作用。然而，如何把妇女打发回家又使她保持心理平衡呢？答案是通过名目繁多的家用设备把家务劳动复杂化，使之成为一种富于创造性的专门职业，使每个从事它的妇女都能骄傲地在职业栏中填上"家庭妇女"这个词。

在"女性奥秘"的压力下，许多妇女从社会重新回到家庭，满足于当妻子做母亲。万一她感到不满足，那也只能怪自己不正常，难以向人启齿，疯人院里有的是被丈夫遗弃的"不正常"的女人呢。弗里丹沉痛地指出，"女性奥秘"剥夺了妇女独立的人生价值，中止了妇女的心智发展，"成功地活埋了几百万美国妇女"，让她们在"舒适的集中营"中逐渐非人化。"活埋"两字听来言重，但用来比喻人性的萎缩与死亡，倒也未必不形象。人有生物性和人性两部分，在某些原始部落里，女人会生孩子就是最高成就，令男子不胜羡妒。可是在文明社会中，人的智能的发挥比生物属性更受崇敬，而女性却被局限于发挥她女性的那部分，没有余地发展她与男性完全平等的作为人的潜能。20 世纪 50 年代走红美国的电视连续剧《我爱露西》便塑造了这样一个典型。露西单纯可爱,一心扑在家庭上,但时不时要犯点傻,不过总能得到丈夫的谅解和疼爱。女人就应该是这样:一个快快活活的亲爱的小傻瓜,心里只有丈夫和孩子。

傅立叶的名言是"妇女权利的扩大是一切社会进步的基本原则"。妇女的解放既是文明的标志,又受制于文明的发展。在许多贫困国家的妇女看来,美国郊区家庭妇女的生活也许十分令人向往,求之而不得。但美国的女权运动偏偏正是从这批受过高等教育、吃穿不愁的中产阶级中发起。看来禁果还是不吃为妙,开发智力和保持奴性之间存在着根本的矛盾。这一点,我们的老祖宗早看到了,并且用"女子无才便是德"一句话,便把无才美化成德,轻而易举地解决了这个矛盾。美国人又要妇女受教育,又要她满足于琐碎的家务,于是不能不生出许多的不满来。这种不满并非由于物质的匮乏,甚至没有什么具体的原因,而是由于人性的提高。从根本上说,这是一种自我本质的危机,是物质和精神达到一定水准后才会出现的文明病。美国妇女被这个"无以名之的问题"困惑骚扰多年后,终于石破天惊,发现身陷"女性奥秘"之囹圄,急需突围而出。她们找到了共鸣,变他信为自信,变怀疑自己为怀疑社会,联合起来向社会发难。六七十年代美国女权运动迸发出的是长期压抑后积聚起来的巨大能量,觉醒唤起的力量汹涌澎湃,冲击了美国社会的各个角落。

当代女权运动的兴起说明妇女的觉醒不是一次性完成的,觉醒后还会有反复,甚至有隔一两代来一次的趋向。一代妇女所珍视和争得的权利,到了她们的女儿一代便可能被随手放弃了。弗里丹说过:"对1920年以后出生的妇女,女权主义已经死去。"[①] 当然,社会总还是在进步的,回归还不至于回归到最初的起点。美国19世纪上半叶的女权运动基本上是精英革命,社会基础尚未形成,当代女权运动则蔓延为燎原之火,深入地影响到

---

① 1920年,经过美国妇女的不懈努力,国会终于通过第19条宪法修正案,妇女获得选举权。

社会的各阶层,触及妇女问题的各方面。从理论上说,女权主义也已经越过平权的要求而进入更精细的性别研究。然而,妇女作为一个群体,其觉醒和解放并不取决于个别在高等学府站住脚的女权理论家的研究,而是取决于妇女觉醒后面对的实际境况,这才是决定妇女是否回归的因素。

觉醒是痛快的,而且极富正义感,使人体会到道德升华所带来的崇高,但觉醒并不给人任何关于未来的承诺。觉醒后无路可走,可能比不觉醒还要痛苦。鲁迅曾经说过:"娜拉或者也实在只有两条路:不是堕落,就是回来。"当然也还有别的路,比如死,比如凄凉度日。《觉醒》的女主人公爱德娜敢想敢做,准备去自食其力,置舆论于不顾,但遗憾的是,她的解放仍然需要一个男人的理解和配合,当她爱的男人不能承受这一重负时,解脱的方法就是消灭自己,投身大海便成了她觉醒的下场。格雷斯·佩莉在1970年代初发表了《长跑者》,写一位中年妇女在自我意识觉醒后,"看到了未来世界的憧憬!"但未来到底如何呢?我们再来看看她在80年代末写的《朋友》,几个当年志同道合的女友至今仍在相互安慰支持,但已经是在临终的病榻前。她们回首往事,显然哀伤多于欣慰。觉醒后的问题不解决,妇女难免要一次次地反复觉醒,这样的事已经发生过不止一次了。19世纪上半叶的女权运动似乎在发表女权宣言后便画上句号。南北战争推动了美国的工业化进程,家庭在农业社会中作为自给自足生产单位的功能逐渐消失,妇女作为生产力的地位也随之失落。男主外女主内的分工日益明确后,女子越来越成为处于从属地位的消费者。在中产阶级标榜的"可爱的家"中,要求妇女更多的是贤妻良母型的女性美德,诸如虔敬、纯洁、忠贞和顺从。"一战"后,美国妇女齐心协力争得了选举权,但目的达到后便偃旗息鼓,花了半个多世纪争取来的选举权却不知如何使用。"二战"后,"女性奥秘"居然又能盛极一时,征服了绝大多数女性,这些都是足以令人思考的史实。甚至在六七十年代激进的女权运动过后,"欢迎回家"的浪潮又伴着"维护家庭"的呼声在1990年代向美国妇女悄悄袭来。行在前途崎岖的路上，往回走一条容易的路，大概也是人的本性。说到底，娜拉出走后怎么办才是妇女解放最关键的问题。

弗里丹在《女性奥秘》中建议：为了实现自身价值，妇女应该投身适合于自己并富于创造性的工作或社会活动。这自然是极为理想的根本解决办法，但这样的好事对大多数男人也从没发生过，怎么就能适合于大多数妇女呢？何况对女性是否需要投身于家庭以外的事业，始终是众说纷纭，各行其是，不像男子那样目标统一。一般说来，妇女的解放面对内外两种阻力：外在的阻力主要来自一个男性中心社会对妇女的性别压迫和歧视，克服这种阻力，当然首先必须争取法律上的男女平等。但是法律亦非万能，法律所无法改变的那些隐蔽的习惯性的歧视，仍需每个妇女通过坚韧不拔的努力自己去克服。

内在的阻力又有两层：一是思想上的障碍，千百年的从属地位一直在摧残着女性的独立和自信，使她们难以自拔，觉醒就是冲破这层阻力。但内在的阻力除了"破"，还必须"立"，必须明确女性的人生价值所在，女人一生的中心所在。觉醒是破旧，立新才是目的，不知道该立什么，又如何去立？自我本质危机不解决，女性便将永远地徘徊彷徨。弗洛伊德用了半个多世纪在分析女人，到了77岁却还在问："女人需要什么？天哪，她们需要什么？"弗洛伊德是他自己文化的囚徒，相信女人天然不如男人，他当然不能解开这个谜。不过，谁又能否认，这个谜至今尚未解开。男人必须在社会上奋斗，这是一致公认的，从未有过异议。而女人是否需要进入社会，则不仅在男人中颇有反对者，女人对此也持不同看法。认为妇女应该在家庭中完成自己的观点一向很有市场，如果说男人是为了维护夫权而支持它，那么女人为什么也赞成呢？难道她们不希望独立自主，取得平等的地位吗？1980年代初，弗里丹就说过："60和70年代的许多成果有得而复失的危险，而使妇女运动要功亏一篑的正是妇女自己。"(《第二阶

段》）

又是一个为什么。我想，困难大概在于女人进入社会后并不能停止做女人。当然，男人也不停止做男人，但对男人来说，社会和家庭不仅不矛盾，而且往往相辅相成。可是对女人来说，这两者却常常不可兼得。当社会严格地以性别分工时，男人承担全部社会工作，女人则养育子女，承担全部家务。当妇女外出就业，社会上的那份工作并不因为她是女性而减轻分量，而如果她还要家庭的话，又免不了生儿育女，家务缠身，势必承担着原先两个人的工作。换句话说，这时的她既非以前的男人，又非以前的女人，而是男女合一的女超人。世上毕竟凡人多哪，大部分女人不得不做出痛苦的抉择。在哈佛出版的《美国现代著名女性》一书中，共收入从1857年到1943年出生的四百四十二位妇女人物，其中终身未婚的几乎占百分之四十，结了婚又离异的占百分之四十以上，她们的单身比例远远高于妇女总人口中的比例。如果这是一本著名男性人物辞典，其单身比例决不会如此之高。美国历来女性就业的主要是两类人：一类是献身事业的知识妇女，她们往往单身；一类是成了家的劳动妇女，大都迫于经济需要而工作。大部分妇女只要有条件，就不外出工作。只有事业没有家庭的女人显然缺少了做女人的那部分，从某种意义上也可以说成了第三性，这种前景自然令其他妇女望而却步。在事业和家庭之间必须做出选择时，绝大部分妇女会选择家庭。如果妇女愿意待在家里，那么别人又怎么去"解放"她呢？

男人自艾自怨时，常说悔不该做人，却不说悔不该做了男人。而女人不幸时却大都自问为何偏偏做了女人。妇女的解放迟迟疑疑，反反复复，其中确实悖论不少，略举几个为例：

悖论一：妇女进入社会是解放／妇女进入社会不是解放。

什么是妇女的解放？是从两性不平等中解放呢，还是从双重负担下解放？换言之，由从属地位转为双重负担或"第三性"算不算妇女的解放？

悖论二：同工同酬是平等／同工同酬不是平等。

什么是男女平等？两性是否应有分工？对生理状况不同的两性，同工同酬是否公平？

悖论三：女人是天生的／女人不是天生的。

什么叫女性？所谓的女性特征和女性角色是社会——尤其是一个男性中心社会——强加于她的呢，还是由她的生理决定的？如果女人不是天生的，那么两性角色为何不是相反呢？

悖论四：物质文明的发展有利于妇女解放／物质文明的发展不利于妇女解放。

经济发展似乎为妇女的受教育和解放创造了条件，但每当经济有所发展，必然促使一部分妇女回到家中，更不必说妇女经常首当其冲在商业化大潮中沦为商品。

谁都知道，动物界中两性的分工是极其分明的，无论合理与否，遵循它乃是基因所迫，不存在道德上的困境。进化为人后，一切便复杂了，有了生存繁衍以外的目的，有了关于平等的意识，更有了实现自我的愿望。男耕女织本来可以是合理而公平的，但分工的结果却酿成了两性的不平等，男性逐渐树立和强化了父权夫权，千百年来将女性置于绝对的控制之下。女性为了平等，不得不走出家庭，和男子分享社会的工作和权利，但她又不能停止做女人，故而在平等的表象下承受着不平等的负担。美国女权运动后，随着妇女就业率的上升，妇女的实际生活水平反倒下降了，妇女运动似乎最终解放了男人。如此，妇女到底争到了什么？社会参与带给她们的是踌躇满志呢，还是疲惫不堪？她们是如愿以偿呢，还是不过以一种新的不满取代了旧的不满？愤懑宣泄后，等待她们的是否又是无奈？

传统的性别角色已经被打乱，这一点毫无疑问。原先的行为准则也已失效，妇女在觉醒后必须成为新的女性才能生存。这新女性既非原先的女人，也非原先的男人，也不是两者之和，而是一种完全新型的人。女子在重新塑造的过程中，男人也必然而且必须随之改变。事实表明，大凡在两性较为平等和谐的地方，大则社会，小则家庭，改变的绝不能只是妇女。只有当男人也不再是原先的男人，妇女的解放才能最终实现。否则的话，不是出现所谓的"阴盛阳衰"，便是女人醒了以后再回去做梦。人类的两部分是不能不同步的，在经历了母系和父系社会后，难道不该迎来两性真正平等互补的时代吗？迪第恩在《妇女运动》一文中引了富勒的一句话"我接受宇宙"，以区别她与当代某些偏激的女权主义者。正是这位富勒，在一个半世纪以前便在召唤一个新时代的到来，那时将"允许两性相互影响，并以一种更有尊严的关系互相促进"，男女双方都能发展完美和谐，相得益彰。到时，人们再也不必带着"任何热情或痛苦"来谈论他（她）们的性别了。人类终于走到这一步了吗？

（1995年）

伍

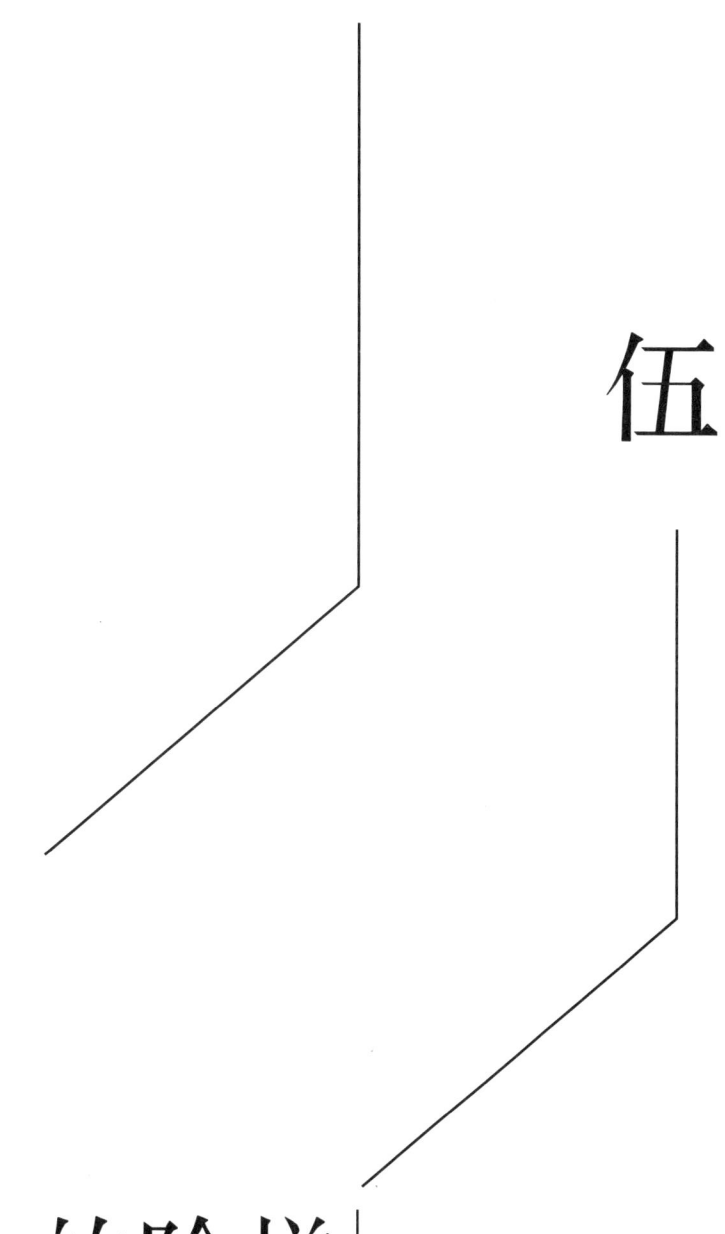

自由的阶梯 | 美国文明札记

李普曼议政，世界倾听

1961年，李普曼夫妇乘飞机取道罗马，前往莫斯科。"他们在头等舱里刚刚坐定，机长就递给他们一份苏联大使发来的便笺。克里姆林宫出现危机，赫鲁晓夫正在黑海，他希望能把这次会晤推迟一周。'这不可能。'李普曼龙飞凤舞地在便笺上批上这句话，把这份便笺发还缅什柯夫。他们欧洲之行的计划已定，他要么如期于4月10日到达苏联，要么根本就不去。第二天早晨他们抵达罗马时，赫鲁晓夫主席传话过来说，他将如期接见他们。"

一个记者居然毫不迟疑地对一个超级大国的主席说不，这就是沃尔特·李普曼——美国最负盛名的政治专栏作家。是年6月，赫鲁晓夫即将在维也纳会晤肯尼迪，这是冷战出现缓和的重要信息，他不能错过这个向外界阐述政策的最佳人选。他的希望没有落空，李普曼在返回伦敦的飞行中便开始动笔，三篇采访在世界各地成了头条新闻，刊登在450家报纸上。

这就是李普曼以报刊为公共空间的议政方式。

"无冕之王"

读传记和史书的显著不同就是，在传记中人物又都活了过来，又能看到他们踔厉风发，听到他们唇枪舌剑，正是这些生动的片断使五百多页的

《李普曼传》读来兴味盎然。

李普曼一生都在议政，他的大名在美国当代史书中经常可见。作为政治评论家，他堪称居高临下的"顶楼君王"。年仅三十多，李普曼已经跻身于美国一言九鼎的人物之列，周旋于各国的决策层。

李普曼结识的第一位总统是西奥多·罗斯福，早在1913年，这位进步运动领袖就写信称赞他的《政治序论》一书，还与他畅谈通宵。从老罗斯福到尼克松，六十年间白宫主人进进出出，换了十来个，可李普曼还是李普曼，引领着公众舆论，没有一位总统不想拉拢他。威尔逊用两个多小时向年轻的他介绍施政方案。柯立芝在白宫宴请他，对他的批评毫无怨愤。胡佛在竞选前征求他的意见。富兰克林·罗斯福和他保持经常联系。杜鲁门想和他搞好关系。艾森豪威尔主持五角大楼时每隔一两个月就要请他去一次。肯尼迪上任后登门询问国务卿人选。约翰逊得到李普曼支持喜出望外，又是吹捧又是授勋。尼克松早就想接近李普曼，特约他见面，告知解决越战已列入议事日程的首位。

李普曼周期性出访欧洲，所到之处，会见各国政要名流——丘吉尔、戴高乐、赫鲁晓夫、教皇、墨索里尼……有意思的是，常常是这些大人物主动想结识李普曼。1939年他到英国，丘吉尔专程从乡下赶来见他。1942年，他向美国公众呼吁，要求政府承认戴高乐抵抗运动。戴高乐将他奉为上宾，终生为友。赫鲁晓夫两度邀请他访苏，在私人别墅中热情款待。1972年，周恩来邀请他成为第一位访问中国大陆的美国新闻界人士，82岁高龄的李普曼有礼貌地谢绝了。

常说报人是无冕之王，但有几人能像李普曼这样将其含义发挥至此？

背后有民众

一介布衣的李普曼，既非人民选举，亦无政府任命，他的权威从何而来？

答案只有一个字：读者——他背后遍布四海的读者。他的武器只是一支笔，然气势磅礴，力敌万军，这正是各国政要所不能忽视的。

李普曼大器早成，1910年从哈佛毕业时21岁，可谓风华正茂，德才兼备。他先是去报社工作，给黑幕揭发者林肯·斯蒂芬斯当过助手，获得对实际政治的一手了解，同时修正和形成自己的政见。他24岁出版《政治序论》，25岁出版《放任与驾驭》，思想之成熟非一般青年所能企及。从一开始，他就是一个思想型的公共知识分子。

一次大战爆发后，外交事务成为李普曼的终生关注。在反思战争时，他发现"思想是制止战争的决定性因素"。人们选择和平而非战争，需要"对人类的价值观念有深刻的理解"。于是他参与创办了自由派色彩的《新共和》周刊，想通过它来活跃公众舆论。李普曼出手不凡，1914年他的第一篇社论发表后不到三个月，订户就从900增至2500，到1918年时每周销售4万余份。

《新共和》立场温和，思辨理性，表现出社会责任感，很快就成为严肃而富创见的思想家们用英语表达观点的平台。李普曼的文章尤为突出：思想犀利一针见血，分析判断条理分明，加上意境高尚、文笔优雅、用词精确，读来赏心悦目。一战结束时，他的文章已经颇具影响。

在《新共和》7年后，李普曼于1922年转到《世界报》。由报业寡头普利策创办的这份报纸是美国最有影响的报纸之一，它在政治上拥护平民党主义，走大众路线，搞耸人听闻，曾以黄色新闻获得超大发行量。老普利策1911年去世，他儿子接手后有意转向体面，特邀李普曼去加强新闻社论版。在9年中，这位普利策阵营的明星一共写了1200篇社论，其中三分之一有关外交事务。此时的李普曼已是当之无愧的外交事务专家，美国外交关系委员会成员。他的评论越发神采飞扬，闳中肆外，擅长将错综复杂的事情整合得清晰明了，便于一般读者理解把握。他的声望与日俱增，从纽约遍及全国，各界权贵对他刮目相看，争相结交。

1931年，《世界报》被普利策家族出售，多家报刊和高等院校向他发出邀请。41岁的李普曼选择了保守的《先驱论坛报》，因为它许诺他在风格和立场上的绝对自由。他的专栏取名"今日与明日"（T&T），每周四篇，开创了完全用于阐述观点的政治专栏，也成为李普曼此后36年的标志。

最令人尊敬的共和党报纸请来一位主要的自由派人士当主笔，这是件值得称道的事情。《时代周刊》专门以李普曼为封面人物发表文章，称他为"他们的摩西，他们的自由主义的伟大倡导者"。在五百名客人为他召开的庆贺活动中，他发表了题为"新闻工作与自由精神"的讲话。1931年9月8日，第一篇T&T发表，一夜轰动，200家报刊同时转载这一专栏，李普曼由此成为家喻户晓的人物。《纽约客》的一幅漫画写出了他当时的影响：两位有钱的老妇人在火车餐车上，一个手拿报纸对另一个说："当然，我早上只喝一杯咖啡。一杯咖啡和沃尔特·李普曼的文章是我的全部需要。"几十年如一日地成为公众生活的一部分，这就是李普曼无形力量的源泉。在那些用头脑思考问题的美国人心目中，"他的领导地位已经毋庸置疑"。

美国报刊评论无数，为什么独独李普曼成了"专栏霸主"？这只能归功于他的过人之处。李普曼的头脑像聚光灯一样不停地搜索眼前发生的无数事情，权衡轻重，锁定最要紧的来评论。他挥笔成文，话题无所不及——国家大事、社会问题、民主道德、外交事务。他的政论继承了《联邦党人文集》的传统，旨在提问题、讲道理，引导公众思考和探讨公共事务。在他的笔下，抽象乏味的理论变得栩栩如生。

读他的文章，公众不仅能获得必要的信息，而且潜移默化地训练了自己的理性思维和高尚情趣，从而习惯于服从真理而非权力，习惯于思考问题而非盲从盲动。李普曼文章中渗透的洞察力、分寸感、辨析性、对事物的包容平衡和超然公允的态度，使读者即便不同意他的观点，也会开卷有益。他不仅成为公众的良师益友，也被公认为华盛顿主要的引领品味人

（taste-maker），维护着公民社会的正气。李普曼从不媚俗，当他发现流行观念有误时，敢于逆潮流而动。但同时他也清楚自己的职业与民意密切相关，凭着一种敏锐的直觉，他从来不让自己偏离民意太远，这也是他能长期保持对公众说服力的秘密之一。

除了每周的专栏，李普曼还发表了大量著作：《外交赌注》《公众舆论》《幻影般的公众》《道德序论》《良好社会》《公共哲学随笔》等，既有演讲或政论集，也有专著。其中《公众舆论》一书对舆论如何形成有独到精辟的见解，被视为新闻传播学的奠基之作。1938年，巴黎召开为时五天的"李普曼学术讨论会"，法国政府破格授予他荣誉军团骑士称号。1962年后，李普曼又和《华盛顿邮报》与《新闻周刊》合作过几年。1967年5月25日，最后一篇T&T见报。1974年，李普曼以85岁高龄坦然走完他的精彩人生。

现实外交观

李普曼影响最大的还是他卓越的外交事务分析，特别是二战后对国际局势的一系列评论，主要有：

1943年：《美国的外交政策：共和国的盾牌》，主张将外交政策建立在国家利益和结盟的基础上。印数50万，美国三军发放，被各国译成十几种文字。

1946年：分三部分连载的关于德国问题的文章，反对英国把德国作为反苏堡垒，主张建立统一而松散的德国联邦。欧美每家重要报纸都转载了它，反响强烈。

1947年：《凶事预言》，描述欧洲困境，呼吁美国对欧洲提供经济援助，有效推动了马歇尔计划的通过。

1947年：逐条反驳署名"X"的乔治·凯南关于"遏制"的文章，分

14次连载,世界各国外交部和总理府都仔细研究。单行本取名《冷战》,这个词从此流行开来,成为一个时代的名称。经过深思熟虑后,李普曼认为"斯大林不过是步彼得大帝和伊凡雷帝的后尘而已",并非凯南所言的意识形态狂热分子。他主张美苏关系在欧洲实行政治解决,而不是在苏联周围进行遏制。

1958年:四篇采访赫鲁晓夫的文章,在世界各地报刊上广为转载,各国外交官仔细研读,单行本为《共产主义世界和我们的世界》,李普曼由此荣获他第一个普利策奖。

1961年:再度访苏后写的三篇采访,为各国外交部的热门读物,成书后名《面临苏联的考验》,为此他再次荣获普利策奖。

李普曼的外交观常常有别于美国主流思潮或政府政策,主要是基于他一生信奉的几个"现实主义"原则:

一,外交政策是为国家安全服务的,而国家安全就是保卫美国及其民主制度。他指出,一个可行的外交政策在于保持义务与力量的平衡,同时在实力上留有足够余地。他一再提醒美国人要认识到自己的局限性,极力主张划一条界限,超过界限的就不予干预。他反对"那种意在纠正世界的传教士式的干涉主义",在他看来,扬言全面干涉的杜鲁门主义危险重重,只会导致国力分散、挥霍浪费。他总结道:整整一代美国领袖"过度吸取了慕尼黑教训"。

二,世界和平的基础是国家利益和大国结盟,而非国际法或国际议会。历史和地理的作用大于意识形态和"民族特点",安全并非建立在抽象的原则之上,而是建立在实力之上。国际会议中的多数票是无济于事的,只有联盟和势力范围才能支配诸国的行为。他写道:"每个大国都有一个势力范围。在此范围内他的影响和责任是主要的,这一点既不能避免,也无可非议。"他主张承认苏联的势力范围,以达到平衡。他这种强调势力范围和大国合作的思路,和亨廷顿在冷战结束后名噪一时的"文明核心国家"理论有异曲同工之妙。据此，李普曼对丘吉尔的铁幕说感到沮丧，他反对单方面建立西德，反对北约组织及其扩大，反对东南亚条约组织，反对美军越过三八线，反对越战，反对所有"热心的冷战斗士们"。在冷战的高烧期，他独具慧眼地看出："即使有时候民族主义是在共产主义的血管里流动，但它还是民族主义，它总是要占上风的。"

三，他更看重大西洋世界对美国安全的意义，认为美国的责任旨在保卫大西洋海域以及太平洋群岛，即"大西洋共同体"加上一个由海军基地和巡航舰队构成的"碧海"战略。在这些地区以外，美国不应承担长期的军事和政治义务。

掌握李普曼这几个原则后，就不难理解和推断他对具体国际关系问题所做出的诸多评论了。

总统也无奈

李普曼判断和议政的准确建立在信息准确之上，所以他必须保持和权势人物的渠道畅通。但他一生对权力保持清醒的态度，没有一个总统能左右他，也没有一个总统他不敢批评。李普曼从不故意与政府为敌，恰恰相反，由于深知权力的分量，他一直在帮助选民物色称职的领袖人物，并动员民众将他们推上台去。当他同意政府政策时，他会全力支持，主动帮助政府向公众解释，甚至直接协助政府工作。当他不同意时，他也会毫不畏惧地发起攻势，批评起来不留情面。

正如李普曼不会听从政府，美国政府也不会对他言听计从。像威尔逊、罗斯福和肯尼迪这样修养好的总统，即便对他不满，也会采取较为迂回的方式。而杜鲁门、约翰逊这样性格相对粗鲁的总统则完全可能将李普曼视为眼中钉，却又无可奈何。

李普曼从来不看好杜鲁门作为总统人选，认为他草率行事，好虚张声势，既软弱又好战，多次公开攻击其政策，甚至直言劝他辞职，在大选时还积极为其对手杜威出谋划策。杜鲁门气得"眼睛里火星直冒"，给李普曼写了封长达三页的信，竭尽挖苦谩骂之能事，让新闻秘书在白宫碰头会上当众宣读，赢得满堂哄笑，然后将信撕掉了事，也算是出了气泄了愤。他很明白，李普曼不是他可以撤职的官员，而要封杀呢，更是他想都不敢想的。

李普曼和约翰逊的关系也许更为典型。约翰逊早就想结识李普曼，曾有机会在南方家乡荣幸地接待过他。肯尼迪遇刺身亡后，其出类拔萃之辈的智囊团不把约翰逊放在眼里，而李普曼却认为这个南方人正是当令之人，会有利于解决种族冲突等紧迫社会问题。从历史上看，擅长和国会拉关系的约翰逊在民权和福利等方面的成就也确实远胜过肯尼迪。能得到李普曼的支持，约翰逊喜出望外，优礼有加，"电话征求意见，生日馈赠礼品，白宫共进午餐，国宴邀请出席，"还给他颁发总统自由勋章——美国平民的最高荣誉。奈何蜜月不长，当约翰逊一步步扩大越战后，李普曼坚决反对，在专栏中批评再三。约翰逊怒火中烧，固执地认为国内对越战态度的转折点就出自李普曼的文章，从此断绝往来，还处处伺机击败李普曼。不过作为总统，他能做的也就是这些了，而最终击败他的正是越战。

长期的记者生涯使李普曼确信，一个记者首先必须保持对权力的独立，不应成为任何权贵的密友："一个新闻记者和国家元首之间必须有一个很大的距离。我应该在全国记者俱乐部入口处镌刻上这么一句话：'君王未可信。'能听得进哪怕最小批评的君王，真是少之又少，他们之中几乎没有人能离开阿谀奉承的。"而且"一般说来，总统们都是不值得爱戴的。他们为了跻身这个位置，只好无所不用其极。"

二是记者必须明白自己的身份，他写道："新闻工作最危险的诱惑就是使人认为自己是在世界舞台上担任公职的人。""一个作家不是一位社会要人……他也不是一个公共机构、不是'权势人物'和'官方'的亲信。他是一个通讯员、一个评论员，他只不过是把自己研究问题过程中的发现告诉读者而已。他不可能包罗万象。"

三是记者理应超越党派。李普曼一再拒绝入仕，也不正式进入任何智囊团。当他选择支持一位总统时，党派不是他考虑的因素。他还严格区分对领袖个人的爱慕和对此人出任公职资格的评价。虽然他喜欢老罗斯福，但在1912年竞选中，他认为威尔逊更适合当总统。在他的观念里屈从权力是人格大忌，他没有依附权力的愿望，也没有"士为知己者死"的概念。新闻记者不言忠，忠——只有对国家和原则的忠，而非对任何官员个人或党派的忠，否则又谈何秉公议政？又妄论舆论监督之大任？

说三道四的权利

一个专栏作家凭什么有如此批评政府的权利？李普曼在70岁生日宴会上专门对此做了答复：

> 我听到批评者们在说："必须要有那么一个人自以为知之甚多，而对如此众多的事情说三道四，这难道不荒唐可笑吗？你写的是关于外交政策，你见着那些每天从全世界各地雪片般飞到国务院来的电报了吗？你出席了国务卿及其顾问们的那些碰头会了吗？你是国家安全顾问委员会的成员吗？你所谈到的那些国家的情况又如何呢？你在唐宁街十号当过政吗？你又如何探听到克里姆林宫的考虑？你为什么不承认你是一个局外人，而且因此就概念而言，你是一个大笨蛋？
>
> 那么，你怎么敢对你自己政府和别国政府的政策妄加解释，更不用说擅自批评和反对了。"
>
> ……

这真是来势汹汹，但是我在遐想中，不费什么周折就战胜了这些批评。我对批评者说："伙计，你可要当心，你再讲下去你要告诉大家：我们生活在一个民主制度下的共和体制中，并且任何人都应当被允许投票选举，这一切是多么荒唐可笑；你接着还要否定民主原则本身，这一原则坚信局外人是应当凌驾于当局者之上的。你还要告诉大家，那些因为是局外人而成了大笨蛋的人民，是不能来管理他们自己的。

更有甚者，你将证明甚至连当局者也没有资格明智地管理人民，因为当局者人数很少，也许最多只有40人，他们能看到（或者起码是有资格看到）雪片般飞往国务院的电报，当你想到这点时，又有多少参议员、众议员、州长和市长能看到你所谈论的这些电报呢？他们对于由谁来领导我们的事情，都有强烈的见解。"

这就是典型的李普曼风格，简明扼要，句句在理。他顺着对方的思路，将其逼至逻辑绝地——要么坦率地反对民主，要么承认人民表达的自由。封住人民的口，就是封住民主的路。

人们不禁好奇：是什么成就了李普曼？想来第一条还是法治的大环境。美国早在殖民时期的18世纪30年代，汉密尔顿律师就在曾格案中雄辩地捍卫了人民批评政府的权利。建国后，以《权利法案》著称的宪法前十条修正案又将这些基本人权法定下来，这是李普曼议政在最根本层次上的保障。

其次是时代造就。李普曼生逢其时，身处报业的黄金时代，报纸是当时公众获得信息的主要来源，加上报业辛迪加的相互转载，影响之大可想而知。李普曼一生的主要论坛就是《新共和》《世界报》和《先驱论坛报》等几家报刊，但他为一家报纸所写的专栏动辄同时见于几百家报纸。当然，美国的大国地位也无疑增加了李普曼评论在国际上的重要性。

再则就是报业的私有制度。相对于观点而言，报业老板也许更看重报纸受公众重视的程度，所以对李普曼这样说什么都会有人听的大师，去限制他的观点是毫无意义的。在发表第一篇 T&T 专栏时，《先驱论坛报》专门加上按语："我们期待李普曼先生在他的文章里和他过去的社论一样不采取中间立场，他应该按他选择的题目自由发挥，阐述自己的任何观点。不管我们的读者碰巧同意或不同意他的观点，他们从李普曼阐发的观点中只会受益，我们对此很有信心。"在 1944 年大选中，李普曼对第四次连选的民主党候选人罗斯福和共和党候选人杜威都不甚满意，一度不偏不倚。老板来到他办公室催促，他说自己的表态也许会对他不利，老板叹口气答道："这没有问题，只要你表态就好。"

真理的朝圣者

即便造就李普曼的所有客观条件都具备，在千百万新闻从业人员中出现他这样的大师仍属罕见，这不能不说到他的个人资质。

1889 年，李普曼生于纽约一个富裕的犹太家庭，这类德意志背景的犹太群体移民早，层次高，较早融入了美国社会。李普曼是移民第三代，从小接受美国最好的教育。从 6 岁起，家里每年带他去欧洲旅行，养成世界主义的视野，不屑把种族放在心上。不过当李普曼就读哈佛时，美国社会对犹太人的歧视还很深，哈佛公子哥们的俱乐部是断然拒绝犹太人的，这对各方面都名列前茅的李普曼自然是个打击，也使他短暂地激进过一阵。但他从不对此做文章，也许他在哈佛的收获足以抵消掉这些不快。

20 世纪初，美国的高等教育主要还是服务于上流社会，目的是培养有教养的青年绅士，或曰正人君子，这个词被打上引号用于讥诮还要再等上几十年。开明校长埃利奥特正在推动学制改革，强调探索试验和思想自由，策略之一就是创立本科生自由选课制度。哲学大师威廉·詹姆士在毕业典礼上说:"不服管教的学生是我们最感自豪的产品。"自由派教育培养出李普曼那届同学中风格迥异的名人:如诗人艾略特和革命家约翰·里德。

李普曼师出名门,尤其得益于詹姆士和桑塔亚纳。二年级时,詹姆士专程去敲响这个青年才俊的宿舍门,对他刚发表的一篇文章表示祝贺。卓尔不群的桑塔亚纳将李普曼收为自己的得意门生和助教。从他们那里,李普曼继承了东部传统自由派的内在信念和坚定的道德价值观。他学到了崇尚试验、反对教条的实用主义精神,学到了珍视权衡与克制的古典美德,确定了"把追求卓越作为由理性指导的生活的最高目标"。他还学到了优雅明晰,条理清楚的文风,永远把"精确"而非"华美"作为表达的标准,因为"如果言辞不能精确表达,思想本身很快就会变成无法辨别的东西"。倘若不具备一个哲学家的智慧和深厚的知识底蕴,李普曼早该江郎才尽,如何能年复一年地思如泉涌,连续议政半个多世纪?

从学生时代起,李普曼就不断受到赞赏,同学里德为他写诗,称他为"未来的总统"。认识他的前辈们也无不夸他,在当时著名的沙龙女主人梅布尔·道奇家中,汇聚着追求激进政治和现代艺术的各色前卫人士,可梅布尔一眼就看出李普曼的不同凡响:她发现这位举止潇洒、衣饰讲究的年轻人"思想非常开放,……'有哈佛风度',教养很深,有自制力。他不讲废话,从不头脑发热,而是泰然自若,头脑冷静;他聪慧的眼睛里充满了高度的幽默感,闪耀着一个光芒四射的世界"。

然而李普曼很快就发现,这个群体和他的气质全然不合,那里的谈话杂乱无章,一味夸夸其谈、争论不休、华而不实。这种氛围他接触越多越是厌倦,他称这些人为"思想浅薄的反叛者"——"他们宁肯做十个梦也不愿实现一个梦,而且总把咖啡馆里的一场辩论错误地当成一场艺术运动,或把委员会的一次会议当成一场社会革命。"对李普曼而言,这是"不动脑筋的懒汉思想。他们以为可以空中建阁、以为创造性的活动存在于高谈阔论之中"。他对"迷惘一代"的评论也十分精辟:"青年男女通常会反叛,但他们叛逆得如此悲伤而无信仰……这倒是新鲜之处。"少年老成的李普曼很快翻过了他人生的这一页，转身到"活生生的世界"中去发挥实实在在的作用。

李普曼始终立足于现实政治，这是他议政的特点。他信奉自由、民主、平等的原则，但他懂得，在现实政治中理想主义必须经受现实主义的磨练，必须以现实的方法来改进社会。他一生都在不断地形成和发表看法，也不断地修正观点，无论他评论什么，或怎样评论，他的出发点都离不开这几条简单原则：一是国家利益、世界和平；二是公民自由、人民团结；三是进步改良、循序渐进。凡是违反这几条，他就会正气凛然地去批评。在麦卡锡主义甚嚣尘上、横行美国的几年里，李普曼从未被吓倒过，他坚持抨击这个"工于心计、心狠手辣"的参议员。麦卡锡主义代表了他"深恶痛绝和畏惧不已的一切，一个能够触动人们原始情感、并摧毁人们记忆的'神秘之弦'的煽动家"。正是这类事件使李普曼始终对民主抱有忧虑，因为他相信，"暴力和对暴力的容忍，对民主国家本身是毁灭性的"。

李普曼一生保持着独立精神和独立人格，用他自己的话说就是努力去做一个"朝着北斗前进的真理的朝圣者"。身处权力与民众之间，他尽量去准确把握两边的脉搏，当好中介。他针砭时弊，促使政府的透明；同时将自己的思考传递给读者，推动民众参与，凝聚社会共识，维护公共论坛上"以理服人"的民主风尚。

有人反驳道："李普曼也有说错的时候。"这不假，但值得奇怪吗？在瞬息万变的时代里，"每48小时就要拿出一种意见"，不出错除非上帝。李普曼的意义在于捍卫了一片探讨公共问题的空间，捍卫了思想市场的自由，并将它发挥得如此大气浩然。缺了这片空间这份自由，媒体将沦为权力的传声筒，民众将变得沉默麻木，社会将走向极端。在李普曼友人编撰的《李普曼和他的时代》中，编者对他的评价可谓一语中的："关键并不在于他永远正确或者他从未改变过主意，甚至偶尔在理论上自相矛盾，而在于半个世纪来,他发起思考、鼓励辩论、促成一些事物的明朗化,而且经常推动政策的修改,并扶持美国对于重大问题的讨论。……他为我们这一代新闻记者开辟了对自身职责更为广阔的视野。"

(2009 年)

《党派评论》的一波三折

2003年4月,《党派评论》(Partisan Review)宣布停刊,结束其六十八年的历史,成为当年西方知识界一条重要新闻。《党派评论》被认为是美国名气最大的四五份杂志之一,虽说发行量一般只有三千,最高也未超出一万五。但从20世纪30年代末到60年代初,它是最有影响的小杂志,是美国知识界的主要论坛。

消息来得意外,《伊甸园之门》的作者莫里斯·迪克斯坦说:季刊时代已经过去,《党派评论》不再是高格调文化的中心,但它开创的风气早已渗透到《新共和》《纽约书评》等稿酬更高,印数更大的刊物——"由于纽约知识分子的风格被广泛接受,杂志部分是毁于自己的成功"。看来,它的使命已经完成,它的锋芒不再必须。

随着九十四岁高龄的威廉·菲利普斯于2002年9月谢世,以《党派评论》为中心的一代纽约知识分子终成历史,这个群体少说也撑起过半个美国文坛。如此群星荟萃、携手合力的文人圈,美国在19世纪上半叶的康考德超验主义俱乐部之后,还是第一次出现。

创刊

20世纪初,蜂拥而入的犹太移民占了纽约人口的三分之一,其中大部分来自东欧，纽约一跃而为世界上最大的犹太社区之一。

到 20 世纪 30 年代，移民的第二代开始成人，他们成长的背景有两个显著特点。一是他们夹在两种都不能完全认同的文化之间：一方面当时的美国社会还刚对犹太人开放，他们还没有机会真正融入其中，因而对美国文化的这种封闭性十分敏感而不满；另一方面，他们毕竟生长在美国，也很难与讲意第绪语父辈的正统犹太文化相认同，迫切希望摆脱其束缚，进入外面的大世界。无论从哪方面说，作为移民子弟的他们都盼着社会更加开放，所以对超越种族的普世精神表现出特别的偏爱，对马克思提倡的国际主义感到天生的认同。

其二，他们的成长又正好与大萧条同步，当时美国知识界普遍左倾，纽约又是美国激进主义的中心，犹太人更是其中坚力量，在美国共产党里占很大比例。政治氛围如此，犹太移民子弟投身激进运动也就再自然不过了——丹尼尔·贝尔在十三岁、欧文·豪在十四岁就各自加入了社会主义团体。

当时纽约名校哥伦比亚大学是新教的，一般犹太移民子弟只能去收费低廉的纽约城市大学（City College of New York），那里九成学生都是犹太人。学校师资很是一般，但这抵挡不住这些才华横溢的年轻人，他们无须名师指点，照样能自学成才。虽说阅历和知识有限，他们却专注于天下大事。政治和文学是他们的最爱，闻名遐迩的格林威治村是他们向往的文化殿堂。

威廉·菲利普斯和菲利普·拉夫正是两个如此背景下产生的激进文学青年，他们相识于美共领导的约翰·里德俱乐部。菲利普斯就是一个来自纽约城市大学的穷孩子，但在私立的纽约大学拿到硕士学位，并在那里担任过英语教师，对现代主义文艺抱有激情。他的父母是俄国犹太移民，信奉社会主义，他本人不是美共党员，但十分靠近。拉夫是党员，也更为激进。他生在俄国，十四岁移民美国，由于生活艰难，有时竟不得不在公园长椅上睡觉。他只受过很少的正规教育，但潜心攻读于公共图书馆，在激进主义哲学和现代主义文学方面造诣颇高，且个性倔强，好斗善辩。菲利普斯和拉夫是一对好搭档，至少当时如此，他们配合默契，共享对激进政治和现代文学的钟爱与忠诚，詹姆士·法雷尔戏称他们为"形式与内容"。

当时，美共刊物《新群众》主要关注政治，菲利普斯和拉夫就在1933年萌生一个念头，想办一份激进的文学类刊物。这个想法得到了美共的支持，美共有意将它办成《新群众》的文学版。领导亲自出马为他们拉赞助，仅一次讲座就筹到了足够刊物维持一年的八百美元。1934年的二三月间，双月刊《党派评论》的创刊号就问世了。

当时激进文学杂志种类很多，像走马灯似的来去匆匆，大多早已无人问津。唯独《党派评论》站住了，还成了一个里程碑，推出众多名家，影响了几代人，这是为什么呢？难道仅仅因为它是里德俱乐部的刊物而受到青睐吗？至少不全是，因为它很快失去了这一身份，它的活力还是来自其主编从一开始就表现出的特立独行。

杂志的挂名编辑不少，但主事的还是菲利普斯和拉夫，他们的基本观点是：资本主义的商业化压制了艺术才华的发挥，阻碍了美国文化的发展，只有通过激进政治来重建社会，文艺复兴才有可能。他们关注政治，但更关注文化。在他们看来，现代主义文学是文化上的激进主义，但其本身还很欠缺，尚未切断与资本主义的联系，其唯美倾向也脱离现实，只有激进政治能为它提供正确方向。

时年，两个不过二十多岁的青年踌躇满志，雄心勃勃地想把刊物办成激进主义作家凝聚的中心，提供一个平台，为文学批评确定坚实的理论基础，推动美国的革命文学走向高品位高格调，使之能与他们尊敬的欧洲文学相媲美。

分歧

其实，享有盛誉的《党派评论》并不是1934年创办的这一份，而是1936年底停刊后又在1937年复刊的那一份，虽然主编还是菲利普斯和拉夫。要弄清其中原委，还得先了解一下当时的美国文坛。

大萧条后，美国知识分子普遍认为资本主义已告失败，纷纷转向马克思主义，感到只有马克思主义能够站在历史的高度，富于内在逻辑地为社会现状提供一种令人信服的诠释，其吸引力无与伦比。苏联作为第一个工人阶级的国家享有崇高威望，追随苏联的美共在美国文化界也很有号召力。

在当时的美国激进文学界，存在着两种不同的批评倾向：以迈克·戈尔德为代表的一派是美共领导的有组织的激进主义，或称正统派，主张文学服从政治和组织的需要。1928年戈尔德任《新群众》主编后，要求工人成为杂志的主要作者，以呈现工人艺术的原始状态，并随时准备迎接无产阶级天才的出现。戈尔德是不接受资产阶级作家的，在他眼里，像艾略特和门肯这样的作家"都是反人民的，法西斯头脑的，在大萧条带给美国作家的新思想和新要求的洪流中，两人像烂桥墩一样被冲走"。

另一派以埃德蒙·威尔逊为代表，也称独立的激进主义，主张维护文学的独立性和复杂性。莱昂纳尔·特里林后来对德莱塞和詹姆士的比较就很有代表性，他认为德莱塞的小说虽然在政治上更正确，但也更简单，相比之下文学价值不如詹姆士。他感到不解的是，左派批评总是要追问詹姆士的"实际政治用途"，却从不追究德莱塞的艺术缺陷，或他本人的物质追求和反犹倾向。难道就因为进步主义史学家帕灵顿称他为"农民"，他的枯燥乏味也就成了民主美德的体现吗？特里林认为这种态度是出于反智偏见，正是一百多年前托克维尔在美国发现的那种对智慧的政治畏惧。

菲利普斯和拉夫的观点比较接近威尔逊，认为简单化和口号化只会降低文学的标准，主张文学批评与政治分开，用文学的标准来评价文学，承认文学有独立于政治的价值,充分尊重文学的艺术性、独特性和复杂性。

在激进政治上,他们和美共并无二致。在创刊号社论中,他们将资本主义国家的经济危机与苏联社会主义建设的成功相对照,热情颂扬五年计划,相信历史正在突飞猛进,美国的社会主义革命也近在眼前。不过在这同一篇社论中,他们也表明了自己对文学与政治关系的看法,主张保持作家的创作自由,让文学按其自身的规律发展。他们写道:"必须拒绝狭隘的宗派的理论及实践来残害我们文学的任何企图",并"欢迎读者和作者都到专栏中对我们的方针和每期内容发表看法。只有在这样集体讨论和相互影响中,革命文学才能日趋成熟"。他们根本意识不到,这一观点可能成为日后分歧的源头。

从根本上说,菲利普斯和拉夫相信,工人阶级的兴起必将带来无产阶级文学的辉煌,一场文化革命就要到来。但问题是他们对激进文学的质量抱有很高期望,不能容忍无产阶级文学在艺术上输给资产阶级。他们赞成文学反映社会生活,反映阶级斗争,但不是公式化的,而是在更宽广的整体意义上说的。从这点出发,他们对美共让文学从属于政治目的感到不舒服,反对这样的控制。

以对现代派文学的评论为例,美共持全盘否定的态度,斥之为腐朽没落的资产阶级文学,对艺术手法也作善恶之分。戈尔德在批评小说家纳撒尼尔·韦斯特时就说过:"在我看来,他的作品更多是象征主义而非现实主义,对我而言,这就是首恶。"而菲利普斯和拉夫却对卡夫卡、乔伊斯、托马斯·曼和普鲁斯特等现代派作家表示欣赏。他们不赞成现代派的拒绝政治和嘲讽理性,但肯定它反映了现代生活的复杂和异化,表现出激进的现代意识,是对人类存在的深刻思考,其艺术也是成熟的,富于实验创新。再说,既然现代派属于资本主义衰落的最后阶段,它的不足不是正好说明革命新文学的必要吗?因此,对现代派不应一概抹杀,一要继承,二要超越,其丰富的想象力和创造力是可以利用的。

由此引发的矛盾逐渐深化，他们感到美共并不关心文学品位，也不关心文学所表达的当代存在及其意义，更多是把它当作工具。而他们却认为优秀的文学遗产不分阶级，都是要继承的。如果不能维持这个世界上最好、最深刻、最有意义和人性的价值，那么宣称创造一个更美好的世界就失去了意义。他们把自己的这些观点付诸办刊，总想刊登最好的文章。

到1934年底，《党派评论》的固执己见已经引起美共的不满。《新群众》的一位文学编辑公开质疑众多激进刊物存在的必要，提出左派必须全力支持《新群众》，使之成为革命文学运动的核心，凡是能在《新群众》上刊登的文章就不要在别的刊物上发表。他让《党派评论》以后只发"理论评判性长文章"，不要来和《新群众》争稿源，特别是著名左派作家的作品。在他看来，这两份杂志不存在竞争关系，而是领导和从属，他要引入权威和纪律来约束《党派评论》，使其放弃野心。

但菲利普斯和拉夫是两个初生牛犊，不懂得什么是无产阶级纪律，他们觉得要办就办一份最好的刊物，还想通过它来发动一场革命文学运动。他们自以为正确理解了激进主义，自以为正确理解了马克思，自以为正确抓住了革命文学的关键问题，还自以为在这些方面比领导更高明。当别人的观点与他们相左时，他们确信是别人背叛了激进主义，走到了"左主义"的极端，力图去纠正之。①他们不仅不服从指示，还继续有系统地探讨激进运动中的扭曲现象，强调革命文学的多样性，反对左主义对文学的庸俗化，称之为"蒙昧主义"，是在用政治正确掩饰其才华贫乏。

停刊

罗斯福实施新政后，美共一贯持反对态度，指责他不过是在补救资本

---

① 中国读者也许对此不好理解：在美国人眼里，激进主义（radicalism）不同于左主义（leftism），社会主义也不同于共产主义，不仅不同，双方还常常是激烈竞争的对手。

主义。整个20世纪30年代是多事之秋，全球都在动荡不安，大萧条的阴霾尚未散去，又面临法西斯的崛起和战争的逼近，人们都在密切注视着局势，随时准备应对。1935年，斯大林要求各国共产党建立人民阵线，美共领袖白劳德于是宣布罗斯福不再是敌人，还在1936年以"共产主义就是20世纪的美国主义"这个口号竞选总统。该名言日后对他个人政治生命的影响如何，那是后话。1935年2月，美共决定关闭公开反对资本主义的纽约里德俱乐部，4月召开第一次美国作家会议，成立"美国作家协会"，作为人民阵线的基础，吸引更多自由派人士。白劳德要求作家具有政治觉悟，艺术上则容许自由。到了七八月共产国际召开七大后，美共与自己历来的攻击对象言归于好，不再引用具体的马克思主义观点，甚至也不谈"无产阶级文化"了。推行人民阵线策略后，美共果然发展迅速，在文化知识界到处都是"同路人"，号称朋友一百万。

菲利普斯和拉夫对此颇感困惑，他们发现自己跟不上形势了，犹豫之间连续三期未发文章表态。他们认为，从文学上说这是一种媚俗的妥协，从政治上说则是利用他人为自己作宣传。他们的道德观念使他们对类似的"策略"很是反感，更不喜欢一味听命于斯大林。既然里德俱乐部已经取消，他们便宣布自己是无组织联系的"革命文学杂志"，"由一批马克思主义青年作家编辑，刊登国内外最好的革命文学和马克思主义批评。"

他们的自行其是激怒了美共，戈尔德公开撰文批判《党派评论》的反左主义，说他们把马克思主义变得脱离民众。1936年春夏之际，《新群众》和《党派评论》就革命文学的标准问题继续论战，双方观点到了不可调和的地步。《党派评论》坚持批判左主义，并提出人民阵线策略是左主义的延续，牺牲了激进思想的纯洁性，这种做法不仅不能摆脱美国文化原有的粗俗，只会延续之。

1936年5月，美国作协借给《党派评论》一百美元，要求杂志为它服务，还要给编辑部增设两名成员。是夏，事件接踵而来——西班牙内战、

"莫斯科审判",菲利普斯和拉夫深感震撼,拉夫后来称之为"对心灵和人类精神的审判"。10月,美共领导把他们叫去汇报思想,当面责问他们是否准备将杂志献给托派或社会党。美共对这两个不听话的下属已经容忍了两年多,现施加压力令其悔改,发现无效后决定撤去对他们的任何支持,当年的十月号就成为第一份《党派评论》的最后一期。

同为信奉马克思主义的激进分子,为何双方如此不可调和?分歧何在呢?归结起来也许不外乎以下几点:

一是文学与政治的关系。菲利普斯和拉夫不认为文学应该为政治服务,倒是政治应该为推动革命文学服务。因此,他们不赞同美共的文艺政策,认为不论是"左主义"还是人民阵线,都是立足政治,妨碍了文学本身的发展。

二是对文学的评价标准。他们反对以政治来衡量文学,认为文学不能为别的目的牺牲自己的标准,尤其不能以一个作家对某个党的某项政策的态度去评判他。他们也不同意全盘否定资产阶级文学,认为其中也有非商业化的富于思想的成分。以现代派文学为例,他们承认它缺乏方向,但不仅肯定其艺术价值,也肯定其超越作者思想局限的对社会的真实反映。从世界主义的价值出发,他们反对任何形式的狭隘、教条、僵固,力主开放、自由、多元。

三是对创作自由的看法。他们认为革命文学是马克思主义一般原理和个人特殊经历体悟的结合,原理本身产生不了大作家,文学必须容忍个人的特色及发挥。归根结底,革命就是为了促进个人发展,因此没有理由为了革命去压制个人,何况马克思主义也给个人创作留有足够的空间。他们写道:"革命文学不像超现实主义或客观主义那样,是一个派别的文学,它是一种新兴文明的产物,将包含全部文化范畴所能提供的丰富多彩。"他们要维护艺术家"复杂的权利",否则造成文艺贫瘠,将和"为艺术而艺术"同样有害,甚至还不如后者具有艺术品质。

四是对马克思主义的理解。他们认为马克思主义不只是政治行动的指导，其主要意义甚至也不是对具体问题的解答，而是为激进主义革命提供一种哲学框架，它应该成为联合各激进派促进统一革命文学的基础。他们相信马克思主义是科学和人道主义的结合，而斯大林主义走到了马克思主义的反面，是对马克思主义的教条化、庸俗化和僵化，因此不承认美共或斯大林对马克思主义的垄断权。

五是对无产阶级和知识分子的评估。他们拥护无产阶级的革命和解放，但反对把无产阶级崇高化理想化。他们也拒绝承认知识分子的原罪，不认为知识分子一无是处，而是充分估计知识分子的作用以及他们对无产阶级的帮助。

六是对组织纪律的态度。他们不能接受以组织纪律的名义禁止独立思考，放弃思想的权利是他们从未考虑过的一种可能性。在必要的时候他们宁可放弃组织也不能放弃思想，因为如悉尼·胡克所说，"我相信共产主义的原则比共产主义的组织更为重要，因为凭着这些原则，我们才能判断现存共产主义组织的理论和实践。"他们投身激进主义是因为认为它代表和表达了现代意识，他们是为了思想才靠拢和参加组织的。他们还相信，政治哲学的核心乃是道德准则，如果忽略这个关键因素，本末倒置，只关心政治权力，就必然扭曲政治和人性。

有了这么多根本性质的分歧，而美共毕竟又没有强制性的政治权力，分手就是迟早的事了。

复刊

对菲利普斯和拉夫来说，1936年到1937年是段艰难的历程，《党派评论》面临倒闭，他们在困境中迟疑不决。激进政治寄托着他们生命的全部意义，若与美共决裂就意味着改变整个生活方式，失落感还是其次，他们会被认为是背叛者。况且美共在文化界有很大控制力，一旦公开对立，很可能招来压力，将会找不到工作，发不了文章。就算刊物再办下去，也可能没人敢给他们写稿。

迫使他们做出决断的是形势。1937年初，莫斯科的事情越闹越大，斯大林和托派已经不共戴天，这使远在美国的激进分子也必须做出选择。以杜威为首的美国辩护委员会在墨西哥让托洛茨基为自己辩护，并宣布他无罪，美国的反斯大林左派也就算形成了，他们被美共视为政治敌人。菲利普斯和拉夫也无法再犹豫，其实他们当时并不真正了解托洛茨基，只是绝对无法接受斯大林的权谋方式。

正当俩人走投无路时，来了三位加盟者。《新群众》原文学编辑弗·威·杜比毕业于耶鲁，此时正在犯愁一件事：如何既遵守组织纪律又保持知识分子人格。他的耶鲁朋友德怀特·麦克唐纳已在《财富》杂志工作多年，此时感到遗憾的是自己上的是耶鲁不是纽约城市大学因而未能早点激进。他们得知菲利普斯和拉夫要办一份"独立"激进文学刊物，马上一拍即合。他们又找来一个耶鲁朋友——画家乔治·莫里斯，新杂志就此敲定，因为莫里斯虽然不太关心政治，却能提供至关重要的经济来源。

1937年夏，人才以杂志为中心聚拢起来。两个来自移民阶层的激进运动老手——菲利普斯和拉夫，三个来自社会上层的耶鲁校友——杜比、麦克唐纳和莫里斯，再加上天主教背景的玛丽·麦卡锡，合成一个精明强干的编辑部，忙于筹备一份全新面孔的《党派评论》。

新杂志还未面世就得到八方支持，具有集体感的纽约知识分子圈也在此时形成。新人马个个有棱有角，个性张扬，文采斐然，对信念极度认真。小说家法雷尔是他们的政治向导，他已是全国闻名的作家，也是主张自由思想的左派。他觉得独立办刊可以更诚实，自由度更大，也会吸引更好的撰稿人。胡克是他们的理论家，他是杜威的学生、纽约大学哲学系主任，一直致力于将杜威的实用主义和马克思主义相结合。他的《理解卡尔·马克思》一书是当时美国左派的必读书，正是在他的影响下，这个群体中的许多人皈依了马克思主义。但胡克对马克思的理解也许和美共不尽相同，他对美共意识形态的僵化感到反感沮丧。当他被要求为苏联当间谍时，他的忍耐终于到了尽头。特里林后来成为圈中最有影响的文学批评家，麦卡锡担任戏剧评论员，未来的诺贝尔文学奖得主索尔·贝娄也从芝加哥寄来稿件支持，而当时杂志最想得到的是威尔逊的文章。

欧文·豪在1968年的文章《纽约知识分子：实录与评判》中首次使用"纽约知识分子"这个称号，作为一个群体，他们是在《党派评论》抵制斯大林主义的旗帜下联合起来的，主要行动于20世纪30年代后期和40年代初。他们的核心价值是马克思主义、社会主义、世界主义和多元主义。这群活跃在文化激进主义洪流中的弄潮儿们有着极为广泛的知识兴趣，从艺术文学到政治社会，没有他们不思考不辩论的。他们当时的理想是激进政治与高雅文学的结合，具体地说是马克思主义与现代派文学的结合。

纽约知识分子大致可分为两代几个年龄层次：第一代主要有威尔逊、胡克、菲利普斯、拉夫、特里林等。比他们年轻、但仍属于一代的还有艾尔弗雷德·卡津、理查德·霍夫斯塔特、贝娄、保尔·戈德曼、麦卡锡和小阿瑟·施莱辛格。第二代有丹尼尔·贝尔、欧文·豪、莱斯利·菲德勒、欧文·克里斯托、内森·格莱泽、查·赖特·米尔斯等，以及比他们年轻的诺曼·波德霍雷茨、苏珊·桑塔格等。凡是熟悉美国文学文化的人都不会不感到这些名字的分量，尤其是当他们集中在一起时，简直可以说代表了美国几十年的文坛。

《党派评论》的复刊计划引起美共的强烈反应。复刊前，《新群众》就预言这份杂志是托派，还是"偷"来的。复刊后的1938年春，作协将他们告上法庭，要索回借给他们的那一百美元。美共否定杂志的合法性，质疑编辑的人格，并尽其所能阻止对它的任何支持。就在杂志复刊前一个月，《新群众》编辑部决定每月出一份文学加刊，以抵消其影响。第一期加刊上就发表了格兰维尔·希克斯和戈尔德这两位首席评论家的批判长文，叱责这批"纽约咖啡壶知识分子"。党的机关报《工人日报》毫不留情地称他们为法西斯效劳，是"左派叛徒""帝国主义者""反动派""蛇"，并且不让美共控制的单位雇佣他们。杜比被开除出党，菲利普斯的妻子在拒绝离开丈夫后也被开除出党。

1937年12月，《党派评论》复刊，自称是一份非政治性的关于文学批评和一般文化兴趣的马克思主义刊物，没有任何组织联系，不涉及任何有关政治和策略的具体问题。作为一份开放的文学月刊，它将不跟从任何意识形态，不规定任何创作技巧，不希望有任何与文学不相干的考虑来扭曲和窒息文学。就像1934年创刊时那样，新的《党派评论》也想重振文学、重获使命感，以赞成民主争论的马克思主义作为文化分析和评价的工具，为被扭曲的激进主义提供一种新的方向。刊物的内容将涵盖文学、哲学、历史等领域，除了评论，也发表诗歌小说。正如麦克唐纳给托洛茨基的信中所言，刊物关注的更多是文化而非政治。

给他们撰文的名家包括各种激进主义者——威尔逊、特里林、纪德、奥威尔、托洛茨基、罗莎·卢森堡、奥顿、叶芝等，后来还有詹姆士·鲍德温、汉娜·阿伦特、诺曼·梅勒等，再加上编者自己锋芒毕露的社论文章，使这本杂志赢得激进青年的衷心拜读，成为他们的奋斗目标。克里斯托后来回忆道，《党派评论》当时对他来说很是高深，有时要读五遍来透彻理解，但觉得是一种思想训练，比大学教育强多了。出生于1933年的苏珊·桑塔格也还记得，她少女时代的最大梦想就是长大后去纽约，为《党派评论》写文章，拥有五千个读者。

这是一批个性倔强的人，和托洛茨基的关系很能说明这点。对信奉马克思主义的美国激进派来说，托洛茨基是反斯大林的象征、十月革命理想的延续。他对狭隘无产阶级文学观的攻击和对文化高标准的维护更是得到编辑部的共鸣。他们积极与他联系，希望他能为杂志撰文。但是托洛茨基却要扮演高高在上的导师和法官的角色,还提出杂志要在出版前就交到他手里过目,试图将他们纳入他第四国际的轨道。拉夫认为他的要求是荒谬的,还是要将文化政治化。编辑部拒绝了他,托洛茨基便指责他们是"文化修道院",贬低这份杂志"没有可说的东西"。拉夫反驳道:《党派评论》是世界上第一份反斯大林的文学刊物,不想成为任何组织的附庸或工具,哪怕他指责他们不跟他走就不是真正的革命家。后来,托洛茨基还是为他们写过一篇"艺术与政治",但他们始终没有接受他的领导,倒是听从了威尔逊的劝告——远离斯大林与托洛茨基之争。

为什么《党派评论》这批左派知识精英如此执拗呢?有人说他们的问题是出在先读了杰斐逊才读的马克思,在接受马克思主义和美共之前,他们已经有了自己的思想准则,而且根深蒂固,当发现不协调时,他们更忠于自己原来的理想。他们彼此间也无时不在辩论,但有一些共同的价值是从不动摇的——世俗、科学、理性、民主。

后来,《党派评论》内部又出现过不少周折和人事变动,只有菲利普斯带领它自始至终走完了近七十年的全部历程,杂志的最后一期就是献给他的纪念专刊。1938年秋,主要由于资金原因,杂志改为季刊。但这些都未改变《党派评论》的基本特点和角色。1940年代,它从纽约走向全国,走向国际。

后话

美国人有句玩笑话:"年轻时不激进是良心有问题,老了还激进是脑子有问题。"人类社会错综复杂,人在不同年龄心态改变,阅历增加,对事物反应不同也不足为怪。

纽约知识分子从激进青年开始,逐渐走完非激进化的过程。他们先是对组织失望,宁可当独立的激进派来促进文学。奈何他们理想的高雅革命文学迟迟未成气候，于是也放弃了，感叹一份杂志毕竟产生不了伟大文学。再后来，他们对激进主义的热情也减退了，只是坚持不懈地谈论知识分子的道德责任和社会责任，谈论开放思想和辩论空间。珍珠港事件后，他们认为自己的主要任务就是保持文化价值，反对所有形式的强迫和压制。

也许是出于对早年政治和文化理想的双重失望，他们返回到文学经典，不只是欧洲文学，还开始有系统地梳理美国文学，不失时机地对它进行了一番考究。他们想通过对作家作品的批评来引导创作，形成公允的批评标准，保持优秀传统，鼓励艺术创新。

纽约知识分子大都是严肃的思考者，在他们心目中思想重于一切，而且是富于激情的思想。他们仔细观察着社会，把握世风的演变。他们的理想有些幻灭了，有些完成了，在不断反思的过程中，他们一次次地改变，因为他们必须为自己的行为找到合理的解释。在险象环生的处境中，他们"一生都在修正政治信念，却从未丧失信念本身"。

特里林在回忆往事时说：他们只是一个发出了声音的小群体，关键在于批判精神。他们确信批判性思维是知识分子的责任，而对批判精神来说，是不能有例外的。知识分子的财产就是文化传统，必须维护知识本身的权利。为确保批判精神，知识分子不应盲从任何阶级或运动，要保持既介入又超脱的独立姿态，唯如此才能成为真正意义上的知识分子，而非政治组织的啦啦队。

"二战"前后，纽约知识分子在推力和拉力的双重作用下，大多接受了美国现存的政治框架，从独立的激进主义者转变为自由主义者。国际上，希特勒的屠犹和法西斯的猖獗使他们认识到美国在抗衡纳粹上的作用。苏德条约签订后美共的影响下降，人民阵线瓦解，第三国际解散，美国激进派纷纷倒戈。战时的美国成了大批欧洲难民的天堂，这也帮助他们重新发现了美国，甚至发现了自己身上从未意识到的美国性，觉得美国还是一个可以容忍的地方，这个地方也容忍了左派激进运动中的竞争。

从国内来说，他们当年的不满也大多已经消除。1940年代后美国变了，歧视减少，更加开放多元，摆脱孤立主义，融入世界。1930年代后期，美国大学开始吸收犹太人，特里林成为哥大英语系第一个正式成员，他把自己看成是一个在美国和国际文化中生成的作家，而不局限于犹太文化，认为尊重族裔文化是因为它们能丰富大文化，而不是要沉溺其中。美国犹太人加速与本土融合，产生了"扎根本土"的归属感。纽约知识分子更是从边缘走向中心，从移民到占据主流，美国体制化敌为友的同化能力可见一斑。在这吸纳异己、丰富自身的过程中，美国文学也无疑进入世界，与欧洲文化日趋平等了。

纽约知识分子最终和美国制度认同，也可以说在情理之中。他们年轻时激进，但并不特别反对美国，毕竟他们是投奔美国而来的移民，他们只是根本不了解美国。1952年，他们举办了一个"吾国吾文化"的研讨会，重新认识"二战"前的欧洲意识形态，强调文化自由，确认自由民主的基本原则。从激进青年开始，他们最终接受了政治和人性的复杂。在《与世界辩论：纽约知识分子自述》一书中，约瑟夫·多尔曼就他们的转变颇有感触地写道："他们放弃了对绝对确定性的需要，不再坚持黑白分明的观点——而是找到了政治中的灰色，承认了世界的内在奥秘。"

（2006年）

聚焦公共知识分子

比跑龙套略胜一筹

谁是公共知识分子？这当然是波斯纳在《公共知识分子：衰落研究》（Richard A.Posner, Public Intellectuals : A Study of Decline）一书中首先需要明确的。他的定义是：以公众为对象、就政治和意识形态性质的公共问题发表意见的知识分子。当然，他的知识分子概念不是我们中国几十年来划分成分时所依据的学历、职业等标准，而是沿袭西方传统，特指有知识者中对思想感兴趣的那部分，并不在乎其学历的高低或是否从事某些职业。按此标准，一个物理学家如果用他深奥的知识来阐明宇宙的起源，他就是知识分子；如果他去设计软件程序，那就不能说是知识分子。

公共知识分子必须以公众为对象，当然主要还是受过教育的公众，但不能局限于本专业。在波斯纳心目中，左拉及其他法国知识分子在德雷福斯事件中的表现可以视为典型的公共知识分子行为。20世纪著名的公共知识分子有杜威、罗素、韦伯、奥威尔、加缪、哈贝马斯、哈耶克、阿伦特等，这些人的共同特点就是在评论时代问题时考虑到一般读者，他们的作品是常人能看懂的，因而拥有大批受众，影响远远超出某个领域。但是波斯纳不把罗尔斯包括在内，尽管他的《正义论》在三十年内销售二十万册，影响极为深广，然而他本人并不有意识地为大众写作。

公共知识分子活动的"公共"领域何在呢？波斯纳列举了书籍、报刊、电台、电视台、公开信、法庭作证等，他统称之为"市场"——一个思想的市场。其活动按内容又可分为十一个门类：学术普及、专业政策建议、即时评论、预言预测、衰落论、一般社会批评、专门社会批评、社会改革、政治影响下的文学批评、政治讽刺和专家庭证等。以经济学和统计学的方法来研究公共知识分子可以说是该书的一大特点，这就给庞杂的公共知识分子活动提供了可以进行系统分析的结构和依据，供需关系、可信度、期待值等概念便可用来考察这一市场。

由于信息科技的日新月异，公共知识分子的市场比起左拉的时代来，已经不可同日而语。就"需"而言，大众媒体途径极大丰富，电台电视台的几百个波段频道需要去填充，更别提新兴的网络世界。就"供"而言，知识分子数量猛增，"二战"后美国高等教育大门敞开，大批复员军人在政府的资助下入学，大学不再是中产阶级的特权。既然供需双方都日益扩大，市场表现是否水涨船高呢？波斯纳认为除了学术的普及化比较成功外，总的说来是"公共"多于"知识"，质量颇低，令人失望，其社会意义正在衰退。

波斯纳将公共知识分子的作用主要归结为三个方面：信息、消遣、凝聚。公共知识分子在传播信息、提供意见方面表现很差，判断错误屡见不鲜，对改善公众理解贡献不大。公众作为消费者出于自我保护，早已不把他们太当真，他们试图改变舆论的影响极为有限，只是比跑龙套略胜一筹而已。他们说什么公众不太在乎，但还有相当的消遣娱乐作用，毕竟一个个能言善辩、口若悬河。但他们发挥得最好的也许是凝聚作用，也就是为同样观点的人树立旗帜。

学者圈外度假

公共知识分子市场不景气的原因何在？波斯纳主要将之归于知识的专门化和职业化。公共知识分子从本质上说应该是个通才，但这半个世纪来知识日趋专门化，专业之间难以相通，学问越专越深，越分越细，任何人都不可能成为通才。曾几何时，人人都可以谈论经济、哲学、历史、文学，现在隔行如隔山，专业如工厂流水线一样分工明确，各人躲在自己的一小片领地里，再不敢贸然逾越。波斯纳特别指出，1920年前的哲学，1970年前的文学评论和社会科学大多还能被专业外受过教育的人所接受，现在则完全理论化、术语化，只有圈内人能看懂。当年没有受过专业训练的人可以成为公共知识分子，如今作为业余则很难有权威，媒体人士亦无力判断专业知识来严格把关。曾经共享的公共文化领地已经越缩越小，只剩下政治等个别尚未被学术化的领域大家还能发表点意见，这就直接影响到知识分子发挥政治和意识形态作用。

知识分子的职业化、学院化也是美国"二战"后的总趋势。由于大学增扩，几乎将知识分子尽数收入。现代大学的庞大、富裕、安逸、自由是学者们难以拒绝的，目前美国的知识分子除了少数就业于"思想库"和政府部门，绝大部分是教授。同时也只有在自己领域里有了学术地位后，面对公众才有权威，才会受到媒体邀请，这些学院公共知识分子正是波斯纳书中研究的主体。

然而，一个领域的天才未必放之四海皆天才，当他进入公共领域去发表其他方面的意见时，很可能错误百出，大说外行话。波斯纳说，海德格尔的天才并未使他对纳粹有清醒的认识，一个诺贝尔奖得主对世界历史的评论比一个十九岁的记者可能强不了多少。乔姆斯基是当代语言学泰斗，但他发表的政治言论却完全缺乏他学术著作所具有的严谨深邃。他谴责美国与纳粹法西斯毫无区别，认为是美国对日本的石油禁运加速了日本进攻美国，却不提禁运本身是对日本侵华的反应。他的许多观点为历史发展所证伪，可他却从不认错。

1999年末，波斯纳受命调解微软反托拉斯一案，发现公共知识分子大多对事实只有极为表面的理解。克林顿弹劾案之争使他更为失望，当时许多公共知识分子争先恐后发表看法，却往往忽略了事件的本质。支持弹劾的专栏作家戴维·弗洛姆声称，莱温斯基丑闻的关键是战后生育高峰这代人的道德观念问题，他们以为只要双方愿意，性就完全不应受道德约束。而反对弹劾的史学家小阿瑟·施莱辛格则说，"对自己的性生活说谎并非大罪，绅士们都这样做。"不少史学家在纽约时报上联名刊登整版广告，宣称对克林顿的指控与制宪者当年设置弹劾条款的本意不符，却不具体说明何以不符，当年的意图又是如何，动辄名人云集的集体表态主要是政治行为。一方说不弹劾克林顿美国的道德完了，一方说弹劾克林顿是回到了霍桑笔下（清教徒的）马萨诸塞。波斯纳认为双方所争论的性道德根本与弹劾原因毫不相干，弹劾克林顿的理由是他的许多谎言（包括与莱温斯基的关系）都是在宣誓下所说，有意误导推迟了法律程序，是利用权力干扰司法，性观念的争辩和道德义愤在这里都没有意义。事实证明，弹劾了克林顿，天没塌下来，宣告他无罪，天也没塌下来。

保罗·埃利希的预言已经错了几十年，1970年当他是斯坦福大学生物学教授时便危言耸听地警告说，1974年美国人得定量供水，70年代末将定量供应食品。公共知识分子在法庭提供技术性专业证词时，即便宣誓，也很不负责，因为他们将法庭视为政治论坛。一位女教授作证说，历史上妇女从事何种职业与她们的兴趣无关，完全是雇主的歧视造成。证词显然是片面的，因为妇女择业也与她们自己的选择有关，教授本人在庭外也承认这点。但她为什么要作这样的证词呢？迫于压力，她的证词受到许多女权主义者的喝彩。

一个学者在写学术著作时必须字斟句酌，推敲再三，因为他知道自己的作品将置于同行们严厉的目光之下，自己作为学者的信誉和生命将由此决定。但是为什么作为公共知识分子时，他们的言行却如此随便呢？

波斯纳从市场运转的角度来加以解释：任何一个市场对一时无法判断质量真伪优劣的"信用品"都会以一整套的制度法律来约束之，如营业执照、厂家担保、商店和购物指南等中介监督、创品牌的长期目标、立法惩罚假冒伪劣等。公共知识分子的产品属于"信用品"，但是他们进入公共领域后却没有任何制约，不必为自己的言行作承诺。宪法保证言论自由，媒体又基本不审查，只要不算伪证，不怕历史笑话，他不必为自己的夸张、误导和不实付出代价，也无人去记录核对。即使他犯了明显的错误，也至多回到大学。总之，出局代价极小，既无政治风险，更无经济损失，甚至也不会影响他的学术声誉，这就使学者当起公共知识分子来如同出圈度假一般，随便说说而已，态度很不负责。公共知识分子市场是个缺乏质量检验和约束机制的不完善的市场，不利于优质产品的生产流通。

奥威尔没上过大学

公共知识分子也不一贯如此，从苏格拉底、西塞罗、塞内加三大烈士开始，人类社会有丰富的公共知识分子传统，包括马基雅维里、弥尔顿、洛克、伏尔泰、孟德斯鸠等。波斯纳提得最多的要数乔治·奥威尔了。奥威尔生活阅历丰富，在缅甸当过警察，在西班牙和无政府主义者一起战斗过。"二战"时他坚决要求入伍，因身体不合格，进了空袭警报所服务。奥威尔以流畅的非专业语言写过文学评论、讽刺小说，还有社会学、人种学、政治学、经济学的评论。他的小说《1984》是对极权统治的警告，成为同类作品中最富感染力、最有代表性的。这样一位有世界影响的公共知识分子却从未上过大学，这在当今美国是不可想象的。同样不可想象的是鼎鼎大名的凯恩斯也没有博士学位。公共知识分子全都挤到大学里，确实是近几十年才发生的现象。

就美国而言，爱默生、惠特曼、梭罗等都是历史上著名的公共知识分子，爱默生辞去牧师职务后靠演讲谋生，可以说是职业的公共知识分子。梭罗一生没有固定职业，经常给人打工，在美国政府发动侵墨战争时坚决表示反对，发表了影响深远的《论公民的不服从》。他这样做既不为当官，也不为牟利，而是出于对社会对正义的强烈关注。这些人从经济上、组织上都是完全独立的，无依靠，也无退路。即使像"一战"后的迷惘一代如海明威、菲茨杰拉德等也都必须为生计奔忙，他们的独立地位无疑有助于保持独立思想。

"二战"前美国文坛上出现过一个颇有影响的公共知识分子群体，统称"纽约知识分子"，包括埃·威尔逊、莱·特里林、菲·拉夫等，可以说是最后一批传统公共知识分子。他们大多是犹太人，活跃在纽约，当年很少属于大学或智囊机构，他们办杂志发言论完全是兴之所至。他们关注社会问题，以大众能接受的语言写作。他们评论时事、政治、历史、文学，创办了美国最有影响的公共刊物之一《党派评论》。就意识形态而言，他们开始受"左"倾思想影响很深，在苏德条约签订后大多成为独立的自由派人士，有的坚持民主社会主义的立场。这样的独立群体，乃至独立个人现在似乎成了稀有物种。

按波斯纳的理解，公共知识分子应该是社会的牛虻，要像苏格拉底一样对现状发问，虽然不一定都要振聋发聩，但也能挑战常规，启发思路，冲击思想的麻木。他引用赛义德的话说，知识分子应该能"公开提出令人窘迫的问题，对抗正统和教条（而不是制造它们），不能轻易被纳入政府和企业"。他还补充道，也不能轻易被纳入其他宗教、社会、学术的教条。知识分子从本质上说就必须是独立思考的，不随俗不媚俗。作为局外人才能有超脱的地位，成为社会的良心，但又不是为对立而对立，否则只会脱离民众。当他们发现自己的错误时会勇于承认和修正，当一个人追求的目标是真理而非其他时,这样做并不困难。

波斯纳认为,学院的专业化、官僚化和理性化对自由思想不利,学院公共知识分子是局内人假装局外人。大学是个后青春环境,学者们往往闭门独处,缺乏现实感,对理论与其实施间的距离缺乏理解和耐心。他们也常常很难与外界交流,他们认为生活本身很琐碎,对日常生活充满着浪漫的不满,总是相信生活的目的存在于生活之外——一种什么意识或知识,然而一般人的生活行事并不需要理论解释,哲学批准。他们总是要引经据典,好像思想不能凭自身的价值而存在。波斯纳举例说,主张女童入学其实并不需要深奥的理论论证,只要说明上学能为她创造更好的生活就足以服人了。这使我想起张闻天的一句话:"生活的理想就是理想的生活。"一定要在生活之外寻找意义颇有宗教意味,人类社会需要的是一套可以实际运转的机制,而不是永远没有可行性的绝妙空想。

马尔库塞说:革命不会发生

看球赛的兴奋与其说是欣赏球艺,不如说来自立场。美国公共论坛难以深入的原因之一是知识界的营垒分明。一向讲究个人主义的美国人现在居然喜欢按派别分类:福利自由主义、多元文化主义、社会保守主义、自由至上主义……门类不少,各有所属,这状态可以说是20世纪60年代政治风暴过后的直接遗产。

20世纪30年代的美国老左派信奉传统的马克思主义,后来由于各种原因逐渐分化消失。60年代的新左派和老左派不同,他们另有自己的精神领袖,如马尔库塞。1965年,马尔库塞说工人阶级已经与其他阶级没什么本质的不同,因而不再有能力创造一个本质不同的社会。但他也不认为学生左派本身能成为革命力量,至多能表达沉默大众的需要和愿望而已,他说也许当他们日后成为政治和社会力量后有可能引导激烈的变化。1968年巴黎学潮后有人采访他：

问："你相信美国有革命的可能性吗？"

答："绝对没有。"

问："为何没有？"

答："因为学生与工人间没有合作，甚至还未达到法国的水平……我不能想象……一场没有工人阶级的革命。"

自称代表无产阶级却无法与其一致，这确实令人遗憾，但马尔库塞的预言得到了历史证实，1960年代的风暴除了激起社会动荡外，只是导致了保守派的崛起。极端之间有共生关系，一个极端总是会激起另一极端，尼克松东山再起，"里根革命"，美国传统的自由主义以保守主义或新保守主义的姿态重新登场。革命派从大街上消失了，但他们中的一部分转移阵地，进入了他们曾经攻击的目标——大学，特别是英语系，成为学院左派。他们不再直接从事革命活动，而是建构理论，主要是有关权力和颠覆的理论，在学院中拥有大批学生追随者。

学院左派不仅反对大企业的资本主义，而且对美国传统和西方启蒙思想的传统都持批判态度，而众所周知美国恰恰是启蒙时代的产物，所以他们的反美情绪也就很好理解了。他们中有些人认为美国已经不可救药，不再视自己为这一制度中的公民。马克思从未否定过启蒙传统，1930年代的老左派自然也没有，学院左派可以说是美国历史上第一个背离美国传统的学派或群体。一派之言难以长期独霸，与他们意见相左者便聚到了保守主义的旗帜下。现在左右两翼在一系列公共问题上都各执一端，一谈起堕胎、同性恋、多元文化、种族问题、社会福利等便有一触即发之势，无法对话。波斯纳认为两翼都缺乏现实感，右翼的问题是以一个美化的过去来衡量现在，而左翼的衡量标准则是一个想象的未来。

1992年在纽约州立大学召开了一次以"美国多元主义"为题的学术会议，发起者原想从历史切入来超越这个题目的政治层面。没料到争论双方话不投机，无法调解，只能在会后出版的论文集中各抒己见。有人称这种对立心态为新的"部落主义"，经历过"文革"的人会感到似曾相识。人一分派就被格式化，就容易丧失独立思考的能力，凡是我派的一定支持，凡是对立派的便坚决反对，全不问每个具体问题的曲直是非，盲目随大溜。其实成为一派也可能只是在某些观点或做法上一致罢了，不可能事事一致。

派性一上来，两派中的极端分子和极端言论往往会占上风，因为新奇极端最容易吸引注意力，也显得最革命最彻底，而中庸总是显得类似平庸。但是极端往往是以准确为代价的，极大简化复杂的社会现实，有时产生时代错位，甚至以重写历史来适应自己的观点。然而一派的极端只会给另一派的极端加油，这是斗争哲学的必然后果。虽说君子不党，人们在夺权或竞选时又不可能不通过党派来组织力量，但学者寻求真理也需要如此吗？

这些年来，以"政治正确"的口号来强迫舆论一律在美国已经越来越遭遇公开挑战。记得1980年代中哈佛一位教授在上美国社会学课程时，曾以统计数据比较各种族的家庭构成，其中黑人单亲家庭为最多，课后学生以各种方式群起攻之，称他为种族主义者。他们并不去查证他的数据是否正确，也不看他这样说的场合和上下文。有趣的是，如果不承认黑人单亲家庭比例最大的话，又何必说削减社会福利是针对黑人呢？不能正视问题又怎么能解决问题？"政治正确"很像是帽子工厂里生产出来的新品种，中国人见多了。

想不到的是，对20世纪60年代的缅怀居然影响到对"文革"的评价。国内经历"文革"的一代还在，为"文革"辩护的时机大概还没到来，但是在美国我确实听到了年轻的中国留学生在发问："为什么都说'文革'是浩劫，是灾难，难道它就没有好的方面？'文革'难道不是激动人心的吗？"我很欣赏这位年轻人独立思考的精神，对"文革"没有亲身体验的人这样想并不是错，但我希望他在做出自己的结论时千万要尊重事实，而不是将历史裁剪得适合自己。思想既不因为赞同的人少就不对，也不因为赞同的人多就不对。我尽量客观地去想他的问题,也没想出多少"文革"的好处来,也许"文革"对中国历史最大的好处就是事情走到极端,使中国人上上下下都明白此路不通,因而率先改革。当然,"文革"也给某些个人带来极大好处,由于无数人的正常权利被剥夺,在权力、财富、机会的再分配中确实为一小部分人创造了千载难逢的机遇。要说"令人激动"嘛,那么令每个人激动的原因是不同的,我只好说如果你感到整人、斗人、打人、天天高呼万岁很令人激动的话,那么"文革"自然是少有的令人激动。

真理越辩越明是要有条件的,双方必须以求真求实为目的,双方必须能充分摆出自己的观点和论据。但是即便如此,彼此也很难互相说服,因为在思想的形成中,现实影响远远大于理论。为当代妇女解放做贡献的不仅仅是《第二性》《女性奥秘》等女权主义著作,更有家电、速食、计划生育等将妇女从实际操劳中解放出来的手段。其实人们在争论之前心中早有定论,在火药味浓浓的环境中,情绪代替理性,只会越辩越辩不清,热气不少亮光却无,很像是一些"喧嚣与愤怒"。

谁说是头撞橡皮墙

当焚烧国旗的行为在美国合法化后,焚烧国旗者就不再是殉道者,也不再具有以往的影响。波斯纳引用了迈克尔·沃尔泽说欧文·豪的一段话来形容公共知识分子,说他们是"愤怒和异化了的社会批评家,头撞橡皮墙,希望遭遇有敬意的抗拒,结果却是无限的容忍。"他们一再强调的表达自由反使他们自己说了没人听。不过波斯纳的这本书还是吸引了不少注意的,当然褒贬不一。

赞同的不必多说,批评的原因很多,首先,他的书是第一本系统研究公共知识分子问题的,这样敏感的话题必然招来对立意见。其次,他对美国公共知识分子的总体评价颇低,还点了一大批显赫的名字,将他们说过的错话一一道来，这自然不会受到欢迎。其三，波斯纳虽然在书中可以说是左右开弓，对两翼都有批评，但毕竟占了多数的左翼是他批评的主要对象，而他是一个自称保守的联邦法官。他甚至还借用民间的话，说他们是"说左派的话，过右派的日子"。

更有甚者，波斯纳在结论中对改进目前公共知识分子市场萎缩和低质的状态提出了两个建议：一是要求他们将自己所有属于公共知识分子的活动贴到学校或个人网站上，以便供人查对，迫使他们说话负责。二是公开自己从这些活动中所得收入的出处与数目，这样当他们做出有利于支付者的言论时，人们就可以思考一下其可靠性了。这样的建议哪能不引起反感呢？作为联邦法官，波斯纳本人必须依法这样做，所以他看不出为什么不能适用于公共知识分子。当然他也怀疑这些办法的可行性，所以希望有人带头，逐渐形成风气，给不这样做的人制造压力。

波斯纳也可谓一厢情愿，他应该知道，公共知识分子和联邦法官还是不一样的，起码他们的话不是判决，没有法律效应。而且既然他以市场经济来分析公共知识分子，就应该明白现在的市场也许正是供需平衡的某种表现。公众需要听点意见，但也不将他们奉若神明，听听而已。既如此，又何必过于认真呢？一旦听众真的认真起来，像股民们听股市分析一样，这个市场也就很快会变化了。

公共知识分子是个大题目，波斯纳的书也和眼下几乎所有学术著作一样，是几百页的大部头，篇幅之大，恐怕也不是公众能接受的。他研究这个问题用了相当费解的经济分析法，在对公共知识分子排名时采取了三个依据：网站点击率、媒体提及率和学术刊物引用率，结果基辛格名列榜首。如此量化是否科学准确，肯定也会有争议。还令人不解的是，既然公共知识分子市场的衰落由现代知识的专业化职业化直接造成，而社会发展又不可逆转，那么怎么能期望再回到过去的好日子呢？又能指望从谁那里找到全部真理呢？所以他也只能在公共知识分子的可信度上做文章，诉诸他们的自律了。不过这些问题，包括他的观点在内，都不必使我们排斥他书中提出的一些值得思考的问题。

（2002 年）

亨廷顿 VS 福山

1989年夏，福山发表《历史的终结？》一文，引起强烈反响，成书后名为《历史的终结及最后之人》(1992)。1993年，亨廷顿发表《文明的冲突？》，1996年出版《文明的冲突与世界秩序的重建》，也极具轰动效应。这两本书都名列20世纪90年代最重要的国际政治著作，代表了西方世界在冷战出人意料地结束后的心理变化和对未来的预测。

转眼之间，冷战结束快二十年了，这在历史的长河中不过是白驹过隙，然而大量可预见与不可预见的事件已经冲击了世界，预示了后冷战的世界走向。现在再来审视福山的"终结论"和亨廷顿的"冲突论"，可以有点检验的意思了，它们经得起实践的考验吗？

（一）

福山要证明的是自由主义民主的普世价值，他预言其胜利乃历史之必然。

首先，他从现实层面叙述了自由革命的进程。1790年，实施该制度的只有美国、法国和瑞士，现在增加到了六十一国。四百年来，世界一直在朝着民主的方向发展，现代社会视民主为唯一合法制度，无法想象一种与之根本不同而又更优越的制度，因此它不可能被更高形式的制度所取代。

史实本身还不足以说明自由民主何以一定胜利，福山就重提世界普遍史这个古老的话题，他说："黑格尔和马克思都曾相信，人类社会的发展是会有终点的，会在人类实现一种能够满足它最深切的、最根本的愿望的社会形态后不再继续发展。"

为了证明历史确实朝着有规律的方向进步，福山先是借助现代自然科学发展的方向性。科技是决定人类发展的关键因素，而科技的发展只能从简单到复杂，从低级到高级，决无逆反的道理，这就为人类发展提供了一个有方向性和普遍性的历史机制。可是福山也不得不承认，市场导向的专制国家在经济上完全可能比民主国家干得更好，因为专制政府雷厉风行，可以省去民主制中不少的拖沓麻烦，他无从证明科技经济高度发展和自由民主的共生关系。

于是他就求助于黑格尔—科耶夫有关"获得认可的斗争"的理论，试图从人性的内在需要来解答这个问题。根据黑格尔，人与动物最根本的区别在于人渴望得到别人的认可。最初的人是为了认可，为了荣誉而不惜拿生命作赌注浴血奋战。不怕死的那个人战胜了对死亡的本能恐惧，从而战胜对方成为主人，怕死的失败者就成了奴隶，人的独立自我意识也起源于此。在黑格尔看来，绝大多数政治生活是完全非经济的，政治以"认可"为中心，人类历史以"认可"为线索，几千年的政治问题——宗教战争、民族主义、阶级斗争，都是为了解决认可问题。然而以往所有社会都不能从根本上满足主人或奴隶获得认可的欲望，只有当历史迈进到法国革命，确立了自由主义民主，这一问题才得到解决，普遍的相互的认可终于取代了不平等的认可，主人和奴隶的道德合而为一，人类社会进入人人相同、人人平等的状态，历史因此走到尽头。

由此，福山找到了连接自由经济和自由政治的环节，现代自然科学满足了人的欲望，民主政治则满足了人的精神。既然获得认可是人性的基本诉求，又没有其他制度能比自由民主更好地满足它，那么这个制度在全球获得胜利只是时间问题了。

终结论一发表就招来众多非议，喝彩者大多出于政治原因，反对者却各有各的理由，其中有德里达这样反对自由主义民主的人倒是不必解释的，他对福山的批驳火力凶猛，言辞激愤，奚落嘲讽，可谓势不两立。值得注意的是，许多政治立场与福山相似的美国保守派也持反对态度，那么他们反对的又是什么呢？

一是终结论的可信度。

不少人认为，自由民主制度未必对所有社会都行得通，它不是那么容易确立的，其实现过程伴随着激烈的社会动荡，欧美能走到今天堪称幸运之神的眷顾。但即便欧洲在19世纪就实现了这一制度，后来还是爆发了一连串反民主的极端事件，危险至今犹存，敌人很可能就是自由民主本身。人类历史的种种挫折表明，没有理由对未来过于乐观，那样只会低估灾难的发生。就人性而言，永远存在作恶的可能。一切政体都是过渡的，均不稳定，无论从自由民主的外部或内部来看，这一制度都不会是终结，终结论这种关于绝对平等和谐社会的政治承诺属于早已声败名裂的乌托邦。

二是终结论过分依赖黑格尔的唯心史观。

保守派中几乎无人接受黑格尔唯心史观，他们不认为历史有一个预设的终点，更不承认有人能真正知道历史的目的、方向和未来。黑格尔赋予历史的这种固定模式徒有美学价值而已，这不仅因为已经发生的历史证明不了他的模式，更因为在他的宇宙自我实现中，历史成了目的，人只是需要去自觉配合宇宙的工具，这种模式贬低人的作用，把人类活动视为历史自身发展的陪衬，以至于某些人动辄以推动历史的名义任意牺牲在历史面前无足轻重的个人。

有论者指出，福山的口气表现出一种智性的傲慢，其"思想最终将统治物质世界"的论调让人震惊。就人类本身有限的视野和知识而言，谁能知道什么是历史的偶然？什么是历史的必然？对历史划线只是发生在人脑中的事，不能强加给历史。在这种诠释中，人类的命运似乎都已一清二楚，无论再发生什么也改变不了其方向，剩下的事情就是把现实中的纷乱打扫干净，为历史必然性铺路。这种理论当然很诱人，遗憾的是它最大的问题就是与现实脱节，它提供了一种解释，却丧失了真实。

该观点认为，历史进步的取得往往是偶然的，完全可能被逆转。决定历史的是人的选择，而非历史本身的绝对理念。黑格尔体系关注的是应该发生什么，相比之下实际发生什么好像反倒不重要了，任何事件在历史必然性面前都不过是枝节，不符合的更被视为"意外"或"历史岔道"。既然历史都已确定了，个人便无自由可言，更谈不上影响历史了。

再者，终结之说大多是神话和宗教的内容，这种思维在19世纪的德国哲学中也流行过，但哲学与宗教的最大区别在于哲学的傲慢自大。基督教至少将"终点"保持在一种不确定状态，而黑格尔却毫不犹豫地将它定在1806年10月的普法耶拿之战，认定法国革命思想的胜利象征着国家已经确立了自由主义民主的原则。与黑格尔的狂妄相比，基督教虽然也认为自由在于个人意愿服从上帝意志，但那至少是讳莫如深的，多少还剩下一些个人自由的空间。而那些自以为懂得历史目的的人，却堂堂正正地把别人作为手段和工具来对待，因此黑格尔的自由就是他人的不自由。

看来，政治哲学化也许原本是福山期望该书的最大特色，结果却成了它的最大争议。早就有人指出，哲学就其性质而言是不现实的，甚至可以说是癫狂的，哲学家有随心所欲的自由，可以天马行空地去思考任何问题，不必顾忌其实际效果。而政治要解决的是实实在在的社会问题，必须牢牢扎根现实，具有可行性。政治和历史中虽然都可能包含哲学理念，但不可能要求政治和历史无条件地去服从哲学。

福山把现实政治和黑格尔唯心史观捆绑起来的后果是，失去黑格尔的支撑，他的论点就被釜底抽薪。而当代大部分人都倾向于认为历史的发展存在各种可能性——暂时倒退、回到野蛮、出现断裂等，根本无法预测，西方自由民主制度在内外矛盾的压力下也未必不会失败。至于将"认可"

视为"驱动历史车轮的欲望"是否可信,也是大可怀疑的,人是精神和物质不可分的结合,没有人确切知道"最初的人"拼搏的动机,怎么能证明他们是为了纯粹名誉,而不是为了食物、家园和生命去殊死战斗呢?

三是终结提供的前景令人沮丧。

《终结》一书的第五章为"最后的人",描述历史终结后的人类生存状态。"最后的人"这一概念来自尼采,尼采痛惜地感到,所谓的现代化只是欲望战胜了精神,优越意识在伦理上被霍布斯和洛克的自我保存理论瓦解掉了,"财富"替代"光荣"成为现代人的第一追求,尼采要力挽狂澜,重新确立精神对欲望和理性的优势。"最后的人"指的就是那些放弃优越感,只有欲望、只求舒适和自我保存的人,他们自以为幸福,卑琐地活着,没有抱负理想,千人一面,全盘接受奴隶道德观。他们甚至不知道轻蔑自己,算得上最可鄙之人。

福山无奈地预言,当人的认可最终得到满足后,就只剩下欲望和理性,失去了精神、目的、道德、勇气等一切可贵的美德,沦为"最后的人"。这就是自由民主的致命内伤,这一制度解决了认可问题,但人却不能没有这一问题而有价值地活着。获得认可的欲望既是专制、统治欲、帝国主义的根源,同时也是勇气、正义、公共精神等政治美德的心理基础。平等认可的欲望得到满足后,为获得认可(尤其是优越认可)而斗争的巨大能量只能被导向经济活动,辅之以体育比赛、茶道、插花之类琐碎的释放形式。所以对福山来说,历史的终结是非常悲哀的,激励人们胆量、勇气、想象的事情都将被纯粹的经济盘算所代替,甚至不再有艺术和哲学。届时人们将深深怀念历史存在的时候,而这种永恒的厌倦终将再次启动历史。

对如此远虑,人们不禁要问:如果历史终结所创造的只是不完整的、无法令人向往的"最后的人",那么自由民主的实现还算得上胜利吗?这个目的是否值得追求呢?更何况终结后人类倘若还要重返历史,那么历史不过循环而已,还奢谈什么终结?福山岂非在自相矛盾?

（二）

冲突论呈现的是一幅迥异的前景，内容也要复杂得多。亨廷顿认为，冷战的结束使各国摆脱了意识形态认同，在一阵纷乱之后，重新回到了传统的文明认同。世界出现前所未有的多极和多文明的格局，文明的冲突将成为把握未来一个时段内国际政治的新范式。

亨廷顿将世界分为七至八种主要文明：中华文明、日本文明、印度文明、伊斯兰文明、西方文明、拉丁美洲文明、斯拉夫—东正教文明和可能存在的非洲文明。在他的文明划分中，宗教占有头等重要的位置，因为他认为，"人类群体之间的关键差别是他们的价值、信仰、体制和社会结构，而不是他们的体形、头形和肤色"。

文明具有长期的历史延续性，但也是动态的，有其产生、崛起、成熟、鼎盛、衰落、消亡的生命过程，虽然这过程可以延续很久。各文明的力量此消彼长，当前最重要的两个趋势是：称霸世界几个世纪的西方文明正在相对衰落，而以中国为首的亚洲正在复兴，伊斯兰世界正在崛起。

在强势西方文明的影响和威胁下，处于弱势的文明一直在向西方看齐，竭力发展本国的经济现代化。然而现代化不等于西化，这是亨廷顿反复强调的一点。在他的概念里，现代化指的主要是工业化城市化这些物质文明的现代化，而西化则是价值观和体制方面的。非西方文明要的是西方的富裕，而不是西方的民主和多元。当其国力增长后，就会日益鼓吹自己的价值、体制和文化。亚洲和伊斯兰国家的现代化发展不仅没有促使他们在价值观上更加认同西方，反而有了更多肯定和张扬自身文化的资本，相继出现本土文化的复兴，变得更加非西方化，甚至反西方化。西方和伊斯兰的矛盾尤为突出，西方的自由民主无法在穆斯林社会中生根，伊斯兰主义运动迅速兴起，导致许多穆斯林国家政治上的伊斯兰化，其中不乏极端的原教旨主义，它们将西方视为侵略和堕落的。

全球性的宗教复兴被亨廷顿称为"上帝的报复",他分析其深层次的原因是对现代化的反应。世俗的现代化无疑是对传统群体社会的巨大冲击,瓦解了宗教的基础,直接影响到人们的信仰、价值、生活方式和精神寄托,无数人感到灵魂无所适从,迫切希望"为社会组织重建一个神圣基础",两个后果就是反西方和宗教复兴,因为西方是现代化的始作俑者,现成的替罪羊。

当前,以文明为基础的世界秩序正在形成,各文明大都有自己的核心国家,它们正取代冷战时的两个超级大国,成为吸引和排斥其他国家的几个基本的极。各国大都按照文明的归属,被纳入了以核心国家为家长的大文明系统或"大文化圈",在各自的系统内协调行动,而且只有同质文化国家间的合作才最有成效和持续性。

亨廷顿预测,冷战后国际政治将以文明冲突为主,从全局看,主要矛盾是以西方为一方,全部非西方为另一方的矛盾。西方文明的八大特征是:希腊罗马古典遗产、天主教和新教、欧洲语言、精神权威和世俗权威的分离、法治、社会多元主义、代议制机构和个人主义。文化上距离最远的还是亚洲,中国正在恢复其霸主地位。儒家文明和伊斯兰文明这两个最重要的挑战者文明有组成联盟反对西方的趋势。从局部看,冲突将主要发生在伊斯兰和非伊斯兰文明交界的这条"流血的断层线"上。

西方该如何应对?如何在冲突中保存自己并维持优势?这是亨廷顿最关心的。他的对策是,从外部讲主要是防止核武器扩散、维护人权与民主、限制移民迁入这三个方面。从内部讲主要是"促进西方联盟,协调其政策",吸纳东欧国家加入欧盟以团结壮大联盟,积极争取东正教文明和拉美文明这两个比较接近的文明。在亚洲要防止日本顺应中国,致使儒家文明坐大,同时要利用非西方国家之间的差别,瓦解反西方联盟。

法律和秩序被公认为人类文明的基础,因此亨廷顿认为,维持世界秩序是最可靠的防止冲突和战争的办法,具体原则有三:一是"避免原则",即核心国家避免干涉其他文明的冲突;二是"共同调解原则",即核心国家相互谈判以遏制或制止国家间或集团间的断层线战争;三是加深认识各文明的共性,人类毕竟拥有某些共同的道德观念,并且是绝对的。

文化文明问题早已成为西方的一个敏感话题,政府亦不便涉足,亨廷顿直言不讳,以文明为全球冲突划界,激起批评居多,乃理所当然。批驳角度很广泛,具体的如文明划分的不科学、国际冲突动因的简单化、文明认同高于国家认同的武断、文明冲突的夸大、冷战思维模式、对伊斯兰文明的偏见等。

那么冷战结束以来的世界现实又是怎样呢?不可否认,各地冲突频繁,甚至很血腥,发生地点还正好相对集中在亨廷顿所言的文明断层线上,"9·11"的发生更是证实了西方文明和伊斯兰文明之间的紧张关系是当今国际关系中的主要冲突。难怪"9·11"之后,亨廷顿保持沉默,有点不幸言中的味道。文明冲突在他心目中是噩梦,是世界范围内向部落冲突的复归,在人类历史中,以意识形态分类看来不过是个小插曲而已。

冲突论有其有用的一面,但推向极端就会走到谬误。将文化政治化的趋势其实在亨廷顿之前就颇为盛行,不少对于文化的思考和再思考都具有相当明显的政治立场和意图,文化被用作通向政治的路径。很可能正是美国国内的这种趋势启发了亨廷顿将其运用到国际政治,但这样做肯定会产生很多误区。

一是将文明差异的绝对化容易否定人类共性。横向看,他否认了人类共性和普世价值。如果不同文明间真的水火不容,人类还能交流,还能延续到今天吗?同时他也忽略了文明内部的冲突,在冲突发生的频率和激烈程度上,同一文明内部的争斗丝毫不亚于不同文明之间,这些争斗也同样深刻地影响全球政治。

纵向看，人类难道没有发生变化吗？世界各地人民对那些促进人类进步的基本价值的认同不是在推进吗？有论者指出，这些共同价值从功能上说已经无所谓西方还是东方。当今世界上公开反对自由、民主的人可以说是少之又少，虽然各自的概念不同。随着现代化的进展，文明的演变正朝着全球化的趋同方向发展。有论者认为，"一个既非西方、亦非非西方的世界文明或者为全人类所认同的普世文明正在形成之中"，各种文明都在为它的形成做出自己独特的贡献。

二是不利于具体对待每种文明的优缺点。任何文明本身都是多元的，有长处也有不足。倘若先将某些特征赋予一种文明，然后再因这种文明而肯定或否定它，不是很荒谬吗？难道仅仅因为它是"西方"或"东方"就反对或支持吗？"西方""东方""伊斯兰""儒教"都不是科学的衡量优劣的尺度，更好的办法也许是个案处理，将每个文明的具体特征拆开来分门别类地问问是好是坏，是合适还是不合适。例如评判一下是政教合一好，还是政教分离好？领袖是选举产生好，还是世袭指定好？好的就肯定，就保留，也值得学习。不好的就否定，就抛弃，就引以为戒。这样做不仅更加客观公正，也更能博采众长。一些不适应时世的传统被淘汰了，乃文明生存发展之必须，又何必抱残守缺，仅仅因为它曾经是"我们的"就再不能舍弃？

三是容易忽略文明的动态变化和相互影响。任何文明都处于不断演变的过程之中，不存在一种固定而纯粹的形式，因此狭隘地定义一种文明是不合适的。文明承上启下，把过去、现在和将来维系在一起。一种文明要延续下去，就必须顺应时世，本着理性而开放的心态，善于从别的文明中吸纳养料来完善自身。文明虽然千差万别，但为什么差异的结果一定导致冲突，而不是取长补短，相互丰富呢？

冲突论的要害就在"冲突"二字上，应该强调的是对话。越是强调文明间的差别并将其政治化，差别和冲突就越有可能得到强化。不同的文明完全可以和平共处，一种文明的移民能够融入另一种文明的事实就充分说明了这种可能性。人作为政治动物，倾向于按某些共有特征将人分类，这种做法粗暴地将生动的个人格式化，但无论是家族、部落、种族、族裔、血统、阶级、意识形态等分类都被证明不能永远适用，也都抵挡不住另一种更强的倾向，那就是人类的同情和团结。人类文明的共性与各文明的特性相比，毕竟更为重要，没有力量能够永远彻底地分裂人类，如今越来越多的人认识到了和谐世界的重要性。

将全世界的人都归到各大文明的麾下，再认定各自会为自己的文明背水一战，亨廷顿的推理确实有些过头了。然而与其说亨廷顿要挑起文明冲突，倒不如说冲突论更多地透露了他内心可怕的凶兆。他知道西方强势已经延续了几百年，积怨甚多，如今其他文明迎头赶上，正在挑战西方霸权，他不能不为西方的命运担忧。在他的想象中，不仅西方文明在衰落，更严重的是后院隐藏的不安——美国本身正在非西方化，这点在他后来的著作《我们是谁？》中表白得很清楚。他忧心忡忡地写道，"从历史上看，美国的特性涉及四个主要组成部分：人种，民族属性，文化（最突出的是语言和宗教）以及意识形态。"人种和民族单一的美国不复存在，到20世纪70年代，"三个世纪以来起核心作用的盎格鲁—新教文化受到了攻击"，更有甚者，"美国信念"中平等和个人主义这两条主要原则受到了美国社会中许多个人和团体的攻击。作为西方文明的信徒，亨廷顿尽管在冲突论中纵横捭阖，却掩饰不住他的焦虑和悲观。

（三）

终结论和冲突论表面看来很是不同，甚至针锋相对。福山乐观，亨廷顿悲观。福山是乌托邦的浪漫主义，亨廷顿则是冷眼烛世的现实主义。福山诉诸普世价值，亨廷顿反对，他认为普世文明只是普世权力的产物，西方文明不仅不是普世文明,而且是独一无二的,其自由、平等、民主、个人主义等特色是曾经存在过的任何文明所不具备的。与历史上其他文明相比,西方文明的盛衰轨迹并无太大不同,不同的是它的理念和价值观。如果西方文明失败了,这些特色也将从人类文明中消失。因此他反对现代化等于西化的说法,也反对民主化导致西化的说法。

但在本质上,两论仍是相通的。

其一,两位美国学者都是西方自由主义民主制度的信奉者。一个爱之深而愿其永生,一个爱之切而恐其不测。两人心中都有非常具体的政策目标,福山希望看到美国在海外积极推动民主,而现实主义的亨廷顿则警告那种傲慢和天真的民主帝国主义可能带来的灾难性后果。

其二,他们都将自己的理论建立在人性的基础之上,只是角度不同。福山强调人性追求自由的本性。亨廷顿无疑同意弗洛伊德所说的人只有两种本能——力求保护和联合的本能……以及力求破坏和杀戮的本能。福山的说法源于黑格尔,亨廷顿的人性论继承了霍布斯,二者分属历史悠久的两派哲学,都称得上根深蒂固,可见历来难有定论。回眸历史,人类确实从未停止过争斗,不同的只是方式而已。但人类对自由的追求也同样无一日停止过,不过不应忘记,对自由的追求也充满了斗争和暴力。

如果没有福山式的自我陶醉,亨廷顿的理论本无新奇之处,熟稔"分久必合,合久必分"的中国人对此毫无理解障碍。要证明冲突论,亨廷顿只需立足经验,以史为鉴,而终结论属于未来学,并无历史证据,故福山不得不求助于哲学推理。说到底,关于人性,我们人类自己谁又有资格作终审裁决呢?既然世上的精英自古辩论至今也还是僵持不下,这场争论注定还是要继续下去的。

在比较了福山和亨廷顿的理论后,有论者认为,文明的冲突事实上也许将有助于把国际秩序朝福山的方向推进,因此短期内(比如几十年内)亨廷顿的冲突论会被证明更为适用,但却不能说明在更长的历史时段后福山的终结论就不会得到证实。毕竟现代化不可避免，而现代化又必然颠覆传统社会，那么谁能肯定伊斯兰这样的传统社会就一定不会改变呢？原教旨主义运动不正是看到了这样的趋势并试图制止它才遽然兴起的吗？

关于亨廷顿否定西化等于现代化，也有人提出异议：为什么现代化偏偏在西方首先出现呢？这和西方文明本身难道没有任何实质上的必然联系吗？有论者说："很难想象现代化和西化联系在一起不过是出于偶然，很难想象现代化会轻而易举地在中东或印度自发产生。只有在西方，自由体制的发展才将人从传统威权中解放出来，允许他们自由地追求科学和政治。"而且，没有西方价值观的支撑，现代化能否长久维持也令人怀疑。

持如此观点的人显然认为亨廷顿对西方文明过于悲观而缺乏自信，低估了西方文明的影响，忽视了市场经济在国家关系中的意义。三百多年来，西方对其他文明的影响难道仅仅是物质的现代化吗？如果不涉及制度和思想层面，又怎么会引起传统社会那么强烈的反弹呢？亨廷顿自己不也看到了西方民主制在全球的扩展吗？大多西方论者还是肯定西方价值观的，认为虽然迄今为止西方还没有完全实现这些价值，但不等于它们不是值得追求的理想。

最后，还有一个范式本身的问题。大多学者反对大而无当的范式，认为现实世界如此复杂，任何理论都不可能把影响现实的万千因素囊括在内，因此根本不存在（甚至不需要）一个涵盖一切的大框架，寻求如此宏观理论框架的努力都注定要失败。范式无非是将复杂的现实裁剪成适合自己的理论，这种简单化的图像虽然容易推销，结果却是误导。未来是谁也说不清的，历来的宏大理论都没有被历史证实，现在又凭什么能正确预测未来？范式是独断的，往往有意无意地忽略那些不能说明或者不符合体系的事实，因此即便使用范式，也不应独取一个而排斥其他。我们需要做的是扎实地掌握知识，全面把握现实，在翔实的研究基础上，对每个个案做出具体判断。

范式确实不是万能的，如果衡量范式的标准是要它扮演万世明灯，那么将不存在范式。但范式也不是完全无用的，因为人们总是需要一个认识和解释世界的途径，以便将庞杂无序的大千世界理出个头绪来，作为判断和行动的依据。一切宗教和意识形态都称得上是某种范式，都是在指导人们认识世界，每个人也都会有自己看世界的方式。从这个意义上说，终结论和冲突论所体现的问题意识都是值得称道的，至少为观察国际政治增添了新的角度、依据和参考。一种理论如果能起到一时的借鉴作用，得到一次证实，就颇为不易了。要挑毛病当然也不难，世界毕竟不是在纸上构建出来的，不会纳入任何个人的理论框架中。

（2008年）

价值中立的两难

一、价值中立与自由主义

何为价值？价值就是人们心目中美好的、积极的东西，它包含判断是非、善恶、高低、美丑的标准。对于一个社会来说，价值是道德行为的规范，是制定法律的基础，是社会凝聚的中心。对于个人来说，价值是人生意义、立身之本。价值的确立可以说是一个人最重要的人生抉择，也是他的知识、能力、品行等各方面的综合表现。可以说，凡是人就必有他的价值观。

何为价值中立？顾名思义就是进入一种价值无差别的境地，对所有价值不作评判地一视同仁，不认为它们之间存在本质上的是非高低。价值有一定相对性，尤其是在不同的文化中，例如"黑白"在美国文化中常常具有中国文化中所没有的强烈政治含义。当价值的相对性被过分夸大时，就成了价值中立。价值中立到底意味着什么？它是否真有可能？

首先，价值中立作为一个政治概念是自由主义社会发展到一定历史阶段时才产生的现象，因为在此之前的所有各种社会在价值上可以说都是绝对主义的，都有自己自上而下的权威价值，它要求所有成员都奉行这一价值，必要时会不惜采取强制手段。在美国殖民早期的马萨诸塞，信教就是强迫性的，而且只有公理会这一个教派。当然，理想的状态是每个成员都能自愿地将社会的权威价值内化为自己的信仰,当内外价值达到融洽一致时,社会就会处于安全的平衡状态。孔子七十而从心所欲不逾矩,就是达到了这种内外统一。圣人尚且要活到七十岁才达到这种境界,其困难也就可想而知了。

因此,人们由于价值信仰冲突而大动干戈的事屡见不鲜,人类历史简直就是各种价值间无休止的交锋、较量和征服,至少名义上是这样,因为价值与利益是分不开的。斗到最后,胜者的价值就成为权威价值,并强加于他能控制的其他人。在历史上人们为了维护自己的价值信仰(或曰宗教自由,或曰真理)是不惜牺牲的,但一旦他们的价值成了权威价值,便同样不容忍其他价值。直到17世纪自由主义的先驱们提出宽容,人类历史才第一次摆脱了这种价值更替的循环,而自由主义的本意也就是宽容、大度、开明。

在提出宽容的那一代,以及而后尚对信仰迫害有记忆的那几代,他们在提倡宽容之时有着自己十分明确的价值和目的。可是久而久之,宽容的目的被渐渐忘却,宽容似乎成了唯一的价值,民主社会的平等意识对价值的平等又无疑推波助澜,于是宽容一步步演变成了价值中立。所谓价值中立距离无价值已经只有一步之遥了,中立的最终结果无非是将所有价值一概抹平,无是无非,无善无恶,无高无低,无美无丑。当宽容被滥用成纵容,它自身也就被瓦解了,在价值中立中长大的一代很难不感到无所适从。从过去的独霸真理到宽容到价值中立到无价值,似乎是走完了逻辑的一圈,因为可以想象,无价值必将导致混乱,最后仍是价值的独霸。

假设价值中立真的导致彼此容忍,最好的结果也不过是十足的平庸,因为每个人必须小心翼翼,不对任何价值做出评判,人人自危,如履薄冰。既然没有高尚卑劣之分,自然也不会再有高尚的冲动,这样的心态和社会想必很脆弱,整个社会的道德价值也必将下滑。价值中立很像是自由主义在走向自己的反面,从尊重个人权利出发,蔓延泛滥成赋予一切生活方式以同等的价值，价值判断则被认为是不平等和冒犯的做法。

二、价值中立与宽容

宽容是一种美德，也是历史的进步，宽容并没有悠久的历史，它是自由主义带给现代社会的一笔财富。为什么要提倡宽容？洛克在《论宗教宽容》中做了充分论述。当时的价值信仰主要体现在宗教上，所以他从宗教入手来论证。他认为良心自由是每个人的自然权利，宗教的全部生命和动力只在于内心的确信，因此任何外在力量都不能强迫内在的信仰。真理只有一个，到天国的路只有一条，对其正确与谬误的裁决权只在上帝。个人的灵魂属于自己掌管，政府无权强制，强制就不叫信仰，而是对上帝犯下伪善和蔑视之罪，洛克的结论便是宗教宽容和政教分离。

宗教宽容的意义主要有二：一是为了使不同信仰的人可以和平共处。既然个人有判断和信仰的权利，信仰不同便在所难免。不同信仰的人只有相互尊重，人类才可免于血腥的良心镇压和宗教战争。二是个人的观点信仰很可能是错误的，许多人共享的观点信仰也可能是错误的，因此必须相互容忍，才不至于堵塞了真理的发展。

洛克的后继者们将宽容的概念逐渐从宗教延伸到道德和政治领域。宽容确实允许不同价值和信仰的共存，但绝对不是没有价值判断，更不是价值真空。宽容就是容忍异议或异端，观点一致就无所谓宽容。宽容就是说，我有我的价值，你有你的价值，我不同意你，但你可以拥有自己的观点和价值，我不会强加于你。宽容可以说是不以美德相求，只以法纪约束。它本身就是一种明确的价值，提倡宽容与价值中立是两回事。一种积极的思想被激化后丧失其合理性，甚至沦为谬误是常见的事，但极端的思想由于显得十分彻底而往往颇有迷惑性。

三、价值中立与道德平等

价值中立从最好的意义上说就是尊重每个人拥有自己价值观的权利。因此，如果没有对个人权利的肯定，就谈不上价值中立。价值中立也是和人人平等的观念紧密相连的，在平民百姓惟命是从之时，只有权威的价值才有合法性。

平等作为人类公认的价值和追求的目标，也没有悠久的历史，但平等的要求一旦产生，它的发展之快是惊人的。托克维尔早就注意到，美国民众对平等的兴趣远远超过对自由的向往。从《独立宣言》宣布人生而平等开始，美国人很快走完了从追求政治平等到机会平等到经济平等的道路，如今价值中立又往前推进了一步，因为价值是道德的体现，所以从本质上说它就是追求道德的平等。价值中立认为生活目的和方式虽各有不同，但作为其出发点和基础的价值却是平等的。不能对人作价值评判就是不能对人作道德评判。

如果说政治平等旨在取消贵贱，经济平等旨在取消贫富，那么道德平等就可以将好人坏人一笔勾销了。我们知道，出身贵贱主要是先天的，贫富也有相当部分是外在因素造成，但人是有道德抉择能力的，个人应该对自己的德行负主要责任。将一个自我放纵、危害社会的人与一个严于律己、造福社会的人在道德上扯平，这怎么能让人信服？又会导致什么后果呢？

人们厌倦了道德评判，选择不作评判，这在一定时间和范围内是可以理解的，在一定程度上也是合理的，但却不能无限延伸，否则物极必反。完全不作道德评判与任意强加道德评判虽然在效果上截然不同，但危险是同样的。如果道德可能平等，那只有当人都成为天使，那时所有的价值自然都会是真善美的。但人以前不是天使，现在不是，也很难想象将来会是。人类社会始终存在着假丑恶，假丑恶虽然不是好的价值，但也是某些人的价值，价值与价值是不能相提并论的。

在基督教文化中，最高价值是上帝，他代表了终极真理。基督教持性恶论，堕落的人必须依靠上帝和笃信耶稣方能得救，在西方论及道德时就会论及宗教，是宗教赋予信徒们大致相同的价值。中国的儒家并不是严格意义上的宗教，但两千年来，它起到了类似宗教的作用，为什么？因为它宣讲了价值，确定了做人的规范，社会的规范。儒家基本上持性善论，学会做人就必须下功夫修身养性。直到今天，绝大多数中国人自觉不自觉地还是在遵循着这些儒家规范。儒家的生命力之强表现在它可以与时俱进，因为它的精髓在仁义、在气节、在文明礼仪的规范，而不是教条。

有人的地方就必有价值，价值中立是否真的存在实在令人怀疑。首先价值中立本身就是一种价值，如果你持价值中立，你就不能反对别人的价值不中立，否则岂非违背了自己中立的原则？在美国，一个外国人觉得困惑的是，一方面是宣扬价值中立，要将所有价值扯平，另一方面又是强劲的政治正确原则，是非分明，在一个问题上要求相对主义，在另一个问题上又要求绝对主义，这也算价值中立吗？一个社会的权威价值通常是强势群体的价值，价值中立的口号无疑有利于弱势群体维护自己的价值，这是可以理解的，但将价值中立作为维权的武器，用场亦很有限，因为弄不好它也许很快会引起反弹。

四、在绝对主义和相对主义之间找一个合适的度

世界上存在的价值观都有其历史形成的原因，也有某种合理性，但是走到极端都有可能变成谬误，所以关键是在两个极端间找到一个合适的度。在绝对主义和相对主义价值观之间肯定也能找到这样一个度，一个健康的平衡点。

价值的不同主要取决于宗教、地区、种族、时代。不同的文明之间因

为彼此的差距很大，需要容忍的东西最多，这个度肯定最大，为了和平相处，必须多尊重其他文明的价值，不要将自己的价值强加于人。国家之间其次，也应按国际法互不干涉内政，相互尊重。在一个国家内，即便是多民族的国家，这个度也就小多了，因为一个国家必须有统一的法度，否则国将不国。当年美国的摩门教徒要求在犹他建州，被联邦政府拒绝。就是因为他们实行多妻制，违背了美国法定的一夫一妻制。婚姻制度的区别在国家之间是可以容忍的，但在一个国家内就不能容忍。团体越小，共享的价值肯定越多。在不同的社会，由于情况不同，容忍的度也就千差万别。在中国的电视中，你经常可以看到化妆品广告在反复宣传美白，皮肤越白越美，这在中国并不构成问题，但在美国大概就很不合适，要犯众怒，虽说按照价值中立的原则，对别人的审美价值也应一视同仁。

价值标准有一定的相对性，但这相对性也是相对的，因为我们衡量是非善恶的标准还有一个比文明更大的群体，那就是人类。互不干涉内政是对的，但是假设希特勒当年只是在德国关起门来屠杀犹太人，外界是否也应干预呢？作为人类，我们有没有共同的价值呢？如果不承认存在普世价值，那么国与国之间如何交流？联合国还有什么意义？还能达成什么共识和协议？对生命和人格的尊重，对自由、平等、民主、和平、进步的追求等等都是人类普遍认同的价值，至少在今天是全球性的。好的价值应该是更符合人性和道德的具有普遍意义的价值。各种价值只要放到这种普遍的价值前衡量一下，孰优孰劣其实就不难分辨了。

洛克在论宽容时说过，"只要让真理独立自主地行动，它一定能够很好地生存下来。"真理如何独自行动呢？那就是辩论。走向共识的路不是中立和沉默，而是公开公平的辩论，真理怕什么呢？是真理就必然越辩越明。价值是内在的信念，任何强加于人的做法都不会见效，只有在健康自由的讨论中，才能找到不同价值相处的最佳平衡点。一方面要克服狭隘的排他性，反对那种唯我正确、独占真理的霸道霸气；另一方面要克服无是无非、无优无劣的道德虚无，这样才能使人类更好地彼此理解，和平相处，共创共享地球文明，弘扬人性高度，这应该是人类最高的价值吧。

（2004年）

多元背后的共识

一、和谁同化

曾经听一位来自美国的学者讲美国移民史，她本人就是大陆去的中国移民，如今在美国扎了根。在她讲完美国移民的痛苦经历后，有学生问她："您作为新移民在美国是如何同化的？"她露出鄙夷的神情回答："同化？和谁同化？去和盎格鲁—撒克逊同化？现在是多元文化主义了！"我想她的意思是，她完全可以而且应该保持她的中国文化，不必也不应该美国化。又有学生问她："您为什么选择留在美国？"对此，她答道她欣赏美国的自由。

她的话让我觉得很有意思。不想被同化，却要留在美国，居住地的选择算不算一种同化？宣誓入籍，放弃对中国的忠诚，转而效忠美国，成为其一部分，这又算不算同化？最起码，你要认同并服从合众国宪法和所有美国法律，而这些法律本身就是美国文化的制度化体现。你还将投票选举美国议员，而不是中国人大代表，这也不算同化吗？而她所说的欣赏美国自由，我想不出这不是同化又是什么？我赞成人有选择国籍的自由，但是我以为这种选择肯定包含着价值的认同，正像她自己承认的那样，只是不愿使用"同化"这个词罢了。否则，一个人在自愿的情况下，偏偏放弃他认同的国籍而去选择一个他不能与之认同的国籍，那不是太自相矛盾了吗？若非逻辑混乱，难免人格分裂。

二、美国人的部落化

在美国历史上，一代又一代的移民将同化（也就是美国化）视为理所当然。常言道入乡随俗，他们要学习英语，接受美国价值，慢慢实现他们的美国梦。所谓美国化主要就是与美国文化认同，而美国文化又是以盎格鲁—撒克逊文化为主的。在大熔炉时代，移民在美国化过程中虽然颇为艰难，但并不觉得这样做很伤自尊。现在不同了，同化这个概念变得很犯忌，说要被盎格鲁—撒克逊文化同化似乎成了某种屈服背叛，很像是冒犯了政治正确，其严重程度简直可以与中国人深恶痛绝的卖国相比较。

早就有人指出，多元文化主义有一种把美国人部落化的倾向。各个族裔坚持自己的文化，好像彼此互不相干，甚至相互排斥。以文学为例，黑人文学不能用白人文学的标准来衡量，必须有自己的标准，自己的文艺理论。如此，统一的文学评价标准就不存在了，文学史成了族裔文学的汇编，也无所谓世界级文学大师了。正是沿着这种逻辑，多元文化主义反对学习西方经典，他们要重写历史，重编教材，重设课程，有些州甚至反对英语作为唯一官方语言。照此类推，出于对公正的不同理解，各族裔是否应有自己的法官？出于政治利益的不同，是否还应各选一个总统？最后，谁又能代表美国去处理外交呢？像美国这样一个囊括了世界上所有民族的国家要是这样各自为阵的话，它还能存在下去吗？

以族裔为单位来划分人，就和划分阶级成分一样，是把每个人格式化类别化，个人的独立和特点被忽略了，这显然是一种倒退。为什么法律都是直接诉诸公民个人而非群体？为什么法律面前要人人平等？原因之一就是每个人应该为自己的行为负责，也只能为自己的行为负责。更何况，阶级还有变动的可能，族裔却完全是先天的，是以更僵固的尺度来衡量人，荒谬绝顶，简直有点种姓制的味道了。

有观点认为，美国历史上曾经有过三次大的分裂危机：第一次是19世纪上半叶蓄奴与废奴之争，导致南方分离，以一场内战结束。第二次是19世纪末工业化后的贫富悬殊，导致进步运动和新政的大规模改革，放任自由主义演变为国家有限干预经济的现代自由主义。当代的多元文化主义是第三次危机，有人称之为"美国的特洛伊木马"，它倾向于将族裔文化置于共同的美国文化之上，有可能成为各族裔的离心力，最终威胁美国作为统一国家的根基。种族问题一直是美国必须面对而又极力想回避的问题，多元文化主义在美国是个极为敏感的问题，好在我们是在中国，旁观者清，也不怕陷入政治不正确的旋涡。

三、美国人有无共识

对美国这样一个多民族的移民国家来说，显然不能用同种同族的血脉来凝聚。在这样一个宗教自由的国家里，也不能用同一种宗教来联系。如何看待美国历史，向来有强调共识和强调对抗两个路数。种族的多元，生活方式的多元，意识形态的多元，使美国历史无时不存在对抗，这是必然的。但它不仅没有闹得像现在的中东那样，而且在经过几次大的移民潮冲击后，两百多年来它越来越像一个统一的国家了。美国显然还是有凝聚力的，它的共识也许比对抗更强烈，联系他们的不是共同的种族或宗教，甚至也不仅是同一片土地，而是某些共同的理念和信念，因为年年都有那么多的移民从世界各地汇聚到那里去。

美国记者和作家西奥多·怀特曾经去过延安，采访过毛泽东。他在1986年去世前为建国二百一十周年写了一篇纪念文章，题目是《美国的观念》，其中写道："其他国家都是在这样的人民中形成的，他们出生在他们的家族自古以来繁衍生息的地方。不论他们的政府如何更迭，英国人是英国人，法国人是法国人，中国人是中国人；他们的民族国家可以分裂、再建，而无损于它们的国家地位。而美国是由一个观念产生的国家；不是这个地方，而是这个观念缔造了美国政府。"

如果他的分析有道理的话，那么这个观念又是什么呢？这当然要从美国最早的移民谈起。美国学者萨克凡·伯克维奇在他的专著《惯于赞同》（1993）中论述了美国精神象征的演变过程，他在该书的中文版前言中为中国读者解释了这一观念的来源："这样说并不过分：美国历史就是一小群英国殖民者僭用了美利坚（America）的意义，并赋予它一种特殊的使命，同时宣称自己是代表未来的民族。"

伯克维奇所说的一小群英国殖民者指的就是1620年后移民北美的最早的清教徒，他们认为自己与上帝有约，因而是上帝新的选民，北美是上帝应许他们的新的福地。如同《旧约》中以色列人的出埃及，他们远渡重洋，来到荒无人烟的北美，为的是建立新的耶路撒冷，一个神圣的"山巅之城"，供全世界仿效。这一思想给予美国一种特殊的使命感，它在历史的各个阶段经历了一次又一次的表述与再表述，其宗教内容逐渐淡化，最后演化成了美国梦。

四、核心是自由平等

美国观念很多，诸如个人主义、实用主义等等，但其国民意识的核心是自由平等，尤其是自由。这自由的观念由移民从英国带来，在北美自由的土地上又得到进一步的巩固和强化，美国历史上每一次重要的事件都与追求自由有关。宗教自由至少是清教徒移民的一个重要原因，他们要按自己的方式来信仰上帝，虽然他们认为只有自己的方式正确，因而绝不容忍其他方式。《独立宣言》是美国共识的首次表达，宣布人的生而平等，并将生命、自由和追求幸福的权利视为不可剥夺的天赋人权。《合众国宪法》又再一次肯定了政府的目的之一就是维护公民的自由。内战虽然不以解放黑奴为目标，但奴隶制毕竟是战争最深层次的原因，战争不能不在黑奴获得法定自由之后宣告结束。20世纪60年代的民权运动反对种族歧视，20世纪70年代的女权运动反对性别歧视，都是以自由、平等为目的的。

争取自由平等要付出代价，维护自由平等也需要保障。美国人认为经济自由是一切自由的保障，因此私有财产神圣不可侵犯。自由企业、自由贸易、市场经济这些资本主义方式被广泛接受。美国信仰社会主义的人数从来没有超过人口的百分之一，而且大多是知识分子。工人、农民的创业精神超过了他们的阶级觉悟，他们更愿意通过个人奋斗来追求自己的成功和幸福。有机会的话，他们一样会去当老板。他们相信林肯对他们说的话：别去烧别人的房子，这样有朝一日你自己有房子时就会感到安全。由于美国从未有过封建社会，阶级区分并非一成不变，社会升迁的机会很多，内战后工业化过程中涌现的财阀大亨大多出身贫寒，所以他们更相信机会的平等，而不是分配的平等。

自由在政治上的保障就是法治，没有法治就不可能有自由。宪法是法治的基础，它一方面构筑了一个有效的权力机构，同时又保持了对权力的高度警惕，采取三权分立、权力制衡、政教分离、权利法案等方式防止公共权力的过于集中而被滥用乃至腐败。美国人在这些方面几乎没有什么分歧，鼓吹一个包办一切控制一切的大政府肯定不会得到人民赞成。美国历史上对宪法的批评不多，最大的一次攻击发生在内战前，因为1787年制定的宪法默认了奴隶制的存在，因而受到废奴主义者的猛烈攻击。宪法的这一缺陷由内战后通过的第十三、十四、十五这三个修正案进行了改正。

五、共识的验证

以上所说共识，可以简单地从两个方面来加以验证：一是两党的轮流执政。美国两党竞争上岗是历史形成的，而不是宪法规定的。两党虽有区别，但如果在立国的大政方针上没有共识，就不可能轮流执政。比如说一党主张共产，一党主张私产，那么就得时而没收财产，时而发还，肯定乱套，无法操作。美国每次竞选时争论的问题大多很具体，诸如税收额度、校车接送、福利制度、医疗保险、堕胎、同性恋等。美国工人从来没有自己强大的政党，往往只是在两大党之间选择一个对自己更有利的政党表示支持，所以新左派认为美国的工人阶级已经不能成为革命主力了。

二是验证美国的各种抗议声音，尽管在当时属于少数，但只要符合争取自由平等的共识，便都有可能被纳入主流。弗雷德里克·道格拉斯作为一个逃奴，一个黑人废奴主义者，当然是弱势少数，但他的自传现在是美国文学的经典。马丁·路德·金的生日现在是美国全国性的节日。他们的演讲和抗议在话语方式上和主流文化有着惊人的相似，同样体现了美国的共识。

1852 年，道格拉斯在独立日演讲中说："此时此地，我站在上帝和遍体鳞伤、鲜血淋淋的黑奴一边，以惨遭凌辱的人性之名义，以身着桎梏的自由之名义，以受到抛弃和践踏的《宪法》和《圣经》之名义，挺身而出，尽我具备的所有力量，对一切使奴隶制——深重的罪孽、美国的耻辱——永世长存的企图发出我的抗议，发出我的谴责！"

一个多世纪后的 1963 年，金在他著名的演讲中富有感情地叙述他的梦想："尽管眼下困难重重，颇多挫折，我仍然有一个梦，它深深植根于美国梦。我梦见总有一天这个国家将站立起来，实现它的信条的真谛：'我们认为这些真理不言自明：人人生而平等。'……那将是这样的一天，届时上帝所有的孩子将能唱出新的意义：'你是我的祖国，美好的自由之邦，我要为你歌唱。父辈葬身之处，移民夸耀之土，让我自由之声，响彻每个山冈。'"

我们再来听听白人抗议者的声音。1831 年，属于少数激进派的废奴主义者加里森创办《解放者报》，他写的发刊词几乎是同一个调子："我已下定决心，不顾一切风险，面向举目在望的邦克山，脚踏这片自由的诞生地，在我们民族的心目中，让解放的战旗高高飘扬。……我赞同美国独立宣言中主张的不证自明的真理,即一切人生来就是平等的……因此我要为我们的奴隶立即得到解放而努力奋斗。"

代表主流的林肯总统又是怎么说的呢？他于1863年在葛底斯堡所作演说与这些少数派的辞令如出一辙,他说:"八十七年前,我们的祖先在这块大陆上创立了一个孕育于自由的新国家,他们主张人人生而平等,并为此献身。……我们要使这个国家在上帝的庇护下,获得自由的新生——我们要使这个民有、民治、民享的政府不致从地球上消失。"

再说女权运动,开始也是极少数。1848年,美国的女权拥护者在塞内加福尔斯召开了第一次女权大会,通过了第一个女权宣言,它是这样开头的:"我们认为下面这些真理是不言而喻的:男人与女人生而平等;造物主赋予她们若干不可剥夺的权利,其中包括生命权、自由权和追求幸福的权利。"不必说,这是完全套用杰斐逊主笔的《独立宣言》,在话语方式上是主流得不能再主流了。

美国人在话语方式上的内在一致有时令人惊奇,其实这也不是偶然。正因为主流话语方式承认自由平等的原则,所以争取自由平等的抗议才会被容忍,也才有壮大并被纳入主流的可能。如果不承认平等原则,如果认为人生来就有贵贱之分,划定成分不可更改,那么还有什么抗议的基础呢？

反之,凡是不符合这一原则的,即便是主流,也会被逐出。内战前南方奴隶主为维护奴隶制做了很多辩护,这在当时南方是主流,但是失败得很惨,他们的理论被遗忘得很彻底,美国政治思想史没有给他们留下任何位置。再如二次大战后的麦卡锡主义,也曾在国会猖獗一时,殃及全国,但几年后就销声匿迹,除了骂名尚存,已经被彻底抛弃。

美国的传统可以归纳为新教—自由主义传统,它萌发于清教,表述于独立宣言,制度化于宪法,它随着时代的发展而得到不断修正和重新表述,现在已经成为全民族难以变更的理念和信念。杰西·杰克逊是唯一一位参加过竞选总统提名的黑人，他在 1984 年民主党全国大会上发表了一个题为《共同的基础》的演说，可以说是对这一共识的再次表述：

共同的基础！

想想耶路撒冷吧，很多道路在那儿会合。一个小村庄成了三大宗教——犹太教、基督教和伊斯兰教——的诞生地。

为什么那个村子如此得天独厚呢？因为它提供了一个交汇点，让不同的人聚在一起，让不同的文化、不同的文明能会合并找到共同的基础。……

再比方纽约，生气勃勃的大都市。是什么使纽约这么特别呢？是自由女神的召唤——把你们的疲倦、贫穷、拥挤不堪、渴望自由呼吸的民众交给我吧。……

许多人，许多文化，许多语种——有一点是共同的，他们渴望自由呼吸，……

共同的基础！

六、背后有共识，多元才有意义

否定共识，也等于否定了美国本身，而这种共识确实是延续了盎格鲁—撒克逊—新教文化的传统，这是否定不了的事实，改写历史并不能改变历史。弗雷德里克·杰·特纳曾经论证边疆在美国特色形成中的巨大意义，但是边疆的意义再大，仍然比不上欧洲的基因重要。边疆可以说是对欧洲移民带来的文化基因在新环境中的变异起了作用，以后历次移民潮也不断深刻影响和丰富了美国文化，但都没有彻底改变基因本身。如果我们设想，17 世纪初到北美移民的是中国人，毫无疑问他们会把中国的绝对君主制搬去，因为他们只有这个传统。当然历史是不能设想的，但是只要比较一下南北美洲的不同，盎格鲁—撒克逊—新教传统对美国的意义也就很清楚了，种瓜不会得豆。

承认这个事实，承认多元背后的共识，并不是否定其他各族移民对美国文化所做出的贡献，更不是否定美国文化的多元性，这种多元也不是到了 20 世纪末才被发现和承认的，早在殖民时期就已如此。多元应该提倡，但是多元只是在共识的基础上才有意义。从多元主义到文化多元主义，其内涵在不知不觉中变味了，丢弃的也许就是这个共识。现在反对大熔炉概念，要改说沙拉拼盘什么的，拼盘里的沙拉确实各不相同，但装在一个盘里才叫拼盘，那盘子不就是共识吗？没有盘子，还叫拼盘吗？

只有多元没有共识，那就只有争斗了，因为连妥协也需要有一定的共识，更不用说一个国家了。这和国际社会一样，如果没有一定的共识，就不可能有和平谈判的基础，更不要说建立联合国，通过什么宪章了。多元文化主义在美国，就像狭隘民族主义在世界，其作用必定弊大于利。多元是必要的，一时间矫枉过正也是可以理解的，但万事走到极端就必然变得荒谬。那些只讲多元反对共识的人难道不想想，如果美国文化中没有对于宽容的共识和法律保证，他们能这样坚持自己的文化吗？

我们相信，在人类历史上，强调和平、对话、融合的思想一定会比强调斗争、对抗、分裂的思想更有活力，更能久远，因为我们毕竟要在地球这个人类唯一的家园里共同生活下去。

（2004 年）

后 记

美国学，亦称美国文明研究，在中国是一门较新的学科。在美国，它作为独立学科的历史也不足百年。记得上世纪八十年代在那里上学时，不止一次有美国人跟我玩幽默："你不觉得'美国文明'这个词自相矛盾吗？"玩笑归玩笑，四百多年来，以英国人为首的各国移民确实在英属北美殖民地的基础上创建了美国这个新的国家，形成了美国人这个新的民族，并呈现出一种新的文明形态。

美国文明是古今中外人类所创造的许多文明之一，也可以说是最年轻的文明，而这也带来了研究时特有的问题。当议论古代史时，我们习惯以相对超脱的历史眼光去看待。美国从殖民开始的历史只相当于中国的清朝至今，由于历史太短，其历史与现状、文明与政治常常难以区分，这显然不是一种合适的理解文明的方式。

既然每种文明都由其人民所创造，那么了解一种文明，理应首先研究其本身，客观地了解其产生的历史背景和发展的前因后果，并将他们对自身的诠释考虑在内。人民都是伟大的，美国人民也不例外，他们创造了自己年轻而生机勃勃的文明，这不会仅仅是侥幸的偶然。

对于中国读者，美国文明最容易引发的问题就是：为什么这个花旗民族能够在世界上后来居上？它的活力何在？它对各国移民的吸引力又何在？这类启示正是文明比较研究中所要寻找的。在历史长河中，一种文明由小而大，由弱而强，又由盛而衰的现象层出不穷。美国文明也同样有着自己的长短利弊，面临自己的难题，包括新形势对传统价值的挑战，值得我们关注。

科技日新月异，全球化趋势不可避免，人类各种文明的关系必将更加密切。在当今世界，不同文明间除了和平共处，也许别无选择，而共处的基础就是增进了解和对话，最终能给人类带来和谐、繁荣与希望的只能是文明间的交流融合，而非对抗冲突。

在《美国文明》一书中，我曾尝试着对美国文明做一个系统扼要的介绍，这里所收集的是陆续发表的相关文章。为方便对此专业有兴趣的读者作探讨之用，2010年曾汇编成《美国文明散论》出版，此次为增订版。贯穿全书的主线是美国人政治理念和思维习惯的来龙去脉，正是这些思想信念决定了美国人在历史关键时刻做出何种选择，并因此影响这个国家（有时是世界）的发展方向。

2014年7月3日